Celina del Amo

Spielschule für Hunde

100 Tricks und Übungen

3., neu bearbeitete Auflage
86 Farbfotos
19 Zeichnungen

Ulmer

Vorwort

Liebe Hundebesitzer,

dieses Buch ist für all diejenigen geschrieben, die die Erfahrung gemacht haben, dass in ihrem Hund mehr steckt als das, was er im Augenblick zum Ausdruck bringen kann. Es soll Anregungen liefern, neue Befehle zu lehren bzw. zu lernen, und einen kurzen Einblick in das Wesen des Hundes geben, der – wie man schnell merken wird – unendlich wiss- und lernbegierig ist.

In jedem Hund stecken die besten Anlagen, aus ihm einen ausgezeichneten Begleithund zu machen. Ich möchte nicht darauf verzichten zu betonen, dass die im Folgenden vorgestellten Anregungen nicht nur für Begleithunde gelten, sondern auch für die Hunde, die einen „richtigen Job" haben. Sinn und Zweck dieses Buches ist es, Ihnen als Hundehalter eine breite Palette von Möglichkeiten aufzuzeigen, wie man in unterschiedlichster Weise mit einem Hund arbeiten kann. Sie werden es auf eine einfache und freudige Art schaffen, Ihrem Hund die Langeweile zu vertreiben, wenn Sie einige der hier vorgestellten Befehle, Spiele und Späße ausprobieren.

Der Hund bringt für eine Mensch-Hund-Beziehung die allerbesten Voraussetzungen mit, da er mit glühender Hingabe darauf brennt, seinem „Herrchen" (oder „Frauchen" selbstverständlich) zu jeder Zeit einen Wunsch von den Augen abzulesen. Er liebt es, bei allem Treiben mitzumachen, wobei er stets nach Anerkennung trachtet. Der Mensch hat durch diese Tatsache große Vorteile, die es ihm ermöglichen, den Hund durch konsequente und auf den jeweiligen Charakter abgestimmte Leitung in die eine oder andere Richtung auszubilden.

Es gilt, die „Arbeitsgemeinschaft Mensch-Hund" als Partnerschaft zu sehen, wobei streng darauf geachtet werden muss, die jeweiligen Bedürfnisse des Partners in ausreichendem Maße zu berücksichtigen. Der Mensch ist in der angesprochenen Partnerschaft zweifellos immer der Boss, dessen Ziel es sein sollte, seine Autorität in der Ausbildung und im täglichen Zusammenleben mit dem Hund in gerechter Weise einzusetzen. Die Befehle werden vom Menschen gegeben, und der Hund muss sie ausführen; so ist es in allen Übungen, selbst im Spiel. Erst wenn der Hund akzeptiert hat, dass der Mensch der Chef ist, wird ein problemloses Zusammenleben möglich sein. Das Gehorchen und das Ausführen von Befehlen läuft in einer intakten Arbeitsgemeinschaft ohne jedes Zeichen von Unterwürfigkeit ab. Man sollte beim Arbeiten mit dem Hund selbst Spaß haben und die Freude des Hundes sehen können. Ebensowenig wie man die Erfolge sich selbst zuschreiben sollte, darf auch die Schuld am Misserfolg nicht beim Hund gesucht werden. Eine gute Arbeit setzt hohe Konzentration und Leistung bei beiden „Partnern" voraus. An Erfolgen hat der Hund einen nicht unerheblichen Anteil, und man sollte ihn an der Freude teilhaben lassen. Den Hund kategorisch zu tadeln, wann immer eine Übung schief gelaufen ist, wäre absolut falsch. Bei Misserfolg muss man die Situation noch einmal überdenken. Vielleicht ist irgend etwas Ungewohntes hinzugekommen, das den Hund irritiert. In solch einem Fall gilt es, mit Geduld an die Sache heranzugehen und die Übung notfalls noch einmal von vorne aufzubauen. Das, was den Hund und seinen Herrn fest zusammen hält, ist die gegenseitige Anerkennung und Bindung. Auf einen Hund, der seinen Herrn anerkennt, kann dieser immer zählen. Er kann stolz auf ihn sein, weil der Hund alles ihm Mögliche tun wird, um seinem Herrchen jederzeit zu gefallen und zu Hilfe zu kommen.

Auf dem Büchermarkt gibt es eine unglaublich große Zahl von Hundebüchern, die sich ausschließlich mit der Erziehung des Hundes beschäftigen; darunter ist eine Reihe sehr guter Werke, die dem noch unerfahrenen Hundebesitzer Anleitungen von A bis Z, also sagen wir: von der Stubenreinheit bis zum Sprengstoffspürhund liefern. Trotzdem habe ich mich dazu verleiten lassen, dieses Buch zu schreiben, wobei ich eine etwas andere

Gestaltung im Auge habe. Es geht hier weniger um elementare Dinge wie etwa das Eingewöhnen in ein neues Heim, als vielmehr darum, Anregungen in den Vordergrund zu stellen, mit dem Hund zu arbeiten. In sechs Kapiteln gehe ich näher auf die Mensch-Hund-Beziehung im Allgemeinen ein sowie auf einige grundsätzliche Dinge, beispielsweise die Grundausbildung, das Erlernen von Tricks, den Hundesport und Spiele für Hund und Halter.

Mein Anliegen ist es, der Gefahr entgegenzuwirken, dass der Hund seine bezaubernde Persönlichkeit nicht entfalten kann, weil es keinen „Verwendungszweck" für ihn gibt. Egal, an welcher Sparte Sie am meisten Gefallen finden – durch das Arbeiten mit Ihrem Hund wirken Sie der Langeweile entgegen, die seine „Intelligenz" auf Dauer erlahmen lassen würde.

Dieses Buch soll Ihnen viele Anregungen bieten, sich selbst immer neue Dinge einfallen zu lassen, um Ihren Hund ein ganzes Hundeleben lang fordern zu können. Durch tägliches Training wird er sein Leben lang aktiv bleiben.

Celina del Amo,
Januar 2002

Inhaltsverzeichnis

Inhaltsverzeichnis

Allgemeines zur Hundeausbildung

Das Verhältnis zwischen Mensch und Hund

In eine Mensch-Hund-Beziehung fließen von beiden Seiten die unterschiedlichsten Anlagen und Begabungen ein, die es vom Menschen zu lenken und umzusetzen gilt. Dabei muss man sich vor Augen halten, dass der Hund dem Menschen in einigem überlegen ist und umgekehrt. Der Hund hört und riecht beispielsweise außerordentlich gut. Auch was die Schnelligkeit anbetrifft, ist er – je nach Größe und Rasse – dem Menschen in den meisten Fällen haushoch überlegen. Die Stärken des Menschen liegen in seiner Intelligenz begründet. Außerdem verfügt er über eine wesentlich bessere Sehkraft. Auch ist der Mensch durch seinen aufrechten Gang dazu fähig, Situationen besser zu überblicken. Mittels seiner Intelligenz muss er versuchen, aus den recht unterschiedlichen Anlagen beider „Partner" durch Koordinationsgeschick ein optimales Team zu formen.

Die **Lernfähigkeit** Ihres Hundes können Sie nur durch kontinuierliche, artgerechte Spiele und Übungen fördern oder aufrechterhalten. Ein Hund, der viel erlebt, weil er bei vielen Aktivitäten seines Meisters oder seiner Familie dabei sein darf und der gleichzeitig viele Befehle lernt, wird mehr Intelligenz im Sinne von Auffassungsgabe an den Tag legen als ein Hund, der nie gefordert wird, auch wenn er die besseren Erbanlagen haben sollte. Dies ist besonders in der sensiblen Sozialisationsphase im Welpenalter von übergeordneter Bedeutung: Studien belegen, dass ein Hund, der in dieser Phase viele und vor allem abwechslungsreiche Dinge erleben konnte, ein Leben lang lernbegieriger und dadurch „intelligenter" ist als ein Hund, der zwar die besten elterlichen Anlagen mitbringt, jedoch unzureichend gefordert wird. Achten Sie also ruhig darauf, sofern Sie gerade einen Welpen zu sich genommen haben oder sich demnächst einen anschaffen wollen, ihn durch abwechslungsreiche Spiele zu fördern, um so den Grundstein für eine hervorragende Mensch-Hund-Beziehung zu legen.

Ebenfalls gilt es, die **Aufmerksamkeit** eines Hundes zu schulen, was recht leicht durch einen abwechslungsreichen Tages- und Trainingsplan sowie durch die Kreativität des Hundeführers erreicht werden kann. Hierauf werde ich später noch genauer eingehen.

– Machen Sie Ihrem Hund auch durch kleine Übungen während des Spaziergangs klar, dass dies zwar die Zeit ist, in der Sie sich ihm besonders widmen, dass er aber keinesfalls tun und lassen kann, was er will.

– Geben Sie Ihre Befehle nie monoton und nicht immer am gleichen Ort und zur gleichen Zeit. So etwas stumpft den Hund mit der Zeit ab, da er sich enorm schnell an bestimmte Abläufe gewöhnen kann.

Im Spiel mit seinem Besitzer lernt der Welpe, Vertrauen zu haben. Drehen Sie ihn ruhig auch einmal auf den Rücken.

Diese Gewöhnungsgabe ist für uns aber gleichzeitig von großem Nutzen, denn bei der Einführung einer neuen Aufgabe hilft sie uns, dem Hund die Übung leicht und schnell verständlich zu machen.

– Achten Sie darauf, nicht immer die gleichen Übungskombinationen vom Hund zu fordern, denn das wird ihm schnell langweilig. Wirken Sie einer unerwünschten Gewöhnung durch größtmögliche Variationen früh entgegen, so dass es nicht passiert, dass Ihr Hund zum Beispiel nach jeder „Sitz!"-Übung ohne Befehl auch gleich „Platz" macht, nur weil Sie es so mehrfach von ihm verlangt haben.

Das Mensch-Hund-Team

Es gibt viele Hunde, die ihren Herrn nicht respektieren und sich mangelhaft und ungezogen benehmen. In einigen Fällen kann es sein, dass die Person, die sich selbst als Chef der Gruppe sieht, nicht die Bezugsperson ist und der Hund bei seiner Bezugsperson besser gehorcht. In fast allen Fällen ist diejenige Person die Bezugsperson des Hundes, die ihm die meiste Zeit durch Übungen, Spiele und sonstige Zuwendung widmet. In Familien kann es also passieren, dass die Bezugsperson beispielsweise die Oma ist, die den ganzen Tag zu Hause ist und ab und zu mit dem Hund „eine Runde dreht", auch wenn er die Befehle vom Familienvater gelernt hat und sein Fressen von dessen Frau bekommt.

9

Wichtig
Eine wahre, tiefe Hundeliebe bezieht sich keinesfalls – wie oft fälschlicherweise angenommen – auf die Futterausgabe und auch nicht auf das Befehlegeben, sondern auf die **Zuwendung**, und vor allem auch auf eine gerechte und der Hundelogik entsprechende **Autorität**, die ein Hund erfährt.

Bei einem Familienhund ist es ideal, wenn sich die ganze Familie an den Übungen und Spielen beteiligt, denn unabhängig von der besonders innigen Beziehung zu seiner Bezugsperson findet ein Hund durchaus auch großen Gefallen an Späßen mit den anderen Familienmitgliedern. Das führt außerdem insgesamt zu einem besseren Verhältnis zwischen dem Familienhund und „seinen" Menschen und zu einem besserem **Gehorsam**.

Obwohl in den Übungen und auch in Spielen vom Hund Gehorsam verlangt wird und wir ihn Aufgaben erledigen lassen, darf er in der Erziehung und im Zusammenleben niemals als abrufbare Sache oder als Gebrauchsgegenstand betrachtet werden. Er sollte ein Begleiter sein, der an allen Aktionen teilnimmt. Wenn wir ihm dies zubilligen, wird er bald zu unserem besten und treuesten Freund.

Unterordnung im Mensch-Hund-Team

In einem intakten Mensch-Hund-Team lässt sich der Hund vom Menschen anleiten bestimmte Aufgaben zu bewerkstelligen. Dies kann nur funktionieren, wenn es dem Menschen gelingt, den Hund entsprechend zu motivieren. Die Unterordnung des Hundes, d.h. die Anerkennung Ihres übergeordneten Ranges bedeutet keinesfalls Unterdrückung oder gar Ausnutzung des Tieres. Es liegt in der Natur des Hundes, sich in eine bestimmte Rangordnung einfügen zu wollen. Diese Anlagen sollten in der Weise ausgebaut werden, dass sie zu einer stabilen Grundlage in der Mensch-Hund-Beziehung werden. Ein Hund, der seinen Herrn anerkennt, liebt ihn mit jeder Faser seines kleinen Hundeherzens, und er wird stets bemüht sein, ihm zu gefallen. Dieses Bestreben kann man im Training hervorragend ausnutzen. Wenn man unter Ablenkungen, beispielsweise im Beisein anderer Hunde oder fremder Tierarten, Menschen oder einer neuen und aufregenden Situation arbeitet, muss man dennoch Mittel und Wege finden, um den Hund auch in diesen schwierigen Situationen entsprechend zu motivieren. Wenn einem dies gelingt, „lechzen" die Hunde auch in solchen Momenten danach, mitzuarbeiten oder gar neue Befehle zu erlernen, um sich die in Aussicht gestellte Belohnung zu sichern und ein Lob einzuheimsen.

Sind die Fronten im Mensch-Hund-Team nicht geklärt oder fühlt sich der Hund als Chef, ist es in vielen Situationen besonders problematisch, den Hund zu motivieren. Je nach Charakter des Hundes kann es sogar dazu kommen, dass er uns eine Lektion erteilt, wenn wir uns aus Hundesicht falsch verhalten haben. Wie aber können wir die **zwanglose Unterordnung** erreichen? Die Beantwortung dieser Frage ist denkbar einfach: durch Konsequenz, Gerechtigkeit, Souveränität

Wichtig
Das höchste Rangprivileg ist die Zuteilung von Aufmerksamkeit. Nutzen Sie diese Tatsache zur Rangeinweisung. Achten Sie darauf, dass **Sie** es sind, der Sozialkontakte, Spiele, Streicheleinheiten und Übungen beginnt und auch beendet.

und ein gutes Verständnis für „Hundelogik".

Wenn Sie das Gefühl haben, dass das Ranggefüge zugunsten Ihres Hundes verschoben ist, kann es daran liegen, dass Sie ihm zu viele rangordnungsbezogenen Privilegien eingeräumt haben. In diesem Fall sollten Sie einige grundlegende Dinge im Zusammenleben ändern und darauf achten, dem Hund keine Privilegien zuzumessen, die ihm als rangniedrigem Rudelmitglied gar nicht zustehen. Ebenso gilt es, durch Konsequenz und Überlegenheit den Grundgehorsam und die Unterordnung zu schulen, so dass der Hund einen schließlich als Boss akzeptiert.

Wichtig
Knurren und Beißen kann ein ernst zu nehmender Hinweis darauf sein, dass das Miteinander im Mensch-Hund-Team gestört ist. Lassen Sie sich von einem auf Verhaltenstherapie spezialisierten Tierarzt beraten.

Das Knurren ist eine Drohung, mit der der Hund signalisiert, dass er unter Umständen bereit ist, sich auf einen Kampf einzulassen. Aus Gründen der Gefahrenprophylaxe sollten Sie von direkten Konfrontationen

Abstand nehmen. Trotz allem müssen Sie ein solches Verhalten nicht als „gottgegeben" hinnehmen. Lassen Sie sich von einem Tierarzt, der auf Verhaltenstherapie spezialisiert ist, beraten, um dieses Problem auf hundelogische, artgerechte und ungefährliche Weise zu beheben.

Ein mehr praktischer Grund, an einem derartigen Verhalten des Hundes zu arbeiten, ist, dass es immer einmal sein kann, dass man dem Hund etwas Lebensbedrohliches wegnehmen muss. Einem Hund, der jedwede Sachen gegen Sie verteidigt bzw. Sie beim Herankommen bedroht, können Sie nicht helfen, wenn er etwa einen giftigen Rattenköder frisst.

Der immer wieder erwähnte unerziehbare Hund gehört ebenso veralteten Vorstellungen von Hundeerziehung und persönlichen Ausflüchten an wie die zum Glück durch moderne Methoden abgelöste Vorstellung, man müsse Hunden den Willen brechen, damit sie sich unterordnen. Bei Problemen nützt es meist recht wenig, den Hund in eine Hundeschule zu schicken. Vielmehr sollte man den Rat eines erfahrenen und modernen Ausbilders oder spezialisierten Tierarztes suchen, der einem hilft, die Probleme zu lösen, die Beziehung zum Hund zu überdenken und gegebenenfalls unter Anleitung neu aufzubauen.

In einem guten Gespann sind Mensch und Hund gegenseitig stolz aufeinander, und sie haben auch gegenseitig vollstes Vertrauen.

Vertrauen

Der Grundbaustein für jeglichen Erfolg in der Hundeausbildung ist die sichere

Gelassenheit bei der Arbeit. Es wird einem jedoch nur möglich sein, seinen Hund Sicherheit spüren zu lassen, wenn man ihm vollkommen vertraut. Vertrauen und Gelassenheit sind jedoch besonders für den unerfahrenen Hundehalter eine schwierige Angelegenheit. Erfahrene Hundebesitzer werden Ihnen aber bestätigen, dass ein Hund ein äußerst feines Gespür dafür hat, was man ihm zutraut und was nicht. Sie sollten sich davon frei machen zu glauben, dass ein Hund ein bestimmtes Verhalten nicht an den Tag legen kann und wird.

Wichtig
Grundsätzlich ist ein Hund bereit, jedes in seiner Art verankerte oder anatomisch mögliche Verhalten zu zeigen. Die Voraussetzung hierfür ist zum einen, dass er sicher begriffen haben muss, um was es geht und zum anderen, dass er ausreichend motiviert ist.

Nehmen wir ein Beispiel: Ihr Hund hat seit jeher Streit mit dem Nachbarhund, der immer am Gartenzaun bellt. Da Ihr Hund, wenn Sie mit ihm an dem Zaun vorbeigehen, wild reagiert, haben Sie wahrscheinlich bisher entweder mit ihm geschimpft oder versucht, ihn mit Lob oder in anderer Form irgendwie zu überlisten, um mit ihm an dem neuralgischen Punkt vorbeizukommen. Sie werden allerdings mit all Ihren Versuchen solange nichts erreichen, solange Sie selbst Unbehagen bei der Sache verspüren und im Hinterkopf haben, dass Ihr Hund stets sein Fehlverhalten beibehalten wird. Erst wenn Sie davon überzeugt sind, dass er die Reize ignorieren und auf Ihr Kommando achten wird, wird er es wirklich auch tun.

Dies ist auch einer der Gründe, warum man Hunde nicht ausschließlich von Trainern erziehen lassen sollte. Ein guter Trainer weiß, was der Hund kann und dass er es zu jeder Zeit tun wird. Der Besitzer, der bei der Erziehung gescheitert war, wird unter Umständen auch dann noch mit Zweifeln an die Sache herangehen, wenn er gesehen hat, dass der Hund unter Anleitung eines erfahrenen Trainers plötzlich besser gehorcht. Der Hund spürt Ihre Zweifel genau und wird wegen dieser Verunsicherung nie das gewünschte Verhalten an den Tag legen. Erst wenn er Ihr echtes Vertrauen und Interesse spürt, wird er richtig reagieren.

Sie fragen sich nun sicherlich: Was kann man schon gegen ein Gefühl wie Zweifel tun, wo der Hund doch schon hundert Mal unerwünscht reagiert hat? Die Frage ist berechtigt. Tatsächlich kann man nicht viel tun. Es hilft aber, durch eine Reihe anderer Situationen und anderer Befehle, bei denen der Hund bei guter Anleitung brav folgt, Ihr Vertrauen, Ihre Liebe und Ihren Stolz dem Hund gegenüber zu vertiefen. Sie müssen Geduld haben. Es ist neben der Erfahrung vielleicht auch eine Form autogenen Trainings nötig, bis Sie es wirklich verinnerlicht haben. Aber von dem Augenblick an, wo Sie an Ihren Hund glauben, stehen Ihnen und Ihrem Hund alle Tore zu einer ungetrübten und erfolgreichen Partnerschaft offen, in der Sie sämtliche Schwierigkeiten der Hundeerziehung meistern werden.

Ein gutes Hund-Mensch-Team basiert auf gegenseitigem Vertrauen. Wer sich schon mit dem Welpen intensiv beschäftigt, wird diese Vertrauensbasis bald erreicht haben.

Prinzipien der Ausbildung

In der Hundeerziehung macht man sich im Wesentlichen die Technik der klassischen und der instrumentellen Konditionierung zunutze. Bei der klassischen Konditionierung wird eine unbewusste oder Reflexhandlung auf ein Kommandowort konditioniert, indem ein zunächst neutraler Reiz (beispielsweise das Kommandowort) zeitlich mehrfach eng mit einem die Handlung selbst auslösenden Reiz gekoppelt wird. Im Hundetraining kann man die klassische Konditionierung zum Beispiel für das Training der Stubenreinheit (vgl. S. 74), aber auch für andere einfache und reflexartig ablaufende Handlungen ausnutzen.

Häufiger nutzt man allerdings die instrumentelle Konditionierung, bei der man ein bestimmtes Verhalten belohnt oder bestraft und somit die Wahrscheinlichkeit erhöht bzw. herabsetzt, mit der das Verhalten gezeigt wird.

In der Ausbildung sollte man die Methode, einen Erfolg zu belohnen, unbedingt jener Methode vorziehen, unerwünschtes Verhalten zu bestrafen. Im ersten Fall handelt es sich um ein Lernen aufgrund positiver Bestätigung während oder direkt nach einer Aktion. Man nennt dies das „Lernen durch Erfolg" im Gegensatz zum „Lernen durch Aversion". Bei letzterem wird jedes unerwünschte Verhalten umgehend bestraft, was zwar auf Dauer zur Unterlassung des unerwünschten Verhaltens führt, aber mit starken Frustrationen einhergeht und nicht selten zu Ängstlichkeit und Aggressionen führt. Wenn man nur die „Misserfolge" des Hundes bestraft, bleibt der Hund dumm. Das unerwünschte Verhalten wird in diesem Fall nur unterdrückt, der Hund weiß aber immer noch nicht, wie er es besser machen kann.

Essentielle Trainingsbedingungen

Um aus einem Hund ein bestimmtes Verhalten herauskitzeln zu können, muss man ihn entsprechend **motivieren**. Dies kann zum Beispiel durch die in Aussicht gestellte Belohnung erfolgen.

Gleichzeitig sollte man auch das **Trainingsumfeld** so gestalten, dass der Hund die Übung mit größtmöglicher Wahrscheinlichkeit richtig ausführen wird, so dass man ihn auch sicher dafür belohnen kann.

Wichtig
Ein **Lob** oder eine **Belohnung** vom Besitzer steht für den Hund hoch im Kurs. Geben Sie Ihrem Hund im Training die Anerkennung, nach der er trachtet, und lassen Sie ihn Ihre Freude spüren. Die positiven Erfahrungen auf beiden Seiten stärken das gegenseitige Vertrauen.

Lassen Sie Ihren Hund spüren, dass er Ihnen vertrauen kann, indem Sie sich in die **Hundelogik** hineindenken, um ihn nicht durch „unlogisches" menschliches Verhalten zu verwirren oder zu schockieren. Je mehr Sie mit Ihrem Hund arbeiten, desto schneller wird er neue Sachen begreifen und mit viel Einsatzfreude dabei sein. Ein Hund, der sich eines Lobes sicher sein kann und der ein **gutes Verhältnis** zu

seinem Besitzer hat, wird gerne jedem Befehl gehorchen.

Missbrauchen Sie Ihren Hund niemals als Prügelknaben für Ihren persönlichen Ärger. Sind Sie einmal angespannt oder nervös, üben Sie lieber nicht mit ihm, um **Frustrationen** auf beiden Seiten zu vermeiden. Erfreuen Sie sich lieber an den Übungen, die Ihr Hund schon beherrscht und nehmen Sie ihn als geduldigen Zuhörer, der Ihnen auch in einer schweren Stunde mit viel Liebe, Freude und Hingabe zur Seite steht.

Geduld ist eine weitere essentielle Grundvoraussetzung für eine intakte Mensch-Hund-Beziehung. Man darf nicht zu viel von seinem Hund erwarten. Es braucht seine Zeit, bis er schließlich weiß, auf was Sie eigentlich hinaus wollen. Kleine Rückschläge müssen pauschal mit eingerechnet werden.

Sie können sicher sein, dass Ihr Hund Sie bei gerechter, geduldiger Behandlung innerhalb kürzester Zeit fest in sein Hundeherz geschlossen hat und Sie so schnell nicht wieder hergeben wird – es sei denn, Sie brechen durch fatale Erziehungsfehler, **Jähzorn** oder andere unverzeihbare Aktionen sein Vertrauen, das er Ihnen von dem Moment an, in dem er Sie lieb gewonnen hat, entgegenbringt.

Wenn Sie bei einer bestimmten Übung **Probleme** haben und merken, dass Ihr Hund sie nicht in seiner üblichen Geschwindigkeit erlernt, überdenken Sie alle Details Ihres Übungsplanes, denn am Hund liegt es nur in wirklich seltenen Ausnahmefällen.

Durch **Inkonsequenz** verdirbt man jeden Hund, selbst wenn er die besten Anlagen mitbringt, und man braucht mitunter lange, um ihn wieder als zuverlässigen Begleiter einsetzen zu können.

Achten Sie in den Übungen darauf, dass jeder Hund – auch ein kleiner niedlicher Welpe – einen Befehl **umgehend** ausführen sollte. Üben Sie neue Befehle also zunächst nicht in einer sehr ablenkungsreichen Umgebung, denn dort kann er sich nicht gut konzentrieren. Bedenken Sie außerdem, dass der Hund die Übung immer solange umsetzen sollte, bis der Befehl von Ihnen **aufgelöst** wird. Bei einem jungen Tier oder bei neuen Übungen sollte diese Auflösung durch Sie relativ bald erfolgen, damit die Übung immer erfolgreich abgeschlossen werden kann.

Erziehung und Ausbildung des Hundes

Den Hund zu erziehen ist eine Notwendigkeit, ohne die ein reibungsloses Zusammenleben zwischen Mensch und Hund nicht funktionieren kann. Je mehr Kommandos und Übungen Sie mit Ihrem Hund erarbeiten, desto mehr Möglichkeiten stehen dem Hund offen, Ihre Anerkennung zu bekommen. Mit fortschreitendem Trainingsniveau kommt der Hund immer mehr auf seine Kosten, denn er wird gefordert und beschäftigt. Aber auch für Sie lohnt sich die Erziehung Ihres Hundes in vielfacher Hinsicht. Je mehr Aufgaben ihm vertraut sind, desto mehr Freude wird Ihr Hund Ihnen bereiten, weil es viel weniger problematisch ist, einen wohlerzogenen Hund ins Leben einzubinden.

Hunde als Nachfahren der vor Jahrtausenden domestizierten Wölfe sind soziale Rudeltiere, die nach wie vor darauf eingestellt sind, sich in eine strenge Rangordnung einzufügen. Im Kampf erprobte Stärke, Ausdauer und sonstige Überlegenheit des Rudelführers kann der Mensch nur durch Souveränität, Konsequenz und einen guten Überblick über die Geschehnisse wettmachen. Hunde lieben Gruppenaktivitäten in besonderer Weise und lassen sich deshalb leicht anleiten, Aufgaben zu übernehmen und Übungen zu absolvieren.

Man erreicht bei Hunden schon durch ein Minimum an investierter Zeit und Mühe ein Maximum an Erfolg, wenn man es richtig angeht und dabei stets darauf achtet, auch den Bedürfnissen des Hundes gerecht zu werden.

> **Wichtig**
> Jedem noch unerfahrenen Hundebesitzer ist anzuraten, sich von Beginn an um die Erziehung zu bemühen. Obwohl es möglich ist, einen Hund jeden Alters auszubilden, erspart man sich durch frühe konsequente Arbeit später das Austreiben lästiger Marotten und somit auch Frustration im Zusammenleben mit einem verzogenen Hund.

Aufbau der Übungen

Als Grundvoraussetzung für eine gute Hundeerziehung ist vor allem Ihr **Einfallsreichtum** gefragt. Sie benötigen Flexibilität, um dem Hund in einer speziell auf ihn abgestimmten Weise die Befehle zu erklären. Die im Folgenden beschriebenen Befehle und die Vorgehensweise sind stets nur

Anregungen, die Sie auf Ihren Hund abstimmen müssen.

Das Erlernen und Beherrschen eines Befehls kann man im Wesentlichen in **drei Phasen** aufteilen:

– In der **ersten Phase** gilt es, dem Hund den Befehl zu erklären. Hat er ihn verstanden, beginnt die

– **Phase 2**, in der der Befehl in allen möglichen, auch ungewohnten Situationen geübt wird und der Hund lernt, trotz jedweder Ablenkung den Befehl zu befolgen. Diese Phase überschneidet sich mit

– **Phase 3**, die Phase des vollständigen Beherrschens des Befehls, so dass man eine saubere Ausführung erwarten kann. In dieser Phase kann man die Einsatzmöglichkeiten des Befehls variieren, um die Übung weiterhin spannend zu gestalten.

Die Beschreibung der drei Phasen ist individuell von der Übung oder dem Befehl abhängig; manchmal werden nur die erste oder die ersten beiden Phasen beschrieben. Der Text ist zur besseren Orientierung an den entsprechenden Stellen mit dem jeweiligen Symbol hinterlegt:

•	Phase 1
••	Phase 2
•••	Phase 3

Die **Kreativität** des Besitzers ist aber nicht nur für das Erklären eines Befehls wichtig, denn jeder Hund hat einen anderen Charakter und andere Schwächen und Stärken; auch für das Variieren und das Schaffen von Ablenkungen in Phase 2 ist Einfallsreichtum von ausschlaggebender Bedeutung. Da Hunde ausgesprochen situationsbezogen lernen, ist es in dieser Phase ratsam, beim Üben immer einmal wieder die Umgebung zu wechseln, damit der Hund einen Befehl nicht fälschlicherweise an eine bestimmte Umgebungssituation knüpft. Je mehr neue Varianten Sie sich in Phase 3 einfallen lassen, desto interessanter ist die Übung für den Hund.

Alle in den folgenden Kapiteln beschriebenen Übungsanleitungen sind an vielen Hunden erprobt und haben zum Erfolg geführt. Es gibt aber nie für das Lehren eines Befehls nur einen einzigen Weg. Durch einige Überlegungen in einer ruhigen Minute werden Sie sicher für Ihren Hund auch andere Formen finden, auf die er von Fall zu Fall vielleicht noch leichter ansprechen wird. Nutzen Sie die hier beschriebene Möglichkeit als Anregung.

Erziehungsfehler und Fehlverhalten lassen sich in vielen Fällen darauf zurückführen, dass ein Tadel oder ein Lob zur falschen Zeit ausgesprochen wurde, so dass es beim Hund zu Fehlverknüpfungen gekommen ist. Da Hunde *immer* lernen und nicht nur in den Trainingseinheiten, passiert es leicht, dass sie nicht das gewünschte Verhalten lernen, sondern sich eine Marotte aneignen. Das Gleiche gilt für unsauber ausgeführte Befehle. Geben Sie sich nicht damit zufrieden und achten Sie darauf diesen Fehler nicht noch durch Wiederholung zu festigen. Mit der Zeit wird jeder, der sein Tier ehrlich und konsequent und durch Zuwendung zu erziehen versucht, auch Erfolge sehen, weil ein Hund

Ein winziges Leckerchen ist nach erfolgreicher Ausführung des Befehls „Sitz!" als Belohnung völlig ausreichend.

einem vieles verzeiht, auch wenn es aus Hundesicht dem Besitzer oft an „Hundelogik" mangelt.

Lob und Strafe

Die Erziehung des Hundes sollte auf Lob und Erfolgserlebnissen aufbauen. Da es verschiedene Möglichkeiten gibt, dem Hund eine Freude zu machen, kann man auch beim Loben variieren und dadurch in jeder Situation und für jeden einzelnen Charaktertyp die ideale Form der Belohnung finden.

Bedenken Sie, dass Sie immer mit einer Belohnung arbeiten müssen, die den Hund ausreichend motiviert mitzuarbeiten!

Formen der Belohnung

Ein **kleiner Leckerbissen** ist bei fast allen Hunden sehr willkommen und auch durchaus ein adäquates Erziehungsmittel. Auch hier gilt aber, dass jeder Hund unterschiedliche Vorlieben hat. Arbeiten Sie mit kleinen, aber besonders begehrten Leckerbissen. Besonders für das Anlernen einer neuen Übung ist es günstig, mit einer Futterbelohnung zu arbeiten. Auf diese Weise spornt man den Hund an mitzuarbeiten. Es spricht nichts dagegen, Futterbelohnungen häufig einzusetzen. Achten Sie hierbei aber auf das Gewicht Ihres Hundes. Ziehen Sie notfalls etwas von der gewohnten Futterration ab, damit Ihr Hund schlank und agil bleibt.

Die zweite hervorragende und beim Hund besonders beliebte Form der Belohnung ist der Einsatz seines **Lieblingsspielzeugs**, mit dem er sich nach einer ordentlich ausgeführten Übung dann eine Zeit lang beschäftigen darf. Ebenso gut als Belohnung und als kleine Zerstreuung ist eine Aufforderung zum **Spiel**, bei dem der Hund seine Energie austoben und geistige Anspannungen abbauen kann. Das ist besonders wichtig, denn die Übungen machen dem Hund zwar sicherlich großen Spaß, erfordern jedoch auch ein hohes Maß an Konzentration.

Eine weitere Form der Belohnung ist das **verbale Lob**. Entscheidend ist, dass ein Lobwort vor dem Einsatz gezielt trainiert worden ist. Durch die Stimmlage muss ersichtlich sein, dass es sich um ein Lob handelt. Durch die Stimme kann man den Hund auch noch in einiger Entfernung loben und der Hund wird durch den Stimmkontakt noch stärker auf den Besitzer fixiert. Einige Hunde reagieren nachteilig auf verbales Lob: Sie sehen die Übung als beendet an. Ein stufenweiser Trainingsaufbau hilft, dies zu verhindern. Das verbale Lob muss von

> **Wichtig**
> Es ist mit Sorgfalt darauf zu achten, dass man in der richtigen Situation lobt, so dass der Hund seine Aktion direkt mit dem Lob verknüpfen kann. Lobt man zu früh oder zu spät, kommt es zu einer Fehlkopplung, die möglicherweise durch ein ganz neues Aufbauen der Übung erst behoben werden muss. Man weiß heute, dass der zeitliche Rahmen einer korrekten Verknüpfung beim Hund bei circa **einer Sekunde** liegt! Der Hund wird das Lob – oder auch den Tadel – stets auf die Aktion unmittelbar vorher beziehen.

Die nach vorne über gebeugte Körperhaltung des Menschen erscheint dem Hund bedrohlich. Beim Loben sollte man auf eine klare und freundliche Körpersprache achten, um Kommunikationsmissverständnisse zu vermeiden.

unerfahrenen Hundeführern erst regelrecht geübt werden. Man darf sich nicht scheuen, mit rechtem Überschwang an die Sache heranzugehen, auch wenn dies für Außenstehende lächerlich wirken mag.

Man kann auch ein **taktiles Lob** – Anerkennung durch Körperkontakt in Form von Streicheleinheiten – einsetzen. Der Besitzer muss selbst herausfinden, was seinem Hund am angenehmsten ist. Die meisten Hunde lieben es, seitlich unterm Kinn, hinter den Ohren sowie auf der Kruppe gekrault zu werden. Je nach Übung muss man sich für die eine oder andere Form des Lobes entscheiden oder sie kombinieren.

Bedenken Sie, dass es in der Anlernphase notwendig ist, jede gelungene Übung umgehend zu belohnen. Später, wenn eine Übung schon hundertprozentig „sitzt", wird nicht mehr jedesmal überschwänglich gelobt. Auf diese Weise bleibt die Übung für den Hund spannend, denn er weiß nicht so genau, ob er sich ein Lob verdienen kann oder nicht.

Bestrafung

Der Einsatz von Strafe sollte stets kritisch betrachtet werden, denn nur unter bestimmten Bedingungen ist eine Strafe für den Hund überhaupt nachvollziehbar. Einer der wesentlichen limitierenden Faktoren ist die zeitliche Verknüpfung! Es ist inkonsequent und für den Hund unlogisch, ein Fehlverhalten, das möglicherweise Stunden zurückliegt, noch nachträglich zu bestrafen. In solchen Fällen muss man die Tat schlicht ignorieren.

Denken Sie immer daran, dass der Hund so etwas wie ein schlechtes Gewissen nicht kennt – auch wenn er sich im menschlichen Sinne oftmals so verhält, weil er Ihren Ärger spürt und Angst oder Unbehagen in ihm aufsteigen. Außerdem handeln Hunde nicht boshaft oder rachsüchtig. Sie sind in ihren Handlungen immer ehrlich. Auch aus diesem Grund erscheint der Einsatz von Strafe mehr als fragwürdig. Bedenken Sie, dass Sie es mit Strafe niemals schaffen werden, ein Verhalten positiv zu beeinflussen. Bestenfalls gelingt es, ein unerwünschtes Verhalten zu unterdrücken. Der Hund weiß in diesem Fall aber immer noch nicht, was Sie eigentlich von ihm erwarten und er wird wieder und wieder fehlerhaft reagieren.

Unsinnig ist es ebenfalls, den Hund zu bestrafen, wenn er eine Übung nicht richtig ausführt. Versteht der Hund eine Übung nicht, so ist sie meist nur falsch vorbereitet worden und muss von Anfang an neu erarbeitet werden. Das Gleiche gilt für den Fall, dass der Hund eine Übung schon einige Male richtig absolviert hat und sie plötzlich nicht mehr beherrscht. Es gibt hierfür mehrere Ursachen, die Sie individuell neu herausfinden müssen, zum Beispiel: Der Hund hat sein erwünschtes Verhalten zunächst auf etwas Anderes bezogen und „wusste" gar nicht wirklich, wie die Übung zu verstehen ist, oder die Umgebung ist eine andere (etwa statt des Gartens eine Straße o.ä.). Oft spürt der Hund bei Prüfungen die Nervosität des Besitzers und reagiert deshalb selbst fehlerhaft. Beseitigt man den Störfaktor, beherrscht der Hund die Übung meist wieder. Es gilt, in einem solchen Fall die Übung zu festigen, so dass der Hundeführer seine Nervosität und der Hund seine daraus resultierende Unsicherheit verliert. Anderenfalls gilt es, die Übung noch einmal ganz von vorne anzusetzen. Strafen vermag der Hund in solchen Fällen nicht zu begreifen.

Ein weiterer Faktor, der den sinnvollen Einsatz von Strafe beschränkt, ist der, dass der Hund ein Verhalten nur dann nicht mehr zeigen wird, wenn es einem gelingt, das besagte Verhalten eine ganze Zeit lang immer zu bestrafen, wenn es auftritt. Kaum jemand ist aber ständig mit seinem Hund zusammen, und weil auch beim Einsatz der Strafe die zeitliche Bindung von etwa einer Sekunde nach der Handlung gilt, wird deutlich, wie schwierig es ist, selbst bei guter Beobachtung des Hundes im richtigen Moment einzugreifen. Gelingt es einem nicht, das Verhalten immer zu bestrafen, hat man dasselbe erreicht wie beim unregelmäßigen Einsatz von Lob: Das Verhalten ist für den Hund besonders spannend geworden.

Wenn Sie dennoch eine Strafe anwenden, sollten Sie immer darauf achten, dass dem Hund keine Schmerzen zugefügt werden! Statt der erhofften Besserung seines Verhaltens erreicht man mit Brutalität – abgesehen von den Verletzungen – nur Angst und Unterwürfigkeit oder aber Aggression. Außerdem verstößt es gegen das Tierschutzgesetz, dem wir als Tierliebhaber und Hundefreunde schließlich in besonderer Weise verpflichtet sind.

Grundsätzlich gibt es zwei Methoden der Bestrafung, die direkte und die indirekte:

Eine **direkte Strafe** wäre es, wenn man den Hund körperlich züchtigt oder ihn bedroht. Beides kann zu der schon angesprochenen Ängstlichkeit oder Aggression führen. Viele werden jetzt sagen: „Hunde untereinander sind aber doch auch nicht gerade zimperlich, wenn sie sich einmal maßregeln." Das ist zwar richtig, aber ein entscheidender Faktor wird häufig übersehen: Es handelt sich hierbei um Artgenossen! Hunde sind schnell genug und sie setzen ihre Kräfte wohldosiert ein. Außerdem erkennen sie sofort das kleinste Unterwerfungssignal und stellen dann ihr Verhalten darauf ein. Da wir Menschen in all diesen Punkten nicht mit den Hunden mithalten können, sollten wir uns – wenn wir denn strafen müssen – für einen anderen Weg entscheiden.

Bei der **indirekten Straf-Methode** tritt man als Bestrafer weder verbal noch körperlich in Aktion. Man stellt beispielsweise eine „Falle" für den Hund auf, so dass die Bestrafung überhaupt nicht von der Anwesenheit des Besitzers abhängt, sondern zeitlich vom Vergehen des Hundes gesteuert wird. Ein Beispiel hierfür wäre eine Konstruktion aus mehreren leeren Dosen, die auf den Hund fallen, wenn dieser etwas vom Tisch stehlen

will. Oder man bespritzt den Hund im Moment seiner Missetat mit einer Wasserpistole oder bewirft ihn mit einer leichten Rassel. Da er sich, wenn Sie wirklich nicht für ihn als Bestrafer auszumachen waren, den Schreck nicht anders erklären kann, als ihn direkt auf sein Tun zu beziehen, wird er in Zukunft davon ablassen, um nicht wieder in so eine unangenehme Situation zu geraten.

> **Wichtig**
> Lassen Sie den Hund immer nach einer Strafe eine Übung machen, für die Sie ihn sicher loben können, und vergessen Sie seinen vorangegangenen Fehler sofort.

Bedenken Sie: Jede Form der Beachtung, auch Schelte, stellt für den Hund einen Erfolg dar. Eine der potentesten Strafen ist somit das Ignorieren. Hunde tun überhaupt nichts ohne Motivation. Wenn ein bestimmtes Verhalten nie zum Erfolg führt, wird es nicht mehr gezeigt, weil es unökonomisch ist. Dies kann man ausnutzen. Wenn der Besitzer den Hund – auch wenn er gerade etwas anstellt – weder anguckt noch anspricht oder anfasst, sondern einfach so tut als sei er Luft, ist die Sache für den Hund lange nicht mehr so spannend. Er wird dann schnell versuchen ein anderes Verhalten zu zeigen, um wieder beachtet zu werden. Ein weiterer positiver Aspekt bei der Wahl, Ignorieren als Strafe einzusetzen, ist der, dass man durch das Ignorieren seine eigene Souveränität unterstreicht, denn ein ranghohes Rudelmitglied hat es gar nicht nötig sich schnell aufzuregen. Wenn man immer

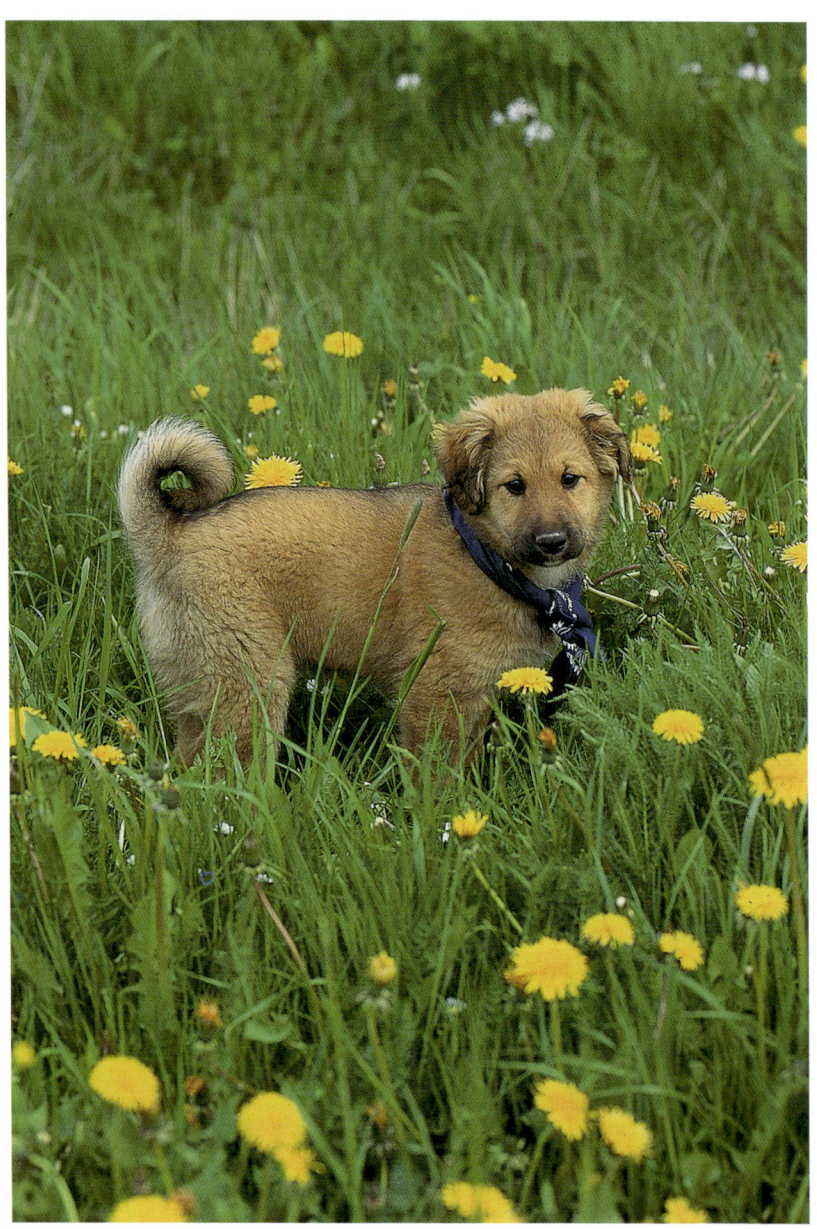

gleich loszetert, signalisiert man dem Hund hingegen, dass man unsicher ist.

Wenn Ihr Hund in einer bestimmten Situation immer wieder fehlerhaft reagiert, können Sie ihm die Entscheidung brav zu sein erleichtern, indem Sie ihm eine Alternative bieten. Wenn Ihr Hund zum Beispiel einen Schuh zernagen will, können Sie die „Aus!"-Übung mit ihm üben, daran ein Apport-Spiel mit einem Spielzeug anschließen und ihm nach dem Spiel einen Kauknochen geben, mit dem er sich beschäftigen kann.

Auf diese Weise wird er abgelenkt und das gute Verhältnis zu Ihnen wird durch jede Übung ein kleines bisschen mehr gefestigt.

Neben Lob und Strafe ist es günstig, ein **verbales Korrekturmittel** wie zum Beispiel „Nein!" einzusetzen. Natürlich muss der Hund erst lernen, was dieses Wort bedeutet, bevor man es einsetzen kann. Eine Anleitung, wie Sie ein Korrekturwort aufbauen können, finden Sie auf Seite 56.

Ab wann kann man mit einem Hund arbeiten?

Streng gesehen beginnt die Hundeerziehung mit dem Moment, wenn Ihr Hund zum ersten Mal Ihr Haus betritt. Wenn es sich um einen Welpen handelt, ist einer der erste Schritte, ihn zur Stubenreinheit zu erziehen. Vorher haben aber auch der Züchter oder die Hundemutter schon ein wenig Erzie-

So ein zehn Wochen alter Welpe steckt voller Neugier. Wenn er viel erleben und entdecken darf, fördert das seine Lernwilligkeit.

hungsarbeit geleistet. Es gibt keinen Zeitpunkt, den man als zu früh betrachten kann, mit einem Hund bestimmte Übungen umzusetzen. Nach oben sind auch keine Grenzen gesetzt. Selbst einen alten Hund kann man mit neuen Übungen herausfordern. Allerdings sollten diese dem Alter, den Anlagen, der Gesundheit und auch den Lebensgewohnheiten des Hundes angepasst werden.

Besonders aufnahmefähig sind junge Hunde, die von der dritten bis zwölften Lebenswoche speziell gefördert wurden und viel erleben durften. Diese Phase ist die Sozialisationsphase, in der Aufnahmefähigkeit und Lernwilligkeit entscheidend geprägt werden. Besonders interessiert und stets bereit, Neues zu erlernen, sind ebenfalls die Hunde, mit denen man kontinuierlich gearbeitet hat. Ältere Hunde und solche, die bisher nicht das Glück hatten, dass sich jemand intensiv um sie und ihre Belange kümmert und die dementsprechend nie gefordert wurden, lernen in der Regel etwas langsamer, aber auch sie sind mit freudigem Einsatz dabei.

Zu Beginn einer neuen Beziehung muss der Hund Gelegenheit haben, sich sicher und wohl zu fühlen, bevor man mit einem intensiven Training beginnt. Sämtliche Handlungen Ihrerseits müssen in ihrer Intensität auf den Hund genau abgestimmt werden. Man kann sensible Hunde und solche, die „hart im Nehmen" sind, nicht in gleicher Weise behandeln. Sie werden schnell merken, was angemessen ist.

Stellen Sie sich auf Ihren Hund ein, üben Sie in kleinen Schritten und versuchen Sie nicht, etwas über den Zaun zu brechen. Man kann zeitlich nicht festlegen, wann die Grundausbildung beginnt und wann sie endet. Arbeiten Sie sich mit Geduld von Befehl zu Befehl durch, und schon wenige Tage nach dem Einzug des Hundes in sein neues Heim werden Sie Erfolge sehen können. Hunde lernen ausgesprochen schnell, wenn die Übung in ihrem Ansatz für sie logisch zu begreifen ist.

Wie lange und wann sollte man mit einem Hund arbeiten?

Zunächst muss man sich darüber im Klaren sein, dass der Hund eine besonders feine Antenne dafür besitzt, in welcher Stimmung sich das „Herrchen" befindet. Haben Sie sich gerade über irgendetwas geärgert, dann üben Sie lieber nicht mit dem Hund. Er würde unter Garantie Fehler machen und somit Ihren erneuten Zorn sowie seine Frustration heraufbeschwören. Am besten funktionieren Übungen mit dem Hund, wenn Sie sich in gelöster Stimmung befinden, genügend Zeit haben und sich außerdem die Ziele nicht zu hoch stecken, damit Sie spä-

ter nicht enttäuscht sind. Auch der Hund sollte sich in gelöster Stimmung befinden, keinen übermäßigen Hunger haben und ausgeschlafen sein.

Im Laufe eines Tages gibt man dem Hund zwangsläufig die verschiedensten Befehle, ohne diese speziell zu üben. Die Angabe von Zeiten, d.h. die Aussage, dass die Trainingszeit nicht zu lang sein sollte, bezieht sich nur auf eine kontinuierliche Arbeit – etwa an einem neuen Befehl. Nutzen Sie im Alltag Ihre Zeit, mit dem Hund schon Gelerntes zu festigen – beispielsweise auf Ihren Spaziergängen. Hat der Hund zwischendurch genügend Zeit zum Spielen, zum Schnüffeln oder zum Dösen, wird er nicht überfordert, wenn Sie ihn die eine oder andere Übung machen lassen. Sich an strikte Trainingszeiten zu halten, ist nicht zu empfehlen, weil Hunde situationsbezogen lernen. Von daher ist es sinnvoller, die Übungen für ihn zu etwas werden zu lassen, von dem er weiß, dass es jederzeit gefordert werden kann. Dasselbe gilt auch für das Umgebungsmuster. Wenn man immer an denselben Orten trainiert, hat der Hund später Probleme, die Übung woanders richtig umzusetzen.

Welche Arten von Befehlen gibt es?

In der Hundeerziehung kann man vier verschiedene Arten von Befehlen unterscheiden:

Bei **verbalen Befehlen** liegt der Vorteil darin, dass sie auch über verhältnismäßig große Distanzen noch gut zu erteilen sind.

Noch einfacher ist es sogar, den Hund auf **visuelle Befehle**, also den Einsatz von Handbewegungen oder Körperstellungen zu trainieren, da Hunde auch untereinander hauptsächlich über Körpersprache kommunizieren. Auch in Bezug auf ihre menschlichen Rudelmitglieder sind Hunde Meister darin, die Körpersprache zu lesen. Visuelle Befehle sind für Hunde ebenfalls über weite Distanzen noch zu erkennen. Ihre Einsatzmöglichkeit wird allerdings dadurch begrenzt, dass man sie nur benutzen kann, wenn der Hund Blickkontakt zu seinem Besitzer aufgenommen hat. Um dies ständig zu gewährleisten, kann man sie zusätzlich mit einem Signal, etwa einem Pfeifton koppeln. Für einige Kunststücke ist es sehr wirkungsvoll, auf verbale Befehle zu verzichten, weil dadurch der verblüffende Effekt um ein Wesentliches gesteigert wird (siehe S. 126). Selbstverständlich kann man visuelle und verbale Befehle miteinander kombinieren. Besonders zum Anlernen eines Befehls ist es hilfreich, sowohl mit visuellen als auch verbalen Befehlen zu arbeiten, da Hunde auf die Kombination von Wort und Zeichen besonders gut reagieren.

Taktile Befehle (= Berührungen des Hundes) haben den Nachteil, dass sie nur in einem geringen Radius gegeben werden können. Für bestimmte Übungen kann man sie aber als Hilfe in der Anlernphase einsetzen.

Die vierte Möglichkeit, sich einem Hund mitzuteilen, ist über **Signale** gegeben. Als Signal kann man alles Mögliche, zum Beispiel Pfeiftöne, Fingerschnipsen etc. einsetzen. Man kann den Hund entweder darauf trainieren, auf ein Signal hin Aufmerksamkeit zu zollen, so dass er auf das nachfolgende Kommando leichter reagiert, oder aber man setzt das Signal als Befehl ein.

Wie gibt man die Befehle?

Die Sprachbefehle müssen deutlich gesprochen werden, damit sie für den Hund auch als solche zu identifizieren sind. Man muss darauf achten, dass man für den gleichen Befehl stets den gleichen Tonfall verwendet, weil der Hund sonst das Kommando nicht verstehen kann. Hunde prägen sich den Klang eines Wortes ein, nicht das Wort selbst.

Den Befehl lauter zu sprechen als man normalerweise redet, bringt überhaupt keine Vorteile. Hunde hören um ein Vielfaches besser als Menschen – der Mensch kann nur Töne bis maximal 20.000 Hz wahrnehmen, wohingegen der Hund noch bis in Frequenzbereiche von 40.000 Hz gut hören kann. Aufgrund dieser Tatsache kann man zum Beispiel auch Pfeifen einsetzen, die Töne im Ultraschallbereich erzeugen.

Stadthunde sind leider einem solchen Dauerlärm ausgesetzt, dass die meisten auf einen hohen Geräuschpegel scheinbar unempfindlich reagieren. Das bedeutet aber nicht, dass sie die Hörkapazität verloren haben, sondern nur, dass sie den Stadtlärm ignorieren, also nicht mehr so sensibel für diese Art von Lärm sind. Es gibt Hundebesitzer, die bei Übungen ihren Hunden die Befehle regelrecht entgegenschreien. Das ist völlig unnötig. Ein Befehl, der in normaler Lautstärke gesprochen wird, hat die gleiche Wirkung. Es wirkt lächerlich, wenn Hundeführer ihrem Hund, der weder altersbedingt noch angeborenerweise schwerhörig ist und sich gerade neben ihnen befindet, ein „Sitz!" entgegenbrüllen!

Man muss selbst ausprobieren, wie laut man seine Befehle sprechen muss. Ist der Hund etwas weiter oder sehr weit weg, kann man natürlich dazu übergehen, lauter zu sprechen. Aber man sollte sich immer vor Augen halten, dass man seine Worte eben für einen Hund spricht und nicht für einen Menschen, der wie gesagt sehr viel schlechter hört.

Besonders leise und subtil gegebene Befehle lassen den Hund aufmerksamer werden, denn er wird von selbst

Wichtig
Es ist ratsam und notwendig, einen Befehl stets nur einmal zu geben, und zwar in klarer und für den Hund verständlicher Form und dann zu warten, dass der Hund ihn auch ausführt. Tut er das nicht, wird der Befehl einmal wiederholt. Bei der Wiederholung sollte man darauf achten, dass man die Aufmerksamkeit des Hundes sicher auf seiner Seite hat und dass man ihn ausreichend motiviert, den Befehl auch auszuführen. Als Hilfe kann man außerdem den verbalen auch mit einem zusätzlichen visuellen Befehl koppeln.

darauf achten, keinen der Befehle zu überhören, um sich ein Lob einheimsen zu können.

Gehorcht der Hund ungenügend, liegt es nicht an der Lautstärke des Kommandos. Meist ist es ein deutliches Zeichen dafür, dass er entweder den Befehl noch gar nicht verstanden hat oder dafür, dass Sie ihn nicht ausreichend motivieren konnten, den Befehl auszuführen. Übedenken Sie in diesem Fall noch einmal den Trainingsaufbau und ändern Sie notfalls

Ganz wichtig ist der Kontakt zu anderen Hunden. Dieser Welpe erlernt das richtige Verhalten gegenüber erwachsenen Tieren bei seinem großen schwarzen Freund.

ein paar grundlegende Bedingungen in der Hund-Mensch-Beziehung.

Das ständige Wiederholen von Befehlen, die sowieso nicht ausgeführt werden, sowie das dauernde Gepfeife oder Gerufe, was man besonders auf Spaziergängen oft beobachten kann, hat den so genannten Kuhglockeneffekt auf den Hund. Das heißt, mit Ihren Lauten, die der Hund eindeutigerweise nicht als Befehl beachtet, scheinen Sie ihm – genau wie durch das Läuten einer um den Hals getragenen Kuhglocke – zu signalisieren, wo Sie sich befinden. Er wird also munter seinen Weg fortsetzen und nicht im Traum daran denken, zu Ihnen zurückzukommen! Er wird Sie allerdings um so schneller beachten, wenn Sie nicht rufen, denn dann fehlen ihm die ständigen Meldungen über Ihren Standort. Rufen Sie seltener, ist er seiner Sache längst nicht mehr so sicher, und seine Sorge Sie zu verlieren, wird ihn aufmerksam werden lassen.

In besonderen **Notsituationen**, beispielsweise wenn ein Auto naht oder der Hund im Begriff ist, etwas Giftiges zu fressen, ist es günstig, wenn er allzu laut gegebene Befehle nicht gewöhnt ist. Schreien Sie sich in solchen Situationen ruhig die Kehle aus dem Hals. Ihr Hund wird zu Tode erschrocken sein und von seiner augenblicklichen Aktion ablassen. Das ist allerdings nur dann wirkungsvoll, wenn es die Ausnahme bleibt.

Die Befehle selbst sollten kurz und klar voneinander zu unterscheiden sein. Später kann ein Befehl auch eine Kette von einzelnen Befehlen bzw. Wörtern mit einer bestimmten Bedeutung sein, etwa: „Die Leine, Apport!".

Der Grundgehorsam

Es gibt eine Handvoll Befehle, ohne die ein reibungsloses Zusammenleben von Mensch und Hund nicht möglich ist. Im Prinzip gibt es keinen Grund, sie einem Hund nicht beizubringen. Einige Hundehalter behaupten beispielsweise, ihren Dackel könne man nicht erziehen, weil sich Dackel niemals erziehen lassen – nun sind Dackel aber hervorragende Jagdhunde! Andere erklären, ihr Chihuahua sei einfach zu klein, um diese Dinge zu erlernen.

Die genannten Ausflüchte spiegeln schiere Bequemlichkeit der Besitzer und die Tatsache wider, dass sie sich nicht genug Zeit nehmen, mit dem Hund zu üben und zu arbeiten. Mit der Zeit werden sich diese Hundebe-

sitzer jedoch wundern, warum ihr Hund das eine oder andere Problemverhalten an den Tag legt.

Einem Hund fällt das Ausführen von Befehlen natürlich nicht in die Wiege. Es bedarf schon einiger Mühe, bis er sie beherrscht, doch es ist in jedem Fall die Zeit wert, denn damit wird das Zusammenleben in der Mensch-Hund-Beziehung auch um vieles angenehmer.

Zum **Standardrepertoire** eines jeden Hundes sollten möglichst viele Befehle aus der Sparte der Unterordnung, also im Wesentlichen die Befehle eines Begleithundes gehören, weil gerade diese Befehle ein reibungsloses Zusammenleben gewährleisten. Man kann von einer Art Grundgehorsam sprechen, zu dem elementare Befehle wie beispielsweise „Komm!", „Sitz!", „Platz!", „Bleib!", „Fuß!", „Steh!" oder „Aus!" gehören – und natürlich eine beliebig lange Liste weiterer Befehle sowie Leinenführigkeit und das unerschrockene und sichere Gehen im Menschen- und Hundegetümmel und bei ungewohnten Geräuschen.

> **Wichtig**
> Diese einfachen und im Straßenverkehr oft lebensrettenden Befehle sollte und kann wirklich jeder Hund lernen, gleich welcher Rasse, welcher Größe, welchen Geschlechts oder Alters.

Die Voraussetzung für diese Grundausbildung ist vor allem eine enge Vertrautheit zu seinem Besitzer. Der Hund muss sich in seinem Heim gut eingelebt haben, er darf beispielsweise vor der Situation auf dem

Übungsplatz keine Angst haben und muss auch an andere Hunde gewöhnt sein.

Es muss keineswegs stets in einer Hundeschule geübt werden; der eigene Garten oder die Wohnung reichen immer zum Lernen einer Übung aus. Die letztendlich angestrebte Beherrschung wird aber erst durch das Wiederholen in den verschiedensten Situationen vollends erreicht. Hierbei muss in der Trainingsphase 2 unbedingt darauf geachtet werden, dass man Zeit und Ort der Übungen flexibel gestaltet.

In den folgenden Kapiteln setzt jeweils die Erklärung der Befehle an der Stelle ein, an der Sie und Ihr Hund die eben beschriebenen Voraussetzungen erfüllen.

Hilfsmittel in der Hundeerziehung

Die **Leine** ist ein sinnvolles Hilfsmittel in der Hundeerziehung, und zwar in mehrfacher Hinsicht. Vor allem kann man durch sie Gefahrensituationen abwenden, wenn der Hund noch nicht so perfekt gehorcht, denn die Leine stellt eine direkte Verbindung zwischen Hund und Herrn dar. Das gilt vor allem in der heutigen Verkehrssituation, die eine ständige Gefahr für Ihren Hund ist. Außerdem werden Sie in der Stadt mit einem angeleinten Hund weniger Ärger mit Mitmenschen bekommen als mit einem frei laufenden.

Die Leine als sichtbares und spürbares Band zwischen Ihnen und Ihrem Hund hat auch für den Hund so etwas wie eine magische Bedeutung und wird wohl in den allermeisten Fällen

von ihm geliebt, weil er weiß, dass er mitgehen darf, wenn nach der Leine gegriffen wird. Als Spielzeug und Trainingsobjekt kann die Leine natürlich noch andere Bedeutungen haben. Darauf wird später noch eingegangen.

In erster Linie ist die Leine ein erzieherisches Hilfsmittel, das man mannigfaltig einsetzen kann, besonders wenn noch keine tiefe Bindung im Mensch-Hund-Team besteht oder aber wenn es sich um einen sehr schreckhaften Hund handelt, zumal diese Hunde dadurch am Weglaufen gehindert werden. Die Leine sollte allerdings niemals als Strafe eingesetzt werden!

Wenn Sie die Absicht haben, Ihren Hund stets ohne Leine laufen zu lassen, sollten Sie es trotzdem nicht versäumen, ihm eine gute Leinenführigkeit anzuerziehen, um so bei besonderen Situationen wie etwa einer Urlaubsbetreuung durch eine fremde Person oder Ähnlichem gewappnet zu sein (vgl. Übung 3: Leinenführigkeit).

Bei einigen Hunden kommt es vor, dass sie, wenn sie angeleint sind, plötzlich mit anderen Hunden zu „streiten" anfangen. Dies liegt allerdings nicht daran, dass sie sich anderen Hunden gegenüber so überlegen fühlen, weil sie ihr Herrchen in ihrer direkten Nähe als Mitstreiter wähnen, sondern vielmehr daran, dass ihnen an der Leine die Ausweichmöglichkeiten so eingeschränkt werden, dass besonders unsichere Hunde das aggressive Verhaltensmuster als einzigen Ausweg aus der unumgänglichen Konfrontation mit dem anderen Hund sehen. Dem kann entgegengewirkt werden, indem man den Hund ableint, damit er dem entgegenkommenden Hund, der günstigstenfalls selbst abgeleint sein sollte, frei gegenübersteht. Auf diese Weise halten wir dem Hund beide Möglichkeiten offen, nämlich entweder Kontakt aufzunehmen oder aber auszuweichen. Um aber schließlich zu erreichen, dass der Hund auch angeleint an anderen Hunden ohne übermäßige Reaktion vorbeigeht, ist in diesen Fällen ein spezielles Training nötig, mit dem man erreicht, dass der Hund Passanten, Tiere etc. einfach ignoriert. Mehr dazu in Übung 34: Superwort.

Ein weiteres wirkungsvolles Hilfsmittel in der Hundeerziehung ist das **Hundehalfter**. Leider sind Halfter in Deutschland noch nicht so populär und besonders Passanten verwechseln sie oft mit einem Maulkorb. Beim Einsatz eines Hundehalfters ist es notwendig, den Hund erst einmal an das ungewohnte Tragen zu gewöhnen, denn ähnlich wie sich auch viele Welpen gegen das Halsband sträuben, möchten die meisten Hunde das Halfter zunächst abstreifen. Nach der Gewöhnung kann man den Hund mit dem Hundehalfter aber hervorragend kontrollieren. Man kann ihn leichter auf das Wesentliche konzentrieren und es bedarf auch bei großen Hunden keiner Kraftanstrengung mehr, sie zu halten. Für den Hund ist das Halfter eine völlig schmerzfreie Alternative zu den antiquierten, barbarischen und tierschutzrelevanten Hilfsmitteln wie Endloswürger, Stachelhalsbänder und so genannte Erziehungs-Geschirre.

Auch der Einsatz einer **Schleppleine** eignet sich für bestimmte Übungen. Die Schleppleine kann sowohl an einem normalen Halsband als auch an einem Geschirr befestigt werden.

Die Liste von Hilfsmitteln in der Hundeausbildung kann praktisch beliebig verlängert werden, denn jedes **Spielzeug** und natürlich auch **Futterbelohnungen** stellen Hilfsmittel dar, mit denen man den Hund motivieren kann.

Wenn man ein **Korrektursignal** in der Ausbildung einsetzen möchte, eignen sich die so genannten Fisher-Discs in besonderer Weise. Auf die Bedeutung der Schellen sollte der Hund aber durch eine vorherige Übung konditioniert werden, damit er schon beim Übungsaufbau lernt, dass er mit einer anderen Handlungsweise wieder zu einem Lob gelangen kann (vgl. Übung 11: Korrekturwort).

Die Grundausbildung

Einführung

In diesem Kapitel werden einige Befehle erläutert, die im vorangegangenen Text als Befehle aus dem Bereich der Grundausbildung erwähnt wurden. Es sind im Wesentlichen die Befehle, die zur Begleithundprüfung verlangt werden:
– die Leinenführigkeit als Grundvoraussetzung,
– die Befehle „Sitz!", „Platz!", „Hier!", „Apport!", „Bleib!", „Aus!", „Steh!", „Fuß!",
– die Übungen Gehen durch eine Menschenmenge,
– das Verweigern der Aufnahme von Gegenständen und Essbarem,
– das Überwinden von Hürden,
– „Voraus!",
– die Schussgleichgültigkeit,
– das „Auf-den-Platz!"-Schicken
– das Abgewöhnen des Anspringens bei der Begrüßung allgemein und speziell von fremden Personen.
Im Anschluss daran werden die bei der Hundesportart Obedience gängigen Übungskombinationen mit Befehlen aus dem Grundgehorsam kurz vorgestellt, die besonders für das „fortgeschrittene" Team Abwechslung bieten und eine neue Herausforderung darstellen (siehe Seite 68ff.).
Wesentliche Bestandteile für den Erfolg bei der Ausbildung eines Hundes sind, wie bereits erwähnt, die Kreativität des Besitzers und in starkem Maße auch die Methode, mit der dem Hund der Befehl vermittelt wurde.

Aber in der Hundeerziehung läuft nichts nach Schema F oder Patentrezepten. Ob Sie meine Vorschläge oder eigene Ideen ausprobieren ist einerlei. Der eine Hund lernt es eben leichter auf dieser Art, der andere leichter auf jene. Wichtig ist bei der Ausbildung, die Lernbiologie zu berücksichtigen. Lerninhalte, die über Erfolgserlebnisse vermittelt wurden, werden später stressfrei und freudig ausgeführt. Auf Druck, Strafen und einen stresserzeugenden Umgang mit den Hunden sollte man daher verzichten. Die im Folgenden beschriebenen Übungen sind allesamt erprobt und haben bei vielen Hunden zum Erfolg geführt.

Hinweis

Bei den Anleitungen zu den jeweiligen Übungen handelt es sich nicht um eine immer passende Erfolgsformel, sondern nur um **Vorschläge**, wie es gemacht werden kann.

Der Spaziergang

Der Spaziergang ist für den Hund eine Zeit, auf die er sich sehr freut, denn bei dieser Gelegenheit widmen Sie sich ihm ganz besonders. Hierbei sollte er Zeit haben für Spiele, für Übungen, zum Schnüffeln, für soziale Kontakte und beispielsweise für wilde Tobereien mit anderen Hunden. Lassen Sie Ihren Hund etwas erleben,

Ein gemeinsamer Lauf dient der Zerstreuung und ist auch geeignet, um eine intensive Trainingssituation aufzulockern.

erklimmen Sie zusammen mit ihm große Steine, gefällte Baumstämme, spielen Sie Verstecken und trainieren Sie Befehle einmal normal laut und einmal leiser. Das schult die Aufmerksamkeit und festigt die Bindung in Ihrem Team.

Nicht nur für den Hund ist der Spaziergang eine tolle Zeit, auch Sie kön-

nen die frische Luft genießen, kleine Alltagssorgen für einen Moment vergessen und neue Kontakte zu anderen Hundebesitzern knüpfen. Nutzen Sie den Spaziergang stets auch zum Trainieren und Festigen der Grundausbildung und anderer Übungen, denn eine entspannte Grundstimmung ist der richtige Einstieg in eine kurze Trainingsphase.

1 Das Anspringen

Das Anspringen bei der Begrüßung ist eigentlich eine ganz natürliche Sache und tief in der Natur der Hunde verwurzelt, da Welpen die Hündin ebenfalls zur Begrüßung anspringen. Es ist aber dennoch lästig und sollte dem Hund deshalb beizeiten abgewöhnt werden. Das Gleiche gilt für das Anspringen fremder Personen. Deshalb wurde diese Übung bewusst an den Anfang des Kapitels gestellt.

• Wenn der Hund an einem selbst hochspringt, gewöhnen Sie ihm dies am erfolgreichsten durch konsequentes Ignorieren ab. Das bedeutet, der Hund wird nicht angeguckt, nicht angesprochen und nicht angefasst. Letzteres beides auch nicht um ihn wegzuschicken oder ihn sich vom Leib zu halten. Auf diese Weise handelt sich der Hund selbst den schlimmsten Misserfolg ein – denn statt Aufmerksamkeit zu bekommen, ist er leer ausgegangen. Achtung: Obwohl es simpel klingt, ist es gar nicht einfach, einen Hund wirklich zu ignorieren. Bleiben Sie unbedingt hart, denn dann bringt diese Methode sehr schnell Erfolge. Als Alternative zum Ignorieren können Sie ihm ein Ersatzverhalten beibringen. Kommt Ihr Hund bei der Begrüßung auf Sie zugeflitzt und will an Ihnen hoch springen, bremsen Sie ihn verbal und visuell mit „Sitz!" (erhobener Zeigefinger; s. Übung 4) oder „Platz!" (die gestreckte Hand weist auf den Boden; s. Übung 5) und begrüßen Sie ihn erst, wenn er die Übung „Sitz!" oder „Platz!" gemacht hat und in dieser Stellung verharrt. Loben und liebkosen Sie ihn dann ausgiebig, damit er bei seiner großen Freude, die er Ihnen entgegenbringt, zum Schluss auch auf seine Kosten kommt.

• • Das Anspringen von Spaziergängern gewöhnen Sie dem Hund am besten ab, indem Sie sich mit Bekannten vorher besprechen. Diese können dann an Ihrer Stelle entweder den Hund ignorieren oder ihn seine Ersatzhandlung machen lassen. Bei hartnä-

ckigen Anspringern ist gelegentlich ein Spezialtraining erforderlich, beispielsweise mittels einer Frustverknüpfung auf das Geräusch der Fisher-Discs (s. Seite 56). Das Geräusch sollte der Hund dann zielgerichtet in dem Moment hören, in dem er zum Sprung ansetzt. Denken Sie daran, dass sowohl ein früherer als auch ein späterer Zeitpunkt nicht den erwünschten Effekt hat, weil der Hund keinen Zusammenhang zu seiner Handlung herstellen kann.

Bedenken Sie, dass es einfacher ist, den Hund rechtzeitig zu rufen und zu konzentrieren oder sogar kurz an die Leine zu nehmen, um das Problem zu verhindern. So kann der Hund nichts falsch machen. Viel schwieriger ist es,

Um ihm das Anspringen abzugewöhnen, wird der Hund erst dann begrüßt, wenn er „Sitz!" macht.

in der Entfernung die volle Kontrolle über den Hund zu bewahren.

Bleibt Ihr Hund, wenn er gerade zum Sprung ansetzen will, auf Zuruf stehen oder reagiert er gar auf den Befehl „Sitz!", sollte ein dickes Lob von Ihrer Seite aus selbstverständlich sein.

Wichtig
Sie sollten unnachgiebig sein in diesem Punkt, damit es nicht soweit kommt, daß Ihr Hund etwa einen älteren Menschen oder ein Kind durch sein Anspringen umstößt und somit für diese zur Gefahr oder zumindest zum öffentlichen Ärgernis wird.

2 „Auf den Platz!"

Viele Hunde haben in der Wohnung so etwas wie einen eigenen Platz. Das kann seine Decke, sein Korb oder einfach nur sein angestammter Lieblingsfleck auf dem Teppichboden sein. Hier darf der Hund, auch wenn Sie ihn mit „Auf den Platz!" dort hinschicken, stehen, liegen, sitzen, spielen oder z. B. am Kauknochen nagen.

• Es reicht meist zum Erlernen dieses Befehls, ihn immer wieder mit „Auf den Platz!" zu seinem Platz zu bringen und dort zu belohnen. Kombinieren Sie nötigenfalls die Befehle „Bleib!" und „Auf den Platz!" und schicken Sie auch den bei Tisch bettelnden Hund konsequent „Auf den Platz!".

Achten Sie darauf, dass der Hund den ihm zugewiesenen Platz auch mag, denn es soll sein spezieller Platz werden, auf dem er sich wohl fühlt und der nicht etwa eine Strafe oder Tortur für ihn darstellt. Hunde sind sensibler als Menschen und sträuben sich, aus oft unsichtlichen Gründen, gegen bestimmte Plätze – vielleicht aufgrund einer dort entlang laufenden Wasserader oder Ähnlichem. Die meisten Hunde lieben einen Platz, von dem aus sie alles überblicken können, z. B. im Flur oder einen ruhigen Ort, unter dem Schreib- oder dem Küchentisch, wenn auf dem für Hundekrallen sehr glatten und auch sonst wenig bequemen Boden ein Stück Teppich oder eine Decke liegt. Solange der Hund diese Plätze nicht bewacht oder verteidigt, ist dagegen nichts einzuwenden.

3 Leinenführigkeit

Auch für den Fall, dass Sie vielleicht auf dem Land wohnen oder Ihren Hund ohne Leine laufen lassen und erziehen wollen – bringen Sie ihm trotzdem bei, ohne Zug an der Leine zu laufen und zwar günstigerweise an der straßenabgewandten Seite, bzw. links von Ihnen, wenn Sie später einmal in einem Verein mit ihm arbeiten wollen.
Bedenken Sie Folgendes:
– Erstens geraten Sie vielleicht irgendwann einmal in eine Situation, in der Sie oder eine andere Person den Hund nur angeleint mitnehmen können. Hat Ihr Hund es nie gelernt, ohne zu ziehen an der Leine zu gehen, werden Sie wie wild in der Gegend herumgerissen. Dies ist besonders gefährlich, falls Kinder mit dem Hund spazieren gehen sollen, die ihm körperlich unterlegen sind.

Mit dem Kommando „Auf den Platz!" wird der Hund in seinen Korb geschickt.

– Zweitens akzeptiert Ihr Hund die Leine umso schneller, je früher er gelernt hat, an der Leine zu laufen.

Legen Sie es nicht darauf an, Ihrem Hund die Leinenführigkeit erst beizubringen, wenn eine Notlage es erfordert. Es schadet ihm nicht, sich für die Zeit, in der er an der Leine gehen muss, Ihrem Schritt anzupassen. Ebenso sinnvoll ist es, ihm ein ruhiges Gehen an einer Seite beizubringen. Sie verhindern so, falls Sie Ihren Hund einmal mit in die Stadt nehmen, ein Chaos, das entsteht, wenn Sie beim Gehen plötzlich Passanten „fesseln", weil Ihr Hund Zickzack läuft.

Zwei Aspekte, die es zu bedenken

gilt, sind das Markieren und das Schnüffeln. Besonders Rüden haben stets das Bedürfnis zu markieren, was zum Beispiel beim Einkaufen in der Stadt, besonders aber auch für Hausbesitzer ein Stein des Anstoßes sein kann. Dass ein Hund markiert, ist ganz natürlich, und würden Sie es ihm verbieten, wäre das Tierquälerei. Rüden setzen pro Harnabsatz weniger Urin ab als Hündinnen und urinieren deshalb öfter. Es ist wichtig, dass sie oft genug die Blase entleeren können, da es sonst zu ernsthaften Krankheiten kommen kann. Das heißt aber nicht, dass Sie sich von Ihrem Hund hin- und herbeuteln lassen müssen, damit er hier und da markieren kann. Sie als Boss im Team können es sich ohne Weiteres herausnehmen, mit „Nein!" den Hund daran zu hindern. Machen Sie ihm das von Anfang an klar, geben Sie ihm aber sowohl frei laufend als auch angeleint ausreichend Möglichkeit, seinen Bedürfnissen nachzukommen.

Wichtig
Bedenken Sie die Gefahr, die ein kräftiger Hund, der es nicht gelernt hat, ordentlich an der Leine zu gehen, für Sie und andere bedeuten kann, wenn er Sie in alle Richtungen oder gar auf die Straße zieht.

Jeder Hund muss auch schnüffeln, weil er dadurch wichtige „Hundeinformationen" erhält, die man ihm auf keinen Fall vorenthalten darf, damit er sich in seinem sozialen Umfeld normal entwickeln kann. Doch können Sie sich als Boss auch hier herausnehmen zu bestimmen, wann, wo und

wie lange geschnüffelt werden darf, während Sie mit ihm an der Leine gehen. Sie müssen aber immer im Kopf behalten, dass es zur Natur des Hundes gehört, überall dort stehenzubleiben, wo es interessant ist.

Gewöhnen Sie Ihrem Hund trotzdem an, dass er nicht seinen Kopf durchsetzen kann, auch wenn es noch so interessant ist. Wenn Sie schnell gehen, verleiten Sie Ihren Hund dazu, auch schnell mitzukommen.

Gehen Sie also langsam, darf er schnüffeln, gehen Sie schnell, muss er schnell mitkommen, ohne sich von den vielen Gerüchen ablenken zu lassen. Auf ausgedehnten Spaziergängen muss der Hund natürlich ausgiebig Gelegenheit zum Schnüffeln und Markieren bekommen, so dass er, wenn er an der Straße oder in der Stadt kurzzeitig angeleint ist, diesen Grundbedürfnissen nicht zwingenderweise nachkommen muss. Sind Sie gerade dabei, Ihrem Hund ein gesittetes Gehen an der Leine anzugewöhnen, bringen Sie ihm doch auch bei, beim Vorbeigehen an Pfählen oder Laternen stets die gleiche Seite zu wählen wie Sie (vgl. Übung 53: Laterne).

Um dem Hund das ruhige Gehen an der Leine anzugewöhnen, gibt es verschiedene Brustgeschirre, Hundehalfter und andere Utensilien. Stachelhalsbänder, Zugwürger ohne Stop oder so genannte Erziehungsgeschirre sind ungeeignet, da sie dem Hund Schmerzen zufügen. Ansonsten ist es Geschmackssache, die eine oder andere Halsband-, Halfter- oder Geschirr- und Leinenkombination zu wählen.

• Die beste Übung gegen das Ziehen an der Leine ist dem Hund zu vermitteln, wie angenehm es sich dicht neben Ihnen läuft. Hierfür braucht man aber die entsprechenden Motivationsmittel. Leckerchen eignen sich für diese Übung besonders und stehen bei den meisten Hunden hoch im Kurs. Halten Sie dem Hund die Belohnung vor die Nase, damit er sie wahrnimmt und geben Sie ihm dann beim Laufen alle paar Schritte ein winziges Stückchen.

• • Bleiben Sie jedesmal kurz stehen, wenn der Hund an der Leine zieht und loben sie ihn, sobald er sich Ihnen zuwendet und wieder näher zu Ihnen kommt. Gehen Sie dann langsam weiter. Zieht Ihr Hund nun nicht, loben Sie ihn leise und stecken ihm eine Belohnung zu. Geben Sie in dieser ersten Phase der Übung dem Hund keine Chance, wirklich an der Leine zu reißen. Gehen Sie langsam, das verleitet den Hund, nicht so sehr zu ziehen. Machen Sie dem Hund in den folgenden Tagen klar, dass es besonders angenehm ist, nahe bei Ihnen zu gehen, indem Sie Ihr Lob immer gezielt einsetzen, wenn sich der Hund in einem akzeptablen Abstand zu Ihnen befindet. Schenken Sie ihm keinerlei Beachtung, wenn er etwas weiter entfernt von Ihnen läuft, und bleiben Sie wieder stehen, falls er erneut zieht.

• • • Weiterem Ziehen an der Leine wirken Sie entgegen, indem Sie Ihren Hund dauernd beobachten. Bemerken Sie, dass er wieder loslegt, lassen Sie ihn absitzen oder rufen Sie ihn zu sich „Bei Fuß!", gehen Sie in eine andere Richtung, variieren Sie Ihr Schritttempo, und sorgen Sie so dafür, dass er aufmerksamer wird auf das, was Sie vorhaben, und nicht blindlings in die

Richtung strebt, die ihn gerade interessiert. Das Zickzacklaufen gewöhnen Sie ihm am besten ab, indem Sie ihm zunächst die Leine nicht lang genug lassen, so dass er nur auf einer Seite gehen kann. Später rufen Sie ihn mit den Worten „Hier an die Seite!" auf eine Seite zurück, indem Sie sich gleichzeitig auf der gewünschten Seite auf den Schenkel klopfen und Ihren Hund loben, wenn er sich dann auf dieser Seite neben Ihnen einfindet.

Tipp
Im Straßenverkehr ist es am sichersten, wenn Ihr Hund stets an der straßenabgekehrten Bürgersteigseite geht, ganz gleich, ob es rechts oder links ist.

Wollen Sie erreichen, dass Ihr Hund nur links geht, lassen Sie stets Konsequenz walten, da er es sonst nie beherrschen wird. Sie erleichtern es Ihrem Hund, wenn Sie an der rechten Seite vorerst z. B. eine Tasche tragen, die Sie kräftig hin- und herschaukeln, so dass er auf dieser Seite keinen Platz mehr neben Ihnen hat.

Eine besonders praktische und sinnvolle Trainingshilfe ist das Hundehalfter. Es ist jedoch eine Gewöhnungsphase an das zunächst ungewohnte Tragen des Halfters nötig, bevor man den Hund mit dem Halfter führen kann.

Achten Sie darauf, dass die Übungen für den Hund so einfach umzusetzen sind und er so gut mit Leckerchen abgelenkt wird, dass er nicht auf die Idee kommt, sich das Band mit der Pfote von der Nase zu streifen. Nehmen Sie Ihrem Hund in den

Gewöhnung an ein Hundehalfter:

- Locken Sie den Hund mit einem Leckerchen, so dass er freiwillig seine Nase durch das von Ihnen aufgehaltene Halfter steckt. Wiederholen Sie diese Übung etliche Male, bis der Hund weiß, was er zu tun hat.
- Lenken Sie Ihren Hund nach oben mit einem Leckerchen ab, so dass Sie das Halfter loslassen können und es auf der Nase liegen bleibt. Üben Sie auch dies etliche Male.
- Schließen Sie dann nach dem Anziehen das Halfter hinter den Ohren und lenken Sie Ihren Hund wiederum gut ab. Nehmen Sie ihm das Band nach kurzer Zeit wieder ab.
- Klicken Sie nun ein Ende der Leine ans normale Halsband und das andere Ende der Leine an das Halfterband und wiederholen Sie die vorige Halfterübung mit dieser Veränderung.
- Gewöhnen Sie Ihren Hund nun an das Führen an der Leine, wenn er das Halfter trägt. Steigern Sie langsam die Zeit.

Übungen das Halfter immer erst ab, wenn er sich brav verhält, sonst lernt er, dass Zappeln Erfolg hat. Ziehen Sie niemals ruckartig am Halfterende der Leine. Das ist nicht notwendig und belastet stark die Halswirbelsäule.

4 „Sitz!"

„Sitz!" ist einer der Befehle, die Sie am häufigsten geben werden. Ziel ist es, den Hund dazu zu bringen, dass er sich nach dem Befehl umgehend hinsetzt und dort solange sitzen bleibt, bis der Befehl wieder aufgehoben wird, und zwar ausschließlich von Ihnen. Zum Erlernen des Befehls „Sitz!" ist es ratsam, ihn zu bestimmten Anlässen zu verwenden, z. B. vor dem Anlegen des Halsbandes oder bevor Sie die Tür zum Spaziergang öffnen. Viele Hundebesitzer lassen den Hund auch an jedem Bordstein absitzen, um eine innere Barriere vor der Straße aufzubauen.

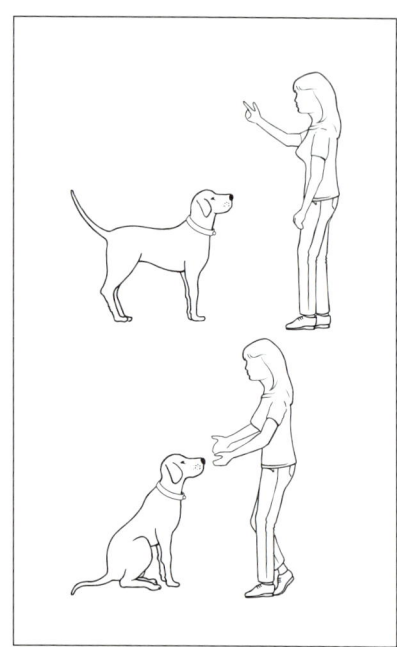

Als Sichtzeichen eignet sich der erhobene Zeigefinger.

*Wenn Ihr Hund Sie zur Begrüßung in freudigem Überschwang anspringt, hilft ein Ritual:
Erst nach dem Absitzen begrüßen und streicheln!*

Eine länger andauernde Sitz-Stellung ist dem Hund meist weniger angenehm als die Platz-Stellung. Berücksichtigen Sie das, wenn Sie mit dem Hund üben. Die Aufhebung des Befehls sollte also verhältnismäßig bald erfolgen. Wollen Sie später mit Ihrem Hund Prüfungen ablegen, gewöhnen Sie ihm gleich an, sowohl an Ihrer linken Seite als auch frontal abzusitzen.

• Besonders bei Welpen und Junghunden, aber auch bei erwachsenen Hunden, die gut auf eine Belohnung mit Leckerchen ansprechen, gibt es eine sehr elegante Möglichkeit, den Befehl beizubringen. Dabei müssen Sie nicht mit Körperhilfen arbeiten. Es ist also nicht notwendig, den Po des Hundes auf den Boden zu drücken, um zu erreichen, dass er sich setzt.
Wecken Sie das Interesse des Hundes, indem Sie ihn an einem Leckerchen schnüffeln lassen. Wenn Sie hierbei den Zeigefinger erhoben haben und das Leckerchen mit den restlichen Fingern umschließen, trainieren Sie ihn gleichzeitig auch auf ein Sichtzeichen.
Führen Sie, sobald der Hund Interesse zeigt, die Hand mit dem Leckerchen langsam nach oben und leicht über den Kopf des Hundes, so dass er sich hinsetzt, weil es für ihn die bequemste Möglichkeit ist, um ihre Hand noch mit seinen Blicken oder der Nase verfolgen zu können. Genau in diesem Moment sagen Sie das Lautzeichen „Sitz!" und geben ihm das Leckerchen. Schon nach wenigen Wiederholungen wird sich Ihr Hund sowohl auf Ihr Sichtzeichen als auch auf den verbalen Befehl hin setzen.
Üben Sie den Befehl „Sitz!" nach und nach nicht nur in der frontalen

Stellung (Vorsitzen), sondern auch an Ihrer Seite. Bei korrekter Ausführung darf ein kräftiges Lob nicht fehlen.

• • Lassen Sie Ihren Hund, nachdem er schon weiß, was der Befehl bedeutet, in den verschiedensten Situationen immer wieder einmal „Sitz!" machen. Erschweren Sie nach und nach die Übung, beispielsweise indem Sie ihn durch das Knistern mit einer Leckerchentüte dazu verleiten, seine Stellung zu verlassen.

• • • Mit dem fortgeschrittenen Hund sollte das Kommando auch in der Entfernung trainiert werden. Hierzu gibt es folgende Vorübung: Schaffen Sie eine Barriere zwischen sich und dem Hund oder nutzen Sie einen Zaun. Geben Sie dann über diese Barriere hinweg den Befehl „Sitz!" und belohnen Sie den Hund sofort, wenn er den Befehl brav ausführt. Arbeiten Sie hier ruhig mit dem Sichtzeichen und dem gesprochenen Kommando. Steigern Sie nach und nach die Entfernung zum Hund. Die Barriere dient zur Verhinderung von Fehlern, denn viele Hunde haben die Tendenz „aufzurutschen", um dann bei Ihnen „Sitz!" zu machen.

5 „Platz!" und „Leg Dich!"

Bei dieser Übung werden hier zwei verschiedene Formen der Ausführung unterschieden: Einmal soll der Hund in der Sphinx-Stellung verharren, bei der zweiten Variante kann er die ihm angenehmste Stellung wählen. Die erstgenannte Form wird zum weiteren Textverständnis mit dem Befehl

„Platz!" bezeichnet, die zweite mit
„Leg Dich!".
   „Platz!" ist die Stellung, die zum
Training und Spiel die angebrachtere
ist. Der Hund soll am Platz verharren
und auf weitere Befehle warten. Er ist
in der Lage, aus dieser Position schnell
zu starten und bleibt aufmerksam für
neue Befehle, wenn er erst gelernt
hat, den Befehl als „Übergang" oder
als Zwischenstufe innerhalb einer Trainingseinheit zu erkennen.

• Die einfachste Möglichkeit dem
Hund das Platz-Kommando beizubringen ist folgende: Begeistern Sie Ihren
Hund für ein Leckerchen, indem Sie
ihm ein besonders schmackhaftes
Häppchen direkt an die Nase halten
und ihn daran schnüffeln lassen. Führen Sie dann Ihre Hand mit dem
Leckerchen langsam aber in einer flie-
ßenden Bewegung auf den Boden
und halten Sie es dort fest. Der Hund
darf und sollte daran schnüffeln und
versuchen, an das Leckerchen zu
kommen. Er bekommt es sofort, sobald er sich in seinem Bemühen das
Leckerchen zu ergattern per Zufall
hinlegt. Die meisten Hunde versuchen
erst durch Grabebewegungen oder
Hinsetzen zum Erfolge zu kommen.
Unterbrechen Sie Ihren Hund nicht. Er
muss selbst herausfinden, welche
Handlung zum Erfolg führt. Solange
der Hund nicht das Interesse an dem
Leckerchen verliert, wird die Übung
auf jeden Fall gelingen. Sie brauchen
nur ausreichend Geduld! Größere
Hunde legen sich meist etwas schneller hin als kleine, denn den großen ist
es zu unbequem so lange vorne über-
gebeugt zu stehen. Ziehen Sie in dieser Übung Ihre Hand nicht weg, um
dem Hund vielleicht mehr Platz zu

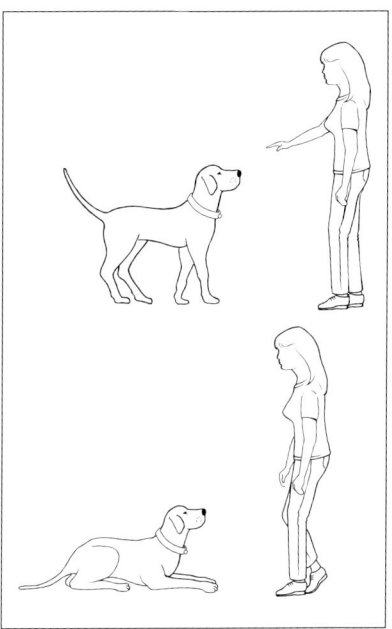

*Als Sichtzeichen eignet sich hier die flach
ausgestreckte Hand.*

geben, denn die meisten Hunde laufen dann dem Leckerchen hinterher
und vergessen, sich auf die Übung zu
konzentrieren. Als Sichtzeichen kann
man die gestreckte nach unten offene
Hand verwenden, so dass man den
Hund später auch noch in einiger Entfernung in die „Platz!"-Position dirigieren kann.
   Einige Hunde sträuben sich vehe-
ment gegen die „Platz!"-Stellung.
Unabhängig von der Ursache führt bei
diesen Hunden meist jedoch die folgende Methode zum Erfolg: Beobachten Sie Ihren Hund genau. Sagen Sie
jedesmal, wenn er sich gerade freiwillig hinlegen will, deutlich „Platz!" und
belohnen Sie ihn mit einem Lecker-

Erst nach geduldigem Training bleibt der Hund beim Befehl „Platz!" auch dann ruhig liegen, wenn Sie sich von ihm entfernen.

chen oder mit einem verbalen Lob. Achten Sie darauf, dass die Belohnung sofort erfolgt, sobald der Hund liegt. Nach einer ausreichend großen Zahl von derlei Wiederholungen hat sich beim Hund die Kombination von Befehl, Aktion und Lob eingeprägt, so dass man den Befehl auch direkt geben kann.

Wichtig
Vergessen Sie nie, den Hund stets überschwänglich zu loben, wenn er eine Übung ordentlich ausgeführt hat!

Wenn Sie zum ersten Mal den Befehl direkt geben, wählen Sie einen Augenblick, in dem der Hund den Befehl mit hoher Wahrscheinlichkeit befolgt, damit Sie ihn entsprechend belohnen können, statt ihm die Übung durch eine Korrektur zu verleiden. Bleiben Sie während der Übung ruhig und konsequent. Mit der Zeit wird der Hund begreifen, dass die „Platz!"-Stellung etwas sehr Angenehmes ist. Denken Sie daran, dass dieses Gefühl nur durch Ihr überschwängliches Lob zu beeinflussen ist.

•• In der zweiten Phase, in der der Hund den Befehl schon gelernt hat, sollten Sie dazu übergehen, diesen zu festigen, und zwar zunächst, indem Sie um den Hund herumgehen, später steigen Sie über ihn. Entfernen Sie sich einen Meter oder zwei, hüpfen Sie ein wenig auf und ab oder klatschen Sie in die Hände. Vorsicht beim Über-den-Hund-Steigen; dies ist etwas für den „fortgeschrittenen" Hund. Er könnte das Vertrauen zu dieser Stellung verlieren, falls Sie ihn aus Versehen berühren.

Sollte Ihr Hund bei diesen Ablenkungen aufstehen und die Übung abbrechen, sollten Sie nicht schelten, sondern einfach noch einmal von vorne anfangen. Reagiert Ihr Hund wiederholt fehlerhaft bei dieser Übung, kann es sein, dass Ihre Ablenkungen für den augenblicklichen Trainingsstand noch zu stark gewählt sind, oder er verfügt noch nicht über die Konzentration, so lange in dieser Stellung zu verharren, wie Sie es von ihm verlangen. In beiden Fällen sollten Sie einen Schritt in der Übung zurückgehen, die Ablenkungen weniger markant wählen und die Zeit verkürzen, in der Ihr Hund liegen bleiben soll, um die Übung stets erst nach einem Erfolg zu beenden.

• • • Auch bei der „Platz!"-Übung sind Ihrer Phantasie keine Grenzen gesetzt. Variieren Sie den Befehl nach Lust und Laune, achten Sie aber stets auf korrekte Ausführung und gehen Sie in Ihren Trainingsschritten noch einmal zurück, falls der Hund beginnt, in der Ausführung etwas nachlässig zu werden.

Die „Platz!"-Übung können Sie auch gut als Unterordnungsübung einsetzen, da der Hund sich durch seine Stellung in einer Ihnen untergeordneten Position befindet. Gerade bei charakterstarken, „dominanten" Tieren empfiehlt es sich, diese Übung besonders gut mit viel Lob zu festigen, weil der Hund so dafür belohnt

wird, dass er eine Position einnimmt, die in seinem arteigenen Verhalten der Rubrik Beschwichtigung zugeordnet ist. Sein untergeordnetes Verhalten wird für Sie dank des Befehls abrufbar.

Ein ähnlicher Befehl ist „Leg Dich!". Die Bedeutung von „Leg Dich!" ist im Gegensatz zu „Platz!" jedoch etwas weniger konkret. Der Hund muss zwar liegen, kann aber die ihm angenehmste Stellung selbst wählen. Verwenden Sie diesen Befehl, wenn der Hund längere Zeit liegen soll, z. B. vor einem Geschäft beim Einkaufen oder bei ähnlichen Anlässen. Schenken Sie Ihrem Hund keinerlei Aufmerksamkeit, wenn er während dieser Übung Albernheiten ausprobiert.

• Beginnen Sie damit, diesen Befehl an seinem Platz zu verwenden, weil es dem Hund auf seinem Platz besonders leicht fällt, eine Weile liegen zu bleiben. Schicken Sie ihn in seinen Korb oder auf seine Decke, indem Sie „Leg Dich!" sagen und eine „Platz!"-Hilfe, beispielsweise das Zeigen auf den Boden, dazunehmen. Es reicht für den Anfang, wenn der Hund etwa eine halbe Minute auf seiner Decke oder seinem Platz liegt.

Variieren Sie aber die Orte, denn dieser Befehl ist nicht gleichbedeutend mit „Auf den Platz!". Lassen Sie ihm genügend Spielraum, sich einzurollen oder sich in eine andere bequeme Lage zu bringen. Verlängern Sie nach und nach die Zeiten, die der Hund in dieser Position bleiben soll.

Im Laufe der Zeit wird der Befehl für den Hund die Bedeutung bekommen, etwas länger warten zu müssen oder sogar kurzzeitig abschalten zu können. Machen Sie sich dies im Alltag zunutze, ohne den Hund zu frustrieren und ohne dass er das Gefühl bekommt, abgeschoben zu werden.

Verlässt Ihr Hund während der Lernphase immer wieder den von Ihnen angewiesenen Platz, leinen Sie ihn entweder an oder bringen Sie ihm parallel dazu den Befehl „Bleib!" bei (Übung 10).

6   „Hier!"

Auf den Befehl „Hier!" muss der Hund unverzüglich und auf dem schnellsten Wege zu Ihnen kommen. Er darf also nicht trödeln oder gar erst noch pinkeln, was besonders bei Rüden beliebt ist, die die Situation gerne etwas ausreizen.

• Die Übung „Hier!" kann aus Sicherheitsgründen zunächst an einer langen Leine geübt werden. Diese so genannte Schleppleine sollte allerdings nicht dazu verwendet werden, dass man den Hund damit einholt, sondern ihn nur am Weglaufen hindern. Je weniger der Hund das Gefühl bekommt angeleint zu sein bzw. je weniger Hilfen wir im Trainingsaufbau mit der Leine umsetzten, desto schneller ist das Ziel erreicht, ihn auch ganz ohne Leine laufen lassen zu können. Loben Sie den mit Schleppleine gesicherten oder auch den frei laufenden Hund stets überschwänglich, wenn er zu Ihnen kommt. Verbinden Sie sein zunächst freiwilliges Kommen mit dem Lautzeichen „Hier!". Kommt Ihr Hund, wenn er unangeleint ist, prompt nach dem erteilten Befehl, dann hat er die Verbindung zwischen dem Lautzeichen, der Aktion und dem Lob hergestellt. Bedenken Sie, dass der Hund

sofort zu kommen hat, sobald Sie den Befehl gegeben haben. Falls Sie ihn schnüffeln lassen wollen, geben Sie den Befehl erst später. Um zu erreichen, dass der Hund möglichst tatsächlich sofort kommt, wenn Sie ihn rufen, sollten Sie ihn entsprechend hoch mit Leckerchen oder Spielzeug dazu motivieren. Dem Rückrufkommando sollten Sie im Aufbau besondere Aufmerksamkeit zukommen lassen, denn es ist ein besonders wichtiges Kommando (s. Seite 75).

Auch wenn es auf Außenstehende ein wenig bizarr wirken mag, sollten Sie sich stets bewusst machen, dass der Anreiz, auf Befehl hin zu Ihnen zu kommen, für den Hund umso größer ist, je ungewohnter Ihre Körperhaltung ist. Vielen Hunden fällt es leichter zu kommen, wenn man sich in der Hocke befindet, möglicherweise weil man dann kleiner und weniger bedrohlich wirkt oder weil es den Eindruck erweckt, als sei man weiter weg. Probieren Sie aus, auf was Ihr Hund am besten reagiert. Führt auch das noch nicht dazu, dass Ihr Hund kommt, lassen Sie sich ruhig auch einmal aus der Hocke heraus auf den Boden fallen, um den Anreiz noch zu verstärken.

Es muss immer in Ihrem Ermessen liegen, den Hund nach bravem Herbeikommen sofort weiterlaufen zu lassen, eine Übung einzulegen oder ihn z. B. anzuleinen. Für das Erlernen des Befehls „Hier!" ist es aber hilfreich, wenn Sie ihn zunächst immer erst einmal kurz direkt vor sich absitzen lassen, um ihn dann mit seinem „Freizeitzeichen" wieder loslaufen zu lassen (vgl. Übung 35: „Lauf!"). So verhindern Sie eine schlampige Ausführung dieses Befehls. Auch bei die-

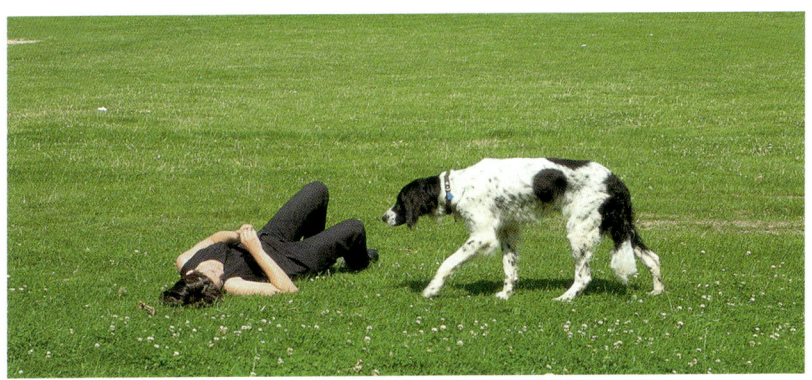

Ein hilfreicher Trick beim Einüben des Befehls „Hier!": Wenn Sie in die Hocke gehen oder sich auf den Boden legen, wird Ihr Hund neugierig herankommen.

ser Übung sind ablenkungsfreie Situationen gerade in der ersten Phase der Übung schwierigeren vorzuziehen.

Wenn Sie zu zweit oder zu mehreren Personen mit dem Hund unterwegs sind und „Hier!" üben wollen, ist folgende Übung für einen Anfänger-Hund besonders geeignet: Eine Person hält den Hund gut fest. Eine weitere Person lässt ihn an einem Leckerchen schnüffeln und rennt dann für den Vierbeiner sichtbar mit dem Leckerchen weg. Nach einer zunächst relativ kurzen Strecke (für den Anfang ca. 15 m) dreht sich die zweite Person um und ruft „Hier!". Die erste Person sollte den Hund nun sofort loslassen. In aller Regel kommen die Hunde herangeschossen wie geölte Blitze, denn sie erwarten das Leckerchen, das man ihnen zuvor in Aussicht gestellt hatte. Selbstverständlich wird der Hund auch mit dem Leckerchen belohnt! Für einen fortgeschrittenen Hund kann man diese Übung immer schwieriger machen, indem man sich mehr oder minder gut versteckt.

• • Falls Ihr Hund ständig trödelt oder sogar den Befehl ignoriert, können folgende Maßnahmen helfen: Laufen Sie schnell in die entgegengesetzte Richtung fort, rufen Sie aber immer nur einmal, um nicht den Kuhglockeneffekt zu bewirken. Das Resultat wäre dann nämlich, dass Ihr Hund seelenruhig weitertrottet und schnüffelt. Verstecken Sie sich auch ruhig – der Hund wird sofort versuchen, Sie wiederzufinden. Für beide Fälle – Ihr Weglaufen und Ihr Verstecken – gilt gleichermaßen, den Hund für sein Kommen kräftig zu loben, auch wenn Sie eigentlich ärgerlich sind, weil er so lange gebraucht hat.

• • • Gelegentliches Verstecken und das einmalige Rufen fördern besonders die Aufmerksamkeit Ihres Hundes in Bezug auf Sie. Wenn Sie beides praktizieren, wird auch ein (noch) unerfahrener Hund dazu übergehen, immer wieder einmal stehenzubleiben und nach Ihnen zu gucken oder aber auf seinen Schnüffelwegen gelegentlich bei Ihnen vorbeizukommen. Loben Sie ihn dann immer. In einem intakten Team hat der Hund auf dem Spaziergang zwar Freizeit zum Toben mit Hunden, zum Schnüffeln, Trödeln und Spielen, ist aber trotzdem stets einsatzbereit für Befehle, und er signalisiert dies im Normalfall durch sein oben beschriebenes Verhalten.

Steigern Sie in der Übung langsam den Schwierigkeitsgrad. Besonders schwer fällt es einem Hund, mitten aus dem Spiel mit anderen Hunden heraus zu kommen. Üben Sie auch dies, lassen Sie ihm aber trotzdem genug Zeit, seinen sozialen Kontakten und dem Spiel nachzugehen.

 „Fuß!"

Der Befehl „Fuß!" birgt den entscheidenden Vorteil, dass der Vierbeiner beispielsweise im Menschengetümmel nicht verloren geht; auch sonst erleichtert er die Mensch-Hund-Beziehung im Alltag erheblich.

> **Tipp**
> Günstig ist es, dem Hund vor dem Erlernen von „Fuß!" die Befehle „Sitz!" (Übung 4) und „Auf die Seite!" (Übung 41) bzw. die Leinenführigkeit (Übung 3) beizubringen.

„Bei Fuß" und das Klopfen auf den Schenkel bedeuten, dass der Hund an Ihre linke Seite kommen soll.

• Passen Sie einen geeigneten Moment ab, in dem Ihr Hund weder zu müde noch in wilder Spiellaune ist. Leinen Sie ihn an, lassen Sie ihn neben sich absitzen und gehen Sie mit dem Befehl „Fuß!" los, am besten mit dem linken Fuß, das ist anfangs für den Hund einfacher. Der Kopf des Hundes sollte stets auf Kniehöhe sein, nicht weiter davor, aber der Hund darf auch nicht trödeln. Um genau dies zu erreichen, setzt man am Anfang auch in dieser Übung Leckerchen oder Spielzeug ein. Halten Sie dem Hund seine Belohnung ruhig in den ersten Übungen direkt vor die Nase und sich selbst ans Bein, denn dort soll sein Kopf auch in Zukunft bei dieser Übung sein. Wenn er schon willig dem Leckerchen folgt, kommt die eigentliche Verknüpfung mit dem Kommando. Ziehen Sie kurz das Leckerchen dicht an Ihrem Körper hoch, so dass der Hund seinen Blick hebt, und geben Sie genau jetzt das Kommando „Fuß!".

So lernt der Hund das Richtige, denn das Kommando „Fuß!" sollte der Hund zunächst nicht als Korrektur, sondern nur in Momenten bekommen, wenn er alles richtig macht. Belohnen Sie anfangs den Hund schon, wenn er ein oder zwei Schritte perfekt (an Ihrer Seite und im Idealfall mit Blickkontakt auf Sie gerichtet) „Bei Fuß" gelaufen ist. Bleiben Sie stehen, wenn er zu weit nach vorne läuft.

Lassen Sie den Hund mit einem neuen, kombinierten Befehl „Auf die Seite!" – „Bei Fuß!" und „Sitz!" absitzen. Später sagen Sie nur noch „Bei Fuß!" und „Sitz!". Hat der Hund das einige Male gemacht, können Sie „Sitz!" auch weglassen. Kommt er auf den Befehl „Fuß!", nachdem er vorgelaufen war, an Ihre linke Seite

und sitzt, loben Sie ihn kräftig. Es ist darauf zu achten, dass Ihr Hund rechts um Sie herumgeht, um dann links an Ihrer Seite abzusitzen, wenn er von vorne oder von einer Seite her kommt. Verfahren Sie in dieser Weise solange, bis er das beherrscht. Dann gehen Sie dazu über, nicht mehr stehen zu bleiben, wenn er zu schnell ist, sondern Sie „erinnern" ihn mit „Fuß!" daran, dass er bei Ihnen bleiben soll.

•• Machen Sie Linkswendungen um 90 Grad, so dass Sie in Ihren Hund hineinlaufen, wenn er nicht aufpasst. Zwischendurch stehen zu bleiben ist sinnvoll, weil Sie dann immer eine neue Ausgangssituation schaffen. Trödelt Ihr Hund, rennen Sie ein bisschen, das wird ihn auf Trab bringen. Die Rechtswendungen sind für den Hund schwieriger, da sie schlechter zu erkennen sind. Mit dem Wort „Fuß!" biegen Sie ab und motivieren ihn mit Spielzeug oder Futter, damit Ihr Hund nichts falsch machen kann. Ein Hund, der die Übung schon etwas besser kennt, wird seinen Besitzer die ganze Zeit über angucken, um alles mitzubekommen.

Die 180-Grad-Wendung ist die schwierigste. Gehen Sie geradeaus, halten Sie dabei die Leine locker in der rechten Hand. Bei der Wendung (Sie drehen sich links herum) wechseln Sie

Tipp
Am besten hält man die Leine bei dieser Übung stets in der rechten Hand, um die linke Hand für die Leckerchen oder auch für ein aufmunterndes Klopfen auf den Oberschenkel frei zu haben.

Bei der Wendung um 180° muss der Hund um seinen Herrn herumgehen, damit er immer an der linken Seite bei Fuß bleibt.

die Leine hinter dem Rücken kurz in die linke und nach der Drehung wieder in die rechte Hand. Der Hund dreht sich hinter Ihnen rechts herum. Gehen Sie nun in einem Fluss ein kurzes Stück geradeaus und unterbrechen Sie dann, indem Sie stehen bleiben und den Hund absitzen lassen.

• • • Später können Sie zur Festigung die Wendungen in beliebiger Reihenfolge und nach beliebig langen Strecken variieren, ebenso Ihr Schritttempo. Beherrscht Ihr Hund diese Übung an der Leine schon, gehen Sie zur Freifolge über, indem Sie ähnlich verfahren. Hilfen gibt man auch hier verbal oder durch Klopfen auf den Oberschenkel.

Das Bei-Fuß-Sitzen sollte nach und nach dahingehend verbessert werden, dass der Hund möglichst nah an Ihrem Bein sitzt (vgl. Übung 38: „Hier ran!").

8 „Steh!"

„Steh!" kann der Hund entweder aus dem Sitzen oder Liegen ausführen oder aber aus der Bewegung. Letzteres ist besonders praktisch, wenn man ihn anhalten will, beispielsweise wenn sich auf dem Spaziergang ein Radfahrer nähert (vgl. Übung 41: „Auf die Seite!").

„Steh!" kann man auch verwenden, wenn der Hund ruhig stehen soll, z. B. beim Tierarzt. Üben Sie hierzu zu Hause auch einmal auf einem Tisch, dem Hund in den Fang zu schauen und Ähnliches. Ihre Tierarztbesuche werden dadurch sicherlich unproblematischer werden. Will der Hund sitzen, halten Sie ihm die nach oben zei-

Beim Kommando „Steh!" soll der Hund sofort stehen bleiben.

genden gespreizten Finger unter den Bauch.

• Den Hund aus dem Sitzen oder Liegen in die „Steh!"-Position zu bringen, ist besonders einfach: Halten Sie ihm ein Leckerchen oder Spielzeug so hin, dass er aufstehen muss, um daranzukommen. Sagen Sie genau in dem Moment „Steh!", wenn er steht. Halten Sie seine Belohnung einen kurzen Moment lang fest, so dass der Hund ruhig davor steht, und lösen Sie dann die Übung auf. Erst jetzt soll er die Belohnung bekommen.

• • In der zweiten Übungsphase gilt es, die Hilfe mit der gezeigten Belohnung immer mehr abzubauen. Hilfreich ist, wenn man als Sichtzeichen für das „Steh!" eine ähnliche Handbewegung wählt, wie die, wenn man den Hund mit Leckerchen oder Spielzeug verleitet aufzustehen.

„Steh!" aus der Bewegung ist etwas schwieriger zu vermitteln. Üben Sie deshalb zunächst mit der Leine.

• Laufen Sie locker mit Ihrem angeleinten Hund und halten Sie plötzlich mit dem Kommando „Steh!" an. Belohnen Sie Ihren Hund sofort, wenn er einen kurzen Moment ruhig stehen bleibt.

• • Üben Sie im zweiten Schritt, dass Ihr Hund prompt auf Ihr Kommando „Steh!" reagiert, auch wenn Sie selbst nicht anhalten. Besonders leicht kann der Hund die Verknüpfung herstellen, wenn Sie in dieser Übung etwas hinter dem Hund gehen. Sie sagen „Steh!" und geben dem Hund keinen Leinenspielraum, so dass er anhalten muss. Rücken Sie nun die paar Schritte zum

Hund auf, um ihn zu belohnen. Diese Lernphase ist erst abgeschlossen, wenn der Hund sofort auf Ihren Zuruf stehen bleibt.

• • • Üben Sie dann mit dem frei laufenden Hund. Wählen Sie zu Beginn die Übungsmomente so aus, dass Sie eine möglichst hohe Sicherheit haben, dass der Hund die Übung brav befolgen wird. Achten Sie darauf, dass der Hund nicht gleich weiterläuft, wenn Sie bei ihm angekommen sind und ihn gelobt haben, sondern erst, wenn er von Ihnen dazu aufgefordert wurde. Die Übung wird schwieriger, je schneller und zielstrebiger der Hund auf eine Sache zugeht. Steigern Sie also langsam auch hier die Schwierigkeit, indem Sie günstige Situationen abpassen.
Unerwünscht ist, wenn der Hund auf „Steh!" hin zu Ihnen kommt. Greifen Sie notfalls mit der Korrektur „Nein!", „Steh!" und „Bleib!" ein.

 9   „Aus!"

Auf den Befehl „Aus!" hin muss der Hund etwas, das er im Fang hält, sofort freigeben. Das kann ein Gegenstand beim Spiel oder bei der Apport-Übung sein oder irgend etwas, was er gerade frisst oder trägt.

> **Wichtig**
> Im Falle von giftigen Ködern kann der Befehl „Aus!" das Hundeleben retten!

• „Aus!" ist für den Hund zunächst ein Kommando, das wenig Freude

Schon der junge Hund sollte lernen, beim Kommando „Aus!" selbst sein Lieblings-spielzeug sofort freizugeben.

bereitet, denn er kann leicht das Gefühl bekommen etwas Wertvolles zu verlieren. Üben Sie „Aus!" deshalb als Tauschgeschäft. Geben Sie dem Hund, wenn Sie ihm mit „Aus!" etwas nehmen, etwas anderes Leckereres oder Wertvolleres (beispielsweise sein Lieblingsspielzeug), damit er das Gefühl bekommt, dass ihm nichts genommen, sondern etwas gegeben wird. Mit einiger Übung sollte der Hund unter „Aus!" die Sachen im Idealfall ausspucken oder aber sie sich problemlos abnehmen lassen. Ziehspiele seitens des Hundes sind hier nicht erlaubt! Wollen Sie Ihren Hund später zur Jagd abrichten oder ihm zu Prüfungszwecken eine saubere Apport-Übung beibringen, darf der Hund das Bringsel erst auf Befehl los-

lassen, auch wenn Sie es schon angefasst haben oder sogar daran ziehen.

Bei einem Begleithund empfiehlt es sich, von Anfang an auf schnelles Ausgeben zu achten. (Zur Verwendung von „Aus!" vgl. die Übungen 12: „Apport!" und 14: „Verweigern!").

Wenn Ihr Hund Sie anknurrt, wenn er etwas hat, das er nicht hergeben will, reagiert er zwar unerwünscht, aber dennoch hundetypisch. Üben Sie besonders bei diesen Kandidaten die Übung in kleinen Schritten und streichen Sie zunächst sämtliches Spielzeug und Kauknochen. Auf diese Weise können Sie leichter steuern, was er hat und mit welchem noch besseren Gegenstand Sie es wieder herausfordern können. Trösten Sie sich auch nicht mit Sprüchen wie „Ja, ja, seinen Knochen muss er ja auch bewachen" oder Ähnlichem. Seinen Knochen kann und soll er bewachen, aber nicht gegenüber seinem Herrchen oder einem Familienmitglied.

Zumindest seine Bezugsperson, besser aber noch seine ganze Familie sollte ihm alles wegnehmen können, ohne dass der Hund mit Widerwillen reagiert. Abgesehen davon, dass Sie mit einem nachsichtigen Verhalten selbst Ihre Autorität untergraben, werden Sie dem Hund dann auch im Ernstfall nie etwas abnehmen können.

Falls die Übung problematisch bleibt, sollten Sie sich Hilfe von einem erfahrenen Fachmann holen, der die Situation beurteilen kann. Achten Sie darauf, dass Sie „Aus!" unbedingt mit positiven Trainingstechniken erarbeiten, denn nur dann ist es ein Befehl, der Ihrem Hund Spaß macht. Sollte er das Bedürfnis haben sich dem Befehl zu widersetzen, weil er keinen Spaß macht oder sich einer Strafe zu entziehen, können Sie sicher sein, dass ihm dies immer wieder einmal gelingen wird, denn Hunde sind einfach schneller als wir Menschen. Auf diese Weise hätten Sie für die Zukunft nichts gewonnen.

10 „Bleib!"

Das Erlernen des Befehls „Bleib!" erleichtert die Mensch-Hund-Beziehung um einiges und bewahrt Sie vor Situationen wie z. B. der eines ungeduldig kläffenden und somit in negativer Weise auffallenden Hundes vor einer Ladentür oder auch in der Wohnung, wenn er einmal nicht mitgenommen werden kann. Kaum ein Befehl ist dem Hund zunächst so unverständlich wie „Bleib!", da er stets das Bestreben hat, mit seinem Besitzer zusammen zu sein. Erfolg stellt sich aber schnell ein, wenn er das ihm unangenehme Warten mit einer Belohnung verknüpft hat.

„Bleib!" als Übung gibt es in drei Ausführungsmöglichkeiten, nämlich sitzend, liegend und stehend, wobei man entweder den Befehl an eine dieser drei Stellungen koppeln kann oder dem Hund nur den Lernimpuls vermittelt, an einer von Ihnen bestimmten Stelle zu verharren, ohne sich ablenken oder sich zu irgend etwas verleiten zu lassen. Mit dem fortgeschrittenen Hund sollte man „Bleib!" in allen drei Positionen üben.

• Am einfachsten ist es, den Hund zunächst absitzen oder abliegen zu lassen. Kombinieren Sie die verbalen Befehle „Sitz!" oder auch „Platz!" und „Bleib!", und nehmen Sie, wenn Sie ihn später nutzen möchten, den visuellen Befehl – die offene, leicht angewinkelte Hand am nicht ganz gestreckten Arm – hinzu. Die Entfernung des Hundes zu Ihnen sollte am Anfang gering sein (z.B. ein Schritt). Zu schnelles Gehen verleitet den Hund zum Nachrennen, zu langsames Gehen auch, da die Zeit der „Trennung" von Ihnen ihm zunächst zu lang erscheint.

Variieren Sie diese Übung beliebig, indem Sie die Wartestellungen, Orte, Zeiten und Entfernungen ändern. Zur Beendigung der Übung gibt es zwei Möglichkeiten: Entweder Sie kehren zum Hund zurück und loben ihn ausgiebig, oder aber Sie rufen ihn mit „Hier!" ab und loben ihn, wenn er bei Ihnen ist. Für die erste Lernphase empfiehlt sich die zuerst angesprochene Möglichkeit, weil hier Aktion und Lob direkt miteinander verknüpft werden können. Bei der zweiten Möglichkeit muss der Hund bereits begriffen haben, was „Bleib!" bedeutet, denn er verknüpft das erteilte Lob möglicherweise mit seinem Kommen und dem dazugehörigen Befehl „Hier!".

• • Beherrscht der Hund diese Übung, liegt es an Ihnen, künstlich Ablenkung zu schaffen, auf die der Hund natürlich nicht reagieren darf. Künstlich geschaffene Ablenkung deshalb, damit Sie gut darauf vorbereitet sind und entsprechend auf den Hund einwirken können. Als Ablenkung können Sie z. B. einen dem Hund nicht vertrauten, später aber auch einen

Die verschiedenen Lernphasen zum Befehl „Bleib!":

- Der Hund bleibt, Sie gehen einige Meter, kommen direkt zurück.
- Der Hund bleibt, Sie gehen einige Meter, warten, kommen dann zurück.
- Sie entfernen sich ein gutes Stück, kommen zurück.
- Der Zeitfaktor wird verlängert.
- Sie entfernen sich zwar nicht weit, aber außerhalb der Sichtweite Ihres Hundes.
- Sie steigern Zeit und Distanz außerhalb der Sichtweite des Hundes.

Der Befehl „Bleib!" bedeutet, dass der Hund an seinem Platz bleiben muss, bis Sie ihn abholen oder abrufen.

dem Hund vertrauten Bekannten bitten, den Hund wegzulocken oder Ähnliches. Gehen Sie nicht zu weit weg und beobachten Sie den Hund. Reagiert er auf die Ablenkung, indem er seine Position verlässt, greifen Sie z. B. mit „Nein!", „Sitz!" und „Bleib!" ein und bringen ihn nötigenfalls wieder an den alten Platz zurück. Gehen Sie dann erneut fort, warten Sie eine kurze Weile und loben Sie ihn kräftig, wenn er Ihre Korrektur brav befolgt hat. Diese Korrekturmaßnahme gilt selbstverständlich auch für den Fall, dass Ihr Hund auch ohne Ablenkung hinter Ihnen hergelaufen ist.

Eine Erweiterung dieser Übung besteht darin, das völlig korrekte Verharren zu erlernen. Bisher hat der Hund gelernt, Ablenkungen zu igno-

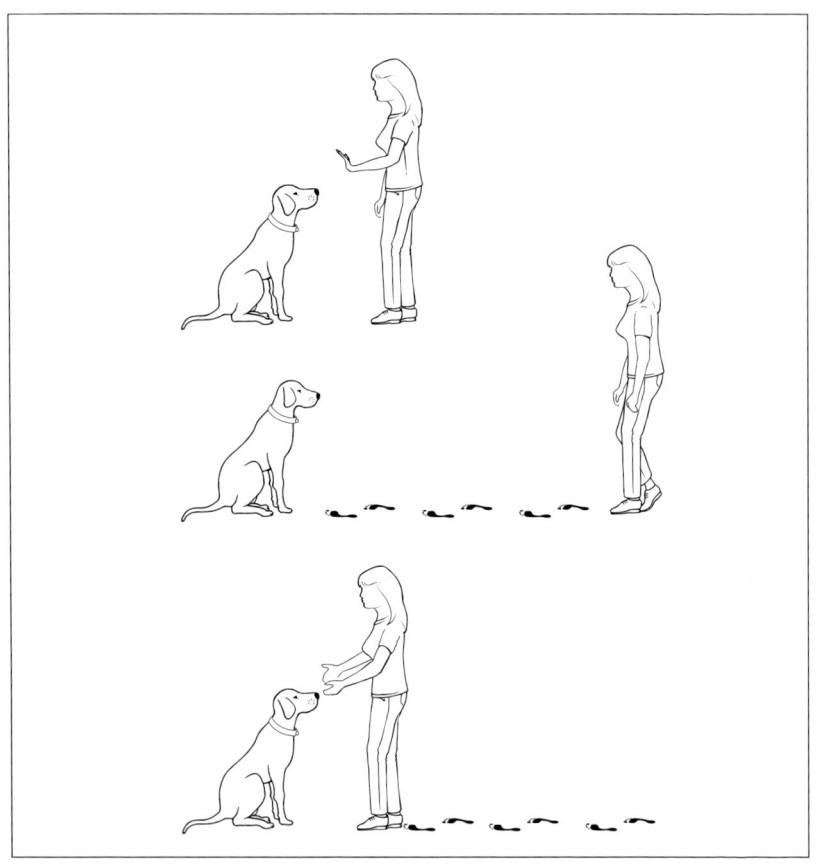

Zum Einüben des Befehls „Bleib!" gehört viel Geduld. Üben Sie zunächst mit kurzen Zeiteinheiten, die erst allmählich verlängert werden.

rieren und auf Sie zu warten, wenn Sie sich fortbewegt haben. Durch tägliches Üben in den verschiedensten Situationen werden Sie erreichen, dass der Hund die Übung bald sicher beherrscht. Bedenken Sie, dass schnelle Bewegungen eine größere Verleitung sind als langsam ausgeführte Ablenkungsformen. Weglaufende Tiere üben außerdem auf den Hund einen größeren Reiz aus als Menschen.

• • • Erschweren Sie die Übung langsam und immer erst dann, wenn der Hund die vorausgegangene Schwierigkeitsstufe sicher beherrscht. Mehrere Minuten an einem Platz zu verharren, ohne seinen Herrn zu sehen, und das auch noch unter gleichzeitiger Ablenkung, ist etwas für erfahrene Hunde. Führen Sie sich aber den Nutzen vor Augen, den Sie erarbeitet haben, wenn Ihr Hund erst gelernt hat, auch stärkste Ablenkungen zu ignorieren. Er wird sich dann auch nicht dazu verleiten lassen, mit anderen Personen mitzugehen, wenn Sie es nicht ausdrücklich angewiesen haben.

Auch in der Wohnung können Sie „Bleib!" üben, indem Sie sich zunächst innerhalb des Zimmers vom Hund entfernen und sowohl die Entfernung als auch die Dauer der Übung variieren, später jedoch auch das Zimmer verlassen, wobei der Hund sich natürlich nicht wegbewegen darf.

Das Alleinebleiben zu Hause
Das Alleinebleiben zu Hause birgt – besonders beim Welpen und beim älteren Hund, der es nicht gewöhnt ist – eine Reihe von Schwierigkeiten, die

es nach und nach zu überwinden gilt. Bedenken Sie, dass der Hund als Rudeltier es nicht versteht, wenn er nicht mit darf. Auf dieses Verhalten Ihrerseits gibt es verschiedene Reaktionen. Zum einen gibt es Hunde, die jaulen und an der Tür hochspringen, was oft zu Streitigkeiten mit Vermietern und Nachbarn führt. Andere Hunde unternehmen Streifzüge durch die Wohnung und stoßen hierbei auf für sie attraktive Dinge wie den Mülleimer, den Küchentisch und andere Gegenstände, die es sofort zu untersuchen gilt. Wieder andere werden plötzlich unsauber. Die Liste kann beliebig fortgeführt werden, denn die Reaktion auf plötzliche Einsamkeit ist von Hund zu Hund verschieden.

Zum problemlosen Zusammenleben zwischen Mensch und Hund ist es jedoch unerlässlich, dass man den Hund für ein paar Stunden ohne Scherereien alleine lassen kann, wenn es die Umstände erfordern. Man verlangt hierbei nichts Unmögliches von ihm.

Beginnen Sie, wenn Sie einen Welpen erziehen, schon in den ersten Tagen mit dem Alleinelassen – allerdings nur für ganz kurze Momente. Das verringert die Komplikationen später. Hat Ihr Hund erst begriffen, dass Ihre Abwesenheit immer zeitlich begrenzt ist, wird er sich wohl oder übel damit abfinden. Die Erfahrung zeigt, dass die meisten Hunde schlafen, wenn sie für ein paar Stunden alleine gelassen werden.

Hunde, die nicht gerne alleine bleiben, leiden häufig unter so genannter „Trennungsangst". Dies ist ein ernstzunehmendes Problem, das jedoch mit einer speziellen Therapie relativ gut in den Griff zu bekommen ist. In aller Regel reicht es aber nicht, nur die

„Bleib!"-Übung zu trainieren. Manchmal ist sogar der Einsatz von Medikamenten notwendig. Günstig für ein Alleinebleiben-Training ist, wenn Sie die Übungen anfänglich so kurz halten, dass Sie immer schon wieder hereinkommen, bevor der Hund Ihr Verschwinden mit einer negativen Empfindung, also Stress oder Angst verknüpfen konnte. Auch wenn es schwer fällt sollte man gerade die Kandidaten, die offensichtlich nicht so gerne alleine bleiben, nach der Rückkehr nicht begrüßen, damit für den Hund der Unterschied alleine zu sein und im Mittelpunkt zu stehen, wenn der Besitzer wieder da ist, nicht so groß ist.

Wichtig
Gehört Ihr Tier zu der Gruppe von Hunden, die unter Trennungsangst leiden, ist eine Therapie erforderlich, denn Trennungsangst ist ein tierschutzrelevantes Problem! Die Tiere leiden unter der Trennung und haben massive Angstzustände. Wenden Sie sich an einen auf Verhaltenstherapie spezialisierten Tierarzt.

11 Korrekturwort

Um einen Hund korrigieren zu können, wenn er einen Fehler macht oder etwas tut, was unerwünscht ist, muss man ihm vorher die Bedeutung eines Korrekturwortes verdeutlichen.

• Nehmen Sie sich schmackhafte Leckerchen in beide Hände und bieten Sie Ihrem Hund aus beiden Händen Leckerchen an, die er fressen darf. Halten Sie dann in einem beliebigen Moment, wenn Ihr Hund schon etliche Leckerchen „umsonst" fressen durfte und sich gerade das nächste holen möchte, das Leckerchen gut fest und sagen deutlich Ihr Korrekturwort, beispielsweise „Nein!".

Wenn Ihr Hund sich nach einigen erfolglosen Versuchen von dieser Hand ab- und der anderen Hand zuwendet, wird er dort tatsächlich mit dem Leckerchen belohnt.

Halten Sie bei einem Hund, der diese Übung noch nicht kennt, die Hände zunächst dicht beieinander.

• • Wiederholen Sie diese Übung und erhöhen Sie den Schwierigkeitsgrad, indem Sie die Hände immer Stück für Stück weiter auseinander nehmen und dem Hund schließlich auch vom Boden aus Leckerchen anbieten, die notfalls mit dem Fuß abgesichert werden können, wenn Ihr Hund nicht sofort auf das Kommando reagiert.

Ihr Hund soll lernen, dass das Korrekturwort bedeutet: Du kannst gleich aufhören, weitere Versuche bringen nichts, versuch etwas Anderes und du wirst belohnt. Im alltäglichen Einsatz hat man dann einen Hund, der sich leicht korrigieren lässt, da er weiß, dass ein alternatives Verhalten (zum Beispiel Kontaktaufnahme zum Besitzer) zum Erfolg führen kann.

Neben diesem verbalen Kommando kann man auch ein weiteres Signal trainieren, das der Hund mit starker Frustration verbindet. Im Prinzip entspricht die Übung der oben beschriebenen, allerdings ist der Aufbau etwas anders. Als Hilfsmittel eignen sich in dieser Übung die so genannten Fisher-Discs, fünf an einem Bändchen verbundene Metallscheiben.

Bei der Konditionierung auf die Discs ist der Besitzer immer der Gute, und eine Hilfsperson führt die eigentliche Übung durch. Der Besitzer sollte ein paar Schritte entfernt stehen und mit traumhaften Leckerchen bewaffnet sein. Die Hilfsperson gibt in diesem Fall die Leckerchen und klappert, statt etwas zu sagen, in dem Moment mit den Schellen, wenn sie das Leckerchen festhält. Der Besitzer soll nun jede Regung des Hundes belohnen, wenn er von dem Leckerchen zurückweicht. Ein besonderes Lob hat sich der Hund verdient, wenn er sogar den Besitzer anschaut oder dicht an ihn herangeht.

Der Frust, den der Hund verspürt, ist umso größer, je sicherer er sich war, dass er Leckerchen umsonst bekommt. Das bedeutet, dass der Hund zwischen zwei Klapper- oder „Nein"-Wiederholungen möglichst eine ganze Reihe (mindestens zwanzig) Leckerchen umsonst bekommen muss.

Im Alltag kann dann der Besitzer selbst die Schellen einsetzen. Das Geräusch löst dann beim Hund ein starkes Frustrationsgefühl aus. Dementsprechend sollte auch nur geklappert werden, wenn der Hund dabei ist, ein echtes Vergehen zu begehen. Von besonderer Wichtigkeit ist, dass der Hund immer vom Besitzer gelobt wird, wenn er seine fehlerhafte Handlung abbricht, denn dies ist ja das eigentliche Trainingsziel. Außerdem braucht der Hund diese positive Bestätigung, um von dem Frustgefühl herunter zu kommen.

Wichtig
Schimpfen Sie nie mit Ihrem Hund, wenn Sie ihn nicht wirklich auf frischer Tat ertappen. Strafe, die nicht unmittelbar mit seinem Vergehen in Zusammenhang steht, kann ein Hund nicht richtig deuten (siehe S. 20).

12 „Apport!"

Manche Hunde sind von sich aus sehr apportierfreudig. Sie apportieren, weil es ihnen Spaß macht, ohne dass sie es je gelernt haben. In diesem Fall brauchen Sie die Begeisterung nur noch in die richtigen Bahnen zu lenken. Andere Hunde interessieren sich nicht sehr für das Apportieren. Das heißt aber nicht, dass sie die Übung nicht erlernen können. Das Apportieren stellt für den nicht apportierfreudigen Hund einen Befehl dar wie andere Befehle auch. Zum Spielen sind Apport-Spiele bei diesen Hunden jedoch nicht geeignet, weil sie kaum echte Freude daran haben werden.

Die „Apport!"-Übung teilt man sinnvollerweise in folgende Abschnitte ein:
– Das Herstellen einer Beziehung zum Gegenstand.
– Das Aufnehmen, Halten, Tragen, Bringen und Ausgeben.

Die Beziehung zum Gegenstand
Die Beziehung zum Gegenstand ist die wichtigste Grundlage zum sauber ausgeführten Apport. Von Erfolg gekrönt ist meist die folgende Methode: Der Hund ist im Allgemeinen stets neugierig auf das, was Sie gerade tun. Seine

besondere Neugierde können Sie zusätzlich wecken, indem Sie ein regelrechtes Spektakel um Ihre momentane Aktion oder eine bestimmte Sache veranstalten.

• Nehmen Sie also beispielsweise einen Tennisball, in den Sie einen Schlitz machen, aber so, dass er nicht aufklafft. Füllen Sie diesen – ruhig unter den Augen Ihres Hundes – mit Leckerchen und legen Sie ihn dann in eine Schublade. Gut geeignet ist auch eine mit Leckerchen gefüllte Socke, die man oben zuknotet. In den folgenden Tagen gehen Sie immer wieder einmal zu der Schublade. Tun Sie sehr geheimnisvoll und reden Sie ruhig dabei, z. B.: „So ein toller Ball, ja, was haben wir denn da?" usw. Reizen Sie diese Situation aus, zeigen Sie dem Hund den Ball nur kurz und stecken Sie ihn dann wieder weg.

Das Aufnehmen und Halten

Haben Sie so das Interesse des Hundes geweckt, gehen Sie zum Aufnehmen und Halten des Gegenstandes über. Holen Sie hierzu unter dem gewohnten Tamtam den Ball hervor und lassen Sie den Hund so absitzen, dass er nicht nach hinten entweichen kann.

• Halten Sie ihm den Ball hin. Nimmt er ihn, sagen Sie gleichzeitig: „Brav!", „Halten!". Halten Sie ihm jetzt sanft mit einer Hand die Schnauze zu, so dass er den Ball weder ausspucken noch darauf herumbeißen kann. Mit der anderen Hand kraulen Sie ihn unter dem Kinn, indem Sie wiederholt sagen: „Braver Hund!", „Halten!".

• • Zunächst ist das den meisten Hunden etwas unangenehm und sie wollen weg. Verhindern Sie das von vornherein, aber schimpfen Sie nicht. Nach etwa fünf Sekunden fassen Sie mit der kraulenden Hand den Ball, lassen die andere Hand unter „Aus!" los und nehmen den Ball aus dem Fang. Mindern Sie nach und nach den Einsatz der Hand, die die Schnauze zuhält, und verlängern Sie die Zeit, die der Hund den Ball halten soll. Diese Übung ist erst als gelernt anzusehen, wenn der Hund den Ball beliebig lange im Fang hält, ohne darauf herumzukauen, und ihn erst auf Befehl ausgibt. Das ist später ganz wichtig für einen ordentlich ausgeführten Apport.

Variieren Sie das Halten im Stehen, Sitzen und Liegen. Zum Abschluss jeder „Halten!"-Übung erhält der Hund ein Leckerchen aus dem präparierten Gegenstand.

Das Tragen

Das Tragen des Gegenstandes lässt sich am besten üben, wenn Sie den Ball mit auf den Spaziergang nehmen. Der Hund sollte ruhig zusehen, wenn Sie ihn einstecken.

• Auf dem Rückweg des Spazierganges geben Sie kurz vor Erreichen der Haustür dem Hund unter „Halten!" den Ball in den Fang und gehen dann mit dem angeleinten Hund weiter. Vor der Haustür lassen Sie sich den Ball ausgeben und belohnen den Hund mit einem Leckerchen. Zu Beginn dieser Übung sollten Sie stets Strecken wählen, deren Ziel der Hund kennt, wie beispielsweise den Weg zur Wohnung oder zum Auto. So fällt dem Hund das Ausführen des Befehls leichter.

• • Dehnen Sie nach und nach die Distanz aus, die Ihr Hund den Ball

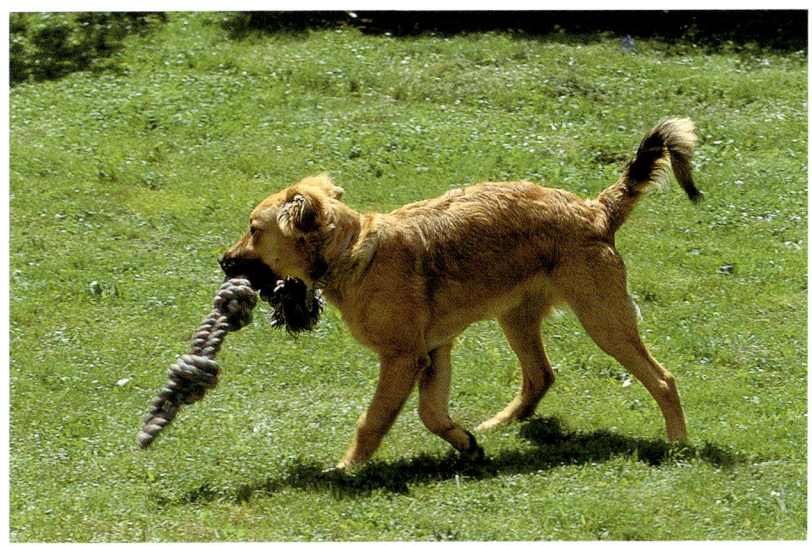

Viele Hunde bringen von sich aus ihr Lieblingsspielzeug, wenn sie spielen möchten. Das ist bereits der erste Schritt zum Erlernen des Apportierens.

tragen darf. Und ändern Sie im Laufe der Zeit sowohl die Strecken, auf denen der Hund den Gegenstand tragen soll, als auch den Gegenstand selbst, so dass er die Übung später weder an eine bestimmte Strecke noch an einen bestimmten Gegenstand knüpft.

Das Bringen und Ausgeben
• Nach Erlernen dieser Übung gehen Sie dazu über, unter „Halten!" und „Komm!", „Apport!" den Hund zu veranlassen, Ihnen den Ball, den er trägt, zu bringen, wenn Sie einige Meter entfernt stehen. Später legen Sie den Ball in geringer Entfernung zum Hund hin, gehen einen Meter weg und lassen sich den Ball unter „Apport!" bringen. Steigern Sie nach und nach die Distanz zwischen sich

und dem Hund sowie zwischen Hund und Ball. Bringt Ihr Hund auf „Apport!" den verlangten Gegenstand, können Sie einen Schritt weitergehen und den Ball werfen. Nach Ihrem Befehl „Apport!" sollte der Hund loslaufen, um Ihnen den Ball zu bringen.

• • Für einen sauberen Apport ist darauf zu achten, dass der Hund nicht mit dem Bringsel herumspielt, sondern die Übung ordentlich beendet, indem er Ihnen den Gegenstand auf den Befehl „Aus!" hin sofort gibt. Schon beim Aufnehmen des Bringsels sollte er nur einmal zupacken und es nicht übermütig hochwerfen. Diese Sperenzchen sind nur beim Spiel erlaubt und strikt vom echten Befehl zu trennen. Bei der „Apport!"-Übung ist wichtig, dass der

59

Hund das Bringsel auf dem schnellstmöglichen Weg bringt und zwischendurch nicht trödelt. Die Übung ist immer erst beendet, wenn der Hund den Gegenstand ordentlich abgeliefert hat und Sie sie z. B. mit „Lauf!" für beendet erklären.

• • • Das Bringen kann man nach und nach dadurch erschweren, dass der Hund beispielsweise über ein Mäuerchen springen muss oder das Bringsel aus einem Gewässer heraus apportiert. Ein sauber ausgeführter Apport sieht so aus, dass der Hund den Gegenstand schnellstmöglich zu Ihnen bringt, frontal oder seitlich absitzt und

Das Bringsel muss nach dem Apport sauber ausgegeben werden.

ihn erst auf Ihren Befehl hin loslässt. Durch kontinuierliches Training wird Ihr Hund das bald verstanden haben und mit Eifer bei der Sache sein. Hat Ihr Hund die Grundübung sicher begriffen, können Sie ihn durch das Aufbauen einer Beziehung zum Gegenstand auch für beliebige andere Bringsel begeistern (vgl. Übung 46: „Apport!"-Übungen).

13 Gehen und Bleiben in einer Menschenmenge

Ziel dieser Übung ist es, mit dem Hund, der unangeleint bei „Fuß!" läuft, durch eine Menschenmenge zu gehen, ohne dass er Ihnen von der Seite weicht. Diese Übung wird besonders wichtig, wenn Sie später Ihren Hund einmal mit in die Stadt nehmen wollen. Das Gehen durch eine Menschenmenge löst jedoch bei einigen Hunden eine regelrechte Fluchtreaktion und Verwirrung aus.

• Lassen Sie Ihren Hund bei „Fuß!" gehen, lenken Sie ihn ab, indem Sie mit ihm reden, ihn loben und – wenn es ein großer Hund ist – ihn während des Laufens am Ohr kraulen. Bei dieser Übung gibt es verschiedene Varianten, die zunächst an der Leine, später frei laufend geübt werden. Zunächst gehen Sie durch eine kleine Menschenmenge, die sich ruhig verhält. Beherrscht Ihr Hund dies, steigern Sie die Schwierigkeit. Für diese Übung benötigen Sie die Hilfe einer Gruppe von Menschen, die sich laut unterhält und beispielsweise mit scheppernden Büchsen Krach macht und sich hin- und herbewegt. Gehen Sie unter „Fuß!" zusammen mit Ihrem

Hund hindurch. Achten Sie stets darauf, dass die „Fuß!"-Übung sauber ausgeführt wird.

• • Lassen Sie dann, um die Übung in der folgenden Lernphase zu erschweren, die Gruppe einen Kreis bilden, der immer enger wird. Der Hund soll auf Ihr Kommando hin in der Mitte des Kreises ruhig stehen, sitzen oder liegen bleiben. Zuletzt üben Sie dies mit dem unter „Bleib!" abgelegten Hund. Sie stehen in diesem Fall außerhalb der Gruppe. Verlässt der Hund entgegen Ihrem Befehl seine Stellung, greifen Sie mit „Nein!", „Platz!" und „Bleib!" ein und wiederholen die Übung. Je näher die Gruppe kommt, desto schwieriger wird natürlich die Übung. Rufen Sie den Hund zum Schluss dieser Übung aus dem Kreis heraus oder holen Sie ihn ab.

Hinweis
Der Kreativität für neue Variationen bei dieser Übung sind keinerlei Grenzen gesetzt!

14 Verweigern

Diese Übung zielt darauf ab, dem Hund beizubringen, herumliegendes Essen sowohl zu Hause als auch auf dem Spaziergang zu ignorieren. Da es in der heutigen Zeit leider immer wieder passiert, dass ein Hund durch Fressen von Unrat erkrankt oder gar einen Giftköder erwischt und auch Tierfänger oft versuchen, Hunde mit Futter wegzulocken, sollte es zur guten Erziehung des Hundes gehören, weder von Fremden etwas anzuneh-

men noch beliebige Sachen, die er findet, zu fressen. Gewöhnen Sie Ihrem Hund beides rechtzeitig ab.

• Als Vorbereitung für diese Übung müssen Sie dem Hund zunächst beibringen, auf einen bestimmten Befehl hin (z. B. „Pfui!") ihm angebotene Sachen nicht anzurühren: Lassen Sie ihn in einer beliebigen Stellung „Bleib!" machen, und reichen Sie ihm mit der Hand Futter. Halten Sie es gut fest, so dass er es Ihnen nicht abnehmen kann. Will er es doch nehmen, greifen Sie mit „Nein!", „Pfui!" ein. Beherrscht er diese Übung des Verweigerns gut, werfen Sie ihm im nächsten Schritt einen Happen entgegen und verfahren in der beschriebenen Weise.

• • Erschwert wird die Übung später in der Wohnung, indem Sie etwas Essbares herumstehen lassen und den Hund beobachten, ohne dass er es bemerkt. Auf diese Weise sind Sie in der Lage, jederzeit einzugreifen, wenn er die Sachen „stehlen" will. Schließen Sie ruhig die Tür und beobachten Sie ihn durchs Schlüsselloch oder lassen Sie die Tür einen Spalt offen. Schreiten Sie sofort mit „Pfui!" ein, sobald sich Ihr Hund doch über die jeweiligen Sachen hermacht. Verlängern Sie nach und nach die Zeit, in der der Hund scheinbar unbeobachtet ist, bis Sie davon ausgehen können, dass er sich nicht unerlaubterweise über zufällig oder absichtlich herumliegende Dinge hermacht.

• • • Im Freien sollten Sie für diese Übung die Hilfe eines Bekannten in Anspruch nehmen. Lassen Sie die betreffende Person verschiedene

Köder auslegen, die eine gewisse Größe haben, z. B. eine Scheibe Wurst, ein Brötchen oder Ähnliches. Würden Sie selbst diese „Fallen" stellen, wäre die Übung sinnlos, da der Hund sofort riecht, dass die Köder von Ihnen kommen. Verabreden Sie nun genau die Plätze, an denen die Köder ausgelegt sind und schlendern Sie auf Ihrem Spaziergang ganz normal dort vorbei. Der Hund sollte dabei unweigerlich auf die Köder stoßen müssen. Ihr Vorteil ist, dass Sie genau wissen, wo die Köder sind. So können Sie sofort eingreifen, wenn der Hund sich dem Köder nähert. Loben Sie den Hund überschwänglich, wenn er die Köder ignoriert.

Ihre Hilfsperson kann auf dem Spaziergang den Hund auch wie zufällig treffen und ihm einen Bissen anbieten. Greifen Sie ein und korrigieren Sie den Hund mit „Pfui!", sobald er den Happen nimmt. Ihre Hilfsperson kann dem Hund auch einen Fleischhappen anbieten, der mit etwas vermischt ist, das der Hund gar nicht mag (z. B. Senf). Auf diese Weise erreichen Sie, dass er in Zukunft nicht mehr so leichtfertig von fremden Personen Futter annimmt. Eine andere Möglichkeit ist, Ihre Hilfsperson zu bitten, in dem Moment, in dem der Hund das angebotene Futter nimmt, beispielsweise mit einer Wasserpistole strafend auf ihn einzuwirken.

Frisst Ihr Hund auf seinen Spaziergängen permanent Fäkalien, handelt es sich entweder um eine schlechte Angewohnheit, der man mit einem speziellen Training beikommen kann oder vielleicht auch um eine nicht richtig ausgewogene Futterzusammenstellung. Besprechen Sie dieses Problem gegebenenfalls mit Ihrem Tierarzt oder wenden Sie sich an einen erfahrenen und modernen Hundetrainer.

15 „Voraus!"

Auf den Befehl „Voraus!" hin soll der Hund geradlinig solange vorauslaufen, bis er einen neuen Befehl erhält (z. B. „Steh!", „Sitz!", „Platz!", „Down!" oder andere). Durch das Beherrschen dieses Befehls wird Ihr Hund leicht lenkbar: Er kann beispielsweise in einer engen Gasse vorgeschickt werden (vgl. Übung 55: Führigkeit auf Distanz).

• Dem Hund den Befehl „Voraus!" zu vermitteln, ist eine etwas knifflige Sache, da es für ihn schwer zu begreifen ist, gerade in eine Richtung zu laufen, ohne ein Ziel vor Augen zu haben. Eine einfache Möglichkeit, um ihm die Übung verständlich zu machen, ist folgende: Da ein Hund leichter auf ein bekanntes Ziel zuläuft, behelfen Sie sich am besten mit einem auffälligen Gegenstand, z. B. einer Tasche oder einer Jacke. Diese deponieren Sie zunächst im Beisein des Hundes gut sichtbar an einer Bank oder auf freiem Feld. Gehen Sie dann gemeinsam von dort weg. Die anfängliche Distanz sollte fünf bis zehn Meter nicht überschreiten. Schicken Sie nun Ihren Hund unter „Voraus!" in die Richtung Ihrer Jacke, indem Sie mit der Hand in die Richtung weisen. Für den Fall, dass er keine Anstalten macht, zu dem ausgelegten Gegenstand zu laufen, können Sie stattdessen dort auch einen besonderen Leckerbissen oder sein Lieblingsspiel-

Eine schwierige, aber oft nützliche Sache: der Befehl „Voraus!"

zeug deponieren – eventuell ist dann der Anreiz größer. Ist er bei dem Gegenstand angekommen, rufen Sie ihm ein „Sitz!" oder „Steh!" zu, gehen Sie dann zu ihm und loben Sie kräftig. Diese Übung machen Sie solange, bis Ihr Hund direkt auf die Sache zuläuft und dort auch brav verharrt.

• • Steigern Sie die Distanz nach und nach, und üben Sie stets an verschiedenen Orten. Beherrscht Ihr Hund diese Übung, gilt es in der zweiten Lernphase, den Eindruck zu löschen, immer nur zu Ihren Sachen laufen zu müssen. Dies bringt man ihm am besten in zwei Schritten bei: Rufen Sie Ihren Hund etwa fünf bis zehn Meter vor dem deponierten Gegenstand mit „Steh!" ab und loben Sie ihn in gewohnter Weise, wenn er Ihren Befehl befolgt hat. Nehmen Sie nach und nach kleinere Gegenstände und lassen Sie diese schließlich ganz weg. Der Hund sollte inzwischen sicher in die von Ihnen gewiesene Richtung laufen, bis Sie ihn stoppen. Der Gegenstand tritt so nach und nach in den Hintergrund. Das geradlinige Laufen erfordert einiges Training und muss immer wieder geübt werden, bis es zur Routine wird.

16   Schussgleichgültigkeit

Die Schussgleichgültigkeit ist bei vielen Hunden bereits natürlicherweise von Anfang an gegeben. Wenn nicht, bedarf es eines großen Einfühlungsvermögens, dem Hund die Angst und das Unwohlsein gegenüber lauten Geräuschen zu nehmen. Silvesterknaller sind ebenfalls oft beim Hund verhasst. Man muss sich vor Augen

halten, dass er schließlich ein um ein Vielfaches besseres Gehör hat. Gerade bei Knallern sollten Sie darauf achten, dass er nie schlechte Erfahrungen damit machen kann. Bedenken Sie, dass ein Hund besser verschreckt wegspringt, sobald ein Knallkörper anfängt zu zischen, als dass er sich neugierig auf die Suche macht und dann genau in dem Moment über dem Kracher steht, in dem dieser explodiert. Die Verletzungsgefahr bei Silvesterkrachern ist ohnehin recht groß. Halten Sie Ihren Hund, so gut es geht, von solchen Situationen fern, um schlimme Verletzungen zu vermeiden. Derartige Schrecksituationen setzen sich oft so tief fest, dass es zu neurotischen Handlungen und Angstzuständen kommt, die nur sehr schwer wieder rückgängig zu machen sind.

Das Auflegen der flachen Hand auf die Lendenpartie des Rückens vermittelt dem Hund eine gewisse Sicherheit. Vorsicht jedoch vor dem guten Zureden, zu dem wir Menschen uns schnell verleiten lassen, denn der Hund bezieht Ihren mitleidigen und schmeichelnden Tonfall direkt auf seine Angst und koppelt auf diese Weise sein Angstgefühl mit Ihrem „Lob". Das verstärkt seine Angst nur, anstatt sie zu beseitigen.

• Bewährt hat sich zur Gewöhnung an laute Geräusche oder Schüsse die Methode, einen leisen und gedämpften Schuss immer vor einem freudigen Ereignis wie beispielsweise dem Spaziergang oder dem Fressen abzugeben; so kann der Hund schließlich die Verknüpfung zwischen dem Schuss als zunächst Angst auslösendem Reiz und der Vorankündigung für ein positives

Gewöhnen Sie Ihren Hund schon in frühester Jugend an plötzliche laute Geräusche. Dann wird er später gelassen darauf reagieren.

Erlebnis herstellen (vgl. Übung 32: Ängste und Unsicherheit).

Für die Gewöhnung sind leisere Schüsse wie bei einigen Spielzeugpistolen geeignet oder das Klappern mit einer Blechbüchse, in der sich einige Kieselsteine befinden. Bitten Sie einen Bekannten, auf dem Spaziergang zu schießen bzw. mit einem Gegenstand laut zu klappern.

Für den Fall, dass Sie selbst eine Schreckschusspistole besitzen, ist es das beste, Sie schießen – allerdings ohne dass Ihr Hund bemerkt, dass Sie es sind, der geschossen hat. Loben Sie den Hund nach jedem Schuss mit freudiger Stimme, und fordern Sie ihn zum Spiel auf, bis er den Schuss mit etwas Positivem gekoppelt hat.

Reagiert Ihr Hund mit Flucht, sollten Sie Hilfe bei einem auf Verhaltenstherapie spezialisierten Tierarzt oder einem erfahrenen und modernen Hundetrainer suchen, um das Problem schnellstmöglich auszuarbeiten.

 17 **„Spring!"**

Das Springen über verschiedene Hürden sowie das Überwinden anderer Hindernisse sind recht einfache Übungen. Die Höhe des Hindernisses muss der Größe des Hundes angepasst sein. Hier wird diese Übung bewusst noch unter die Rubrik der Grundausbildung gesetzt, da sie die Reihe der die Konzentration erfordernden Unterordnungsübungen etwas auflockert und den meisten Hunden Spaß macht. Außerdem gibt es auf den Trainingsplätzen der meisten Hundesportplätze Hürden, die Sie für diese Übung gut nutzen können.

• Zum Erlernen der Übung verwendet man eine kleine Hürde, die in der Höhe verstellbar sein sollte. Versucht

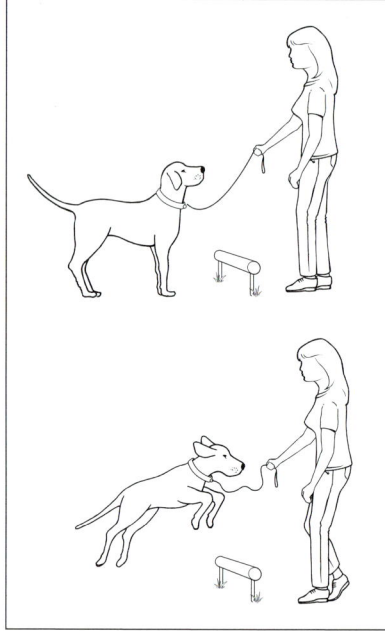

Das Überspringen einer niedrigen Hürde erlernt der Hund rasch, wenn Sie ihn von der anderen Seite der Hürde aus zu sich heranrufen.

Ihr Hund auch noch nach Zureden oder sogar dann, wenn Sie auf der anderen Seite der Hürde stehen und ihn mit einem Leckerchen locken, unter der Hürde hindurchzukriechen, verwenden Sie eine geschlossene Hürde, die dies unmöglich macht. Ebenfalls günstig ist es, zu Beginn eine Hürde zu verwenden, die seitlich geschlossene Wände hat. Führen Sie den angeleinten Hund an die Hürde heran, gehen Sie selbst auf die andere Seite. Animieren Sie ihn durch ein Leckerchen oder sein Lieblingsspielzeug zum Sprung und geben Sie gleichzeitig den Befehl „Spring". Loben Sie kräftig, wenn er – egal wie – über die Hürde gelangt ist!

• • Erschweren Sie die Übung später durch höhere und offene Hürden. Lassen Sie den Hund auch ruhig auf dem Spaziergang über Äste, ein Mäuerchen oder Ähnliches springen, um den Befehl zu festigen. Trainieren Sie den Sprung aus dem Stand und aus dem Lauf heraus. Den meisten Hunden macht das riesigen Spaß.

Wichtig
Denken Sie immer an die Gelenke des Hundes und überfordern Sie ihn nicht! Ein Hund lässt sich leider allzu schnell dazu verleiten, zu hoch zu springen, nur um Ihnen zu gefallen. Behalten Sie also Maß.

• • • Zur Erweiterung der Übung kann es gehören, z. B. bei „Fuß!" und „Voraus!" die Hürden zu überwinden. Beherrscht Ihr Hund den Befehl „Spring!" gut, können Sie beispielsweise dazu übergehen, ihn zunächst

Die meisten Hunde haben Spaß daran, über Hindernisse zu springen.

über einen niedrigen Stock springen zu lassen, um dann nach und nach sowohl die Höhe als auch die Gegenstände, über die er springen soll, zu variieren: über die gespannte Leine, über Ihr Bein, durch einen Reifen, über eine Kette usw. Hier sind der Phantasie keine Grenzen gesetzt.

Wenn Sie einen besonders springfreudigen Hund haben, dessen Größe und Gewicht es zulassen, versuchen Sie die Übung doch einmal in der Form, dass er Ihnen auf den Arm springt. Hierbei müssen Sie allerdings auch ein gewisses Geschick mitbrin-

gen, um den Hund im richtigen Moment zu halten. Gipsy, die kleine Mischlingshündin meiner Freundin, hat sich dieses Auf-den-Arm-Springen angewöhnt, wenn sie zum „Gassigehen" gerufen wird oder aber wenn meine Freundin nach Hause kommt. Die große Freude des Hundes wird auf diese Weise kanalisiert.

Obedience

Obedience bedeutet übersetzt „Gehorsam"; und genau darum geht es auch bei der gleichnamigen Sportart. Es handelt sich dabei im Wesentlichen um Übungen aus dem Bereich der Grundausbildung, die hier im sportlichen Wettkampf eingesetzt und verlangt werden.

Wie im Allgemeinen bei sportlichem Wettstreit sind auch hier Wettkampfbedingungen vorgegeben. Die Bewertung der Übungen erfolgt nach einem Punktesystem, das natürlich auch Punktabzug beinhaltet. Bewertet werden bei den nachfolgenden Übungen nicht nur deren Ausführung, sondern auch die Freude und der Wille bei der Arbeit sowie der offenkundige Teamgeist zwischen Mensch und Hund.

18 Frei „Bei Fuß!"

Bei der Übung werden zwei Stopps aus normaler und langsamer Gangart heraus, zwei Kehrtwendungen nach rechts in langsamer Gangart und im Laufschritt und je zwei Drehungen nach links und rechts bei jeder der drei Gangarten verlangt.

19 „Steh!" und „Sitz!"

Der Hund muss die Übungen „Steh!" und „Sitz!" aus der Bewegung heraus unter Zuruf durchführen und in der jeweiligen Stellung solange verharren, abgerufen wird.

20 Abrufen mit „Steh!" und „Platz!"

Der Hundeführer muss seinen Hund auf Geheiß des Prüfungsleiters etwa 25 m weit wegführen und dort unter „Platz!" ablegen. Wenn der Besitzer in die Ausgangsstellung zurückgekehrt ist, wird der Hund mit „Hier!" abgerufen und unter „Steh!" arretiert, nachdem er etwa ein Drittel der Entfernung zurückgelegt hat. Die Übung wird mit „Hier!" fortgeführt. Nach einem weiteren Drittel der Strecke muss der Hund unter „Platz!" erneut kurz abliegen, bis er schließlich ganz herangerufen wird.

21 „Voraus!" mit den Anweisungen „Platz!", „Steh!", „Hier!", Fuß!"

Der Hund soll unter „Voraus!" an eine in etwa 10 m Entfernung gekennzeichnete Stelle vorausgeschickt und dort mit „Steh!" angehalten werden. Wiederum mit dem Befehl „Voraus!" wird er nach einer kurzen Pause in ein so genanntes Pausenviereck geschickt. Bei dem Pausenviereck handelt es sich um einen mit dünnen Brettern am Boden markierten Bereich, in dem der Hund unter „Platz!" abliegen soll, während man auf ein Zeichen vom Prüfungsrichter hin auf den Hund zugeht. Etwa 2 m vor dem Pausenviereck biegt man nach rechts ab und geht 10 m weiter, macht dort erneut

Im Obedience muss der Hund auf Distanz die Befehle seines Besitzers korrekt befolgen – eine Aufgabe, die nur in einem eingespielten Team perfekt funktioniert.

eine Rechtsdrehung und schreitet 10 m fort, bis man dann den Hund mit „Hier!" abruft und mit ihm bei Fuß weitergeht.

22 „Apport!" und Sprung über eine Hürde

Es gilt bei dieser Übung, den zu apportierenden Gegenstand über eine Hürde zu werfen, während der Hund neben dem Hundeführer wartet. Unter „Apport!" soll er dann über die Hürde springen, den Gegenstand aufnehmen, dann – wieder die Hürde im Sprung nehmend – zum Besitzer zurückkommen und, ohne auf dem Gegenstand herumzukauen, warten, bis er den Befehl „Aus!" erhält. Dar-

aufhin muss er den Gegenstand sofort hergeben.

23 „Apport!" mit Anweisung „Rechts!" und „Links!"

Bei der Vorbereitung dieser Übung werden drei Holzhanteln auf einer geraden Strecke jeweils im Abstand von etwa fünf Metern ausgelegt. Der Hundeführer begibt sich dann mit dem Hund vom mittleren Gegenstand etwa 15 m entfernt an einen Standort, von wo aus er den Hund mit „Voraus!" losschickt und nach etwa 7 m anweist, den mittleren, den rechten oder den linken Gegenstand zu bringen. Diese Anweisungen erfolgen

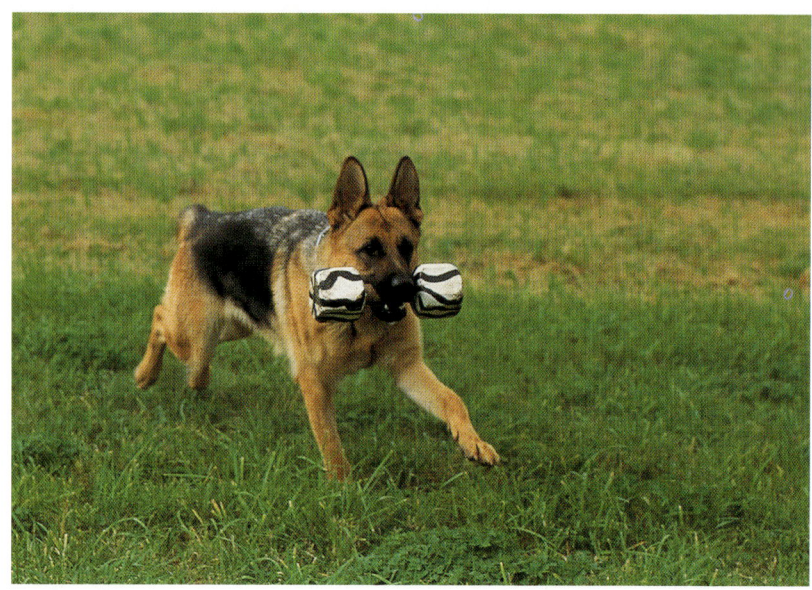

Anspruchsvoll ist diese Obedience-Übung, bei welcher der Hund zuerst eine Hürde überspringen und dann die Hantel apportieren muss.

durch Sicht- und Hörzeichen (z. B. „Mitte!", „Rechts!", „Links!"). Der Apport muss ordentlich zu Ende geführt werden; er wird vom Hundeführer schließlich mit „Aus!" beendet.

24 „Such!" und „Apport!"

Die Vorbereitung dieser Übung besteht darin, dass der Hundeführer vom Prüfungsrichter einen Gegenstand zugewiesen bekommt, den er beispielsweise durch eine kleine Kerbe kennzeichnen muss. Damit dieser den Geruch des Hundeführers annimmt, darf er ihn eine Weile bei sich behalten. Der Hund darf bei dieser Vorbereitung nicht anwesend sein. Schließlich werden sechs gleiche Gegenstände – darunter der gekennzeichnete – in Abwesenheit von Hundeführer und Hund ausgelegt. Innerhalb von drei Minuten soll der Hund, der 10 m von den Gegenständen entfernt mit „Such!" und „Apport!" losgeschickt wird, den gekennzeichneten Gegenstand seinem Besitzer bringen.

25 Kontrolle auf Distanz

Der Hund wird abgelegt, während sich der Hundeführer 15 m von ihm entfernt. Aus der Entfernung heraus bekommt der Hund nun von seinem Herrn die Befehle „Platz!", „Steh!" und „Sitz!" in einer beliebigen Reihenfolge, die der Prüfungsrichter festlegt. Insgesamt muss der Hund sechsmal die Position ändern, ohne seinen Standort zu verlassen.

26 Zweiminütiges Sitzen in einer Gruppe mit den Befehlen „Sitz!" und „Bleib!"

Hierbei werden alle Hunde des Wettkampfes in Reihen mit jeweils 3 m Abstand zueinander mit „Sitz!" und „Bleib!" zurückgelassen, während sich die Hundeführer außer Sichtweite der Hunde begeben. Die Übung gilt als erfolgreich abgeschlossen, wenn sich die Hunde während der zwei Minuten, die die Übung dauert, nicht hinlegen, aufstehen oder sich wegbewegen.

27 Ablegen mit Ablenkungen

Bei dieser Übung ist die Ausgangssituation dieselbe wie bei der vorher beschriebenen, nur dass die Hunde nicht sitzen, sondern liegen sollen. Sobald die Hundeführer außer Sichtweite sind, beginnt die vierminütige Phase der Ablenkung durch den Prüfungsrichter, der Slalom durch die Reihen geht. Setzen sich die Hunde hin oder winseln sie, führt dies zu Punktabzug.

Übungen für den Alltag

Einführung

Mit kleinen Aufgaben, die man auf dem Spaziergang und zu Hause immer wieder einstreut, festigt man nicht nur das Verhältnis zwischen Hund und Besitzer, sondern wirkt auch der Lustlosigkeit entgegen, die durch Langeweile entsteht.

Jeder Befehl ist hier geeignet, sei er nun sinnvoll – d.h. mit praktischem Nutzen für uns – oder sei es einfach nur ein Spaß-Befehl. Da der Hund das nicht unterscheiden kann, bleibt es für ihn einerlei. Es zählt nur Ihr Lob und Ihre offensichtliche Freude über einen brav ausgeführten Befehl.

Fordern Sie Ihren Hund in allen möglichen Situationen mit Aufgaben heraus, die er schon beherrscht, oder widmen Sie sich einer neuen Aufgabe. Der Hund wird Ihnen mit Liebe, Aufmerksamkeit und Ausgeglichenheit danken, dass Sie ihm dauerhaft Interesse entgegenbringen und seinen Alltag abwechslungsreich gestalten.

In diesem Kapitel sollen nun weitere, im Alltag in besonderer Weise nützliche Befehle erklärt werden. Sie wurden meist den verschiedenen Sparten der Diensthundeausbildung entnommen, können aber auch für den privaten Hundefreund eine erhebliche Bedeutung erhalten, da sie das tägliche Leben vereinfachen. Der Hund bekommt durch das Erlernen dieser Befehle neue Aufgaben, die ihn fordern und durch die er die ersehnte Anerkennung finden kann.

Leine

Die Leine ist in der Ausbildung das einfachste Hilfsmittel, da sie stets zur Hand ist. Für die Anlernphase ist sie bei Such- und Apportaufgaben ein leichtes Objekt, da der Hund die Leine gut kennt und sie anhand ihres Geruches noch leichter als beispielsweise einen Stock oder etwas anderes identifizieren kann.

Die Leine kann mannigfaltige Bedeutungen für den Hund bekommen. Zum einen ist sie Signal für einen Spaziergang, aber auch eine verlängerte Hand von Ihnen, mit der Sie Ihren Hund sicher unter Kontrolle haben, wenn es die Situation einmal erfordert.

Beim Spiel erlangt die Leine eine weitere Bedeutung für den Hund, sowohl bei den Ziehspielen als auch als Wurfobjekt bei den Apportspielen.

Die meisten Hunde wissen schnell, was die Leine bedeutet. Diese Bedeutung kann noch erweitert werden, sobald die Verknüpfung mit dem Wort Leine erfolgt ist. Lassen Sie sich dann die Leine beispielsweise vor dem Spaziergang von Ihrem Hund bringen, oder üben Sie mit ihm während des Spaziergangs „Such die Leine verloren!" (Übung 47).

Verlangen Sie von Ihrem Hund sowohl beim Ausgeben der Leine nach Apport-Übungen als auch beim angeleinten Spazierengehen die erforderliche Disziplin. Das bedeutet, dass der Hund weder an der Leine herumbeißen noch an ihr zerren darf.

So gewährleisten Sie, dass Sie wie immer der Boss sind, der das Recht hat zu bestimmen, was getan wird. Der Hund wird sich auch in diesem Fall mit viel Freude nach Ihnen richten.

Wichtig
Die Leine sollte nicht durch eine falsche Freizügigkeit Ihrerseits zum immer verfügbaren Spielzeug für den Hund werden. Bestimmen Sie, ob und wann Ihr Hund mit der Leine spielen darf.

Hundeschulen

Hundeschulen sind sinnvolle Einrichtungen, wenn sie gut geleitet werden. Leider muss man an dieser Stelle betonen, dass es auch unter den Hundetrainern einige schwarze Schafe gibt. Suchen Sie sich eine gute Hundeschule heraus, falls Sie sich für den Hundesport begeistern! Das wichtigste ist ein erfahrener Trainer, der Ihnen als möglicherweise noch unerfahrenem Hundehalter Tipps geben kann. Was man leider allzu oft in Hundeschulen antrifft, sind Hundeführer, die schreien oder gar schlagen, um eigenes Versagen oder ihre Minderwertigkeitskomplexe zu vertuschen. Halten Sie hiervon unbedingt Abstand. Das Ergebnis einer solchen Erziehungsmethode sind verschreckte Tiere, die nie die Gelegenheit hatten, in einem ordentlichen Sozialverband leben oder ein normales Sozialverhalten zeigen zu dürfen.

Sinnvoll an einer Hundeschule ist, dass sich Gleichgesinnte treffen und Erfahrungen austauschen können. Ebenso ist die Möglichkeit gegeben, dem Hund unter Ablenkung – die vielen anderen Hunde und Gerüche – Aufmerksamkeit abzufordern, was nach einigen Stunden gut klappen wird.

Geübt werden sollte stets in kleinen Gruppen mit Hunden, die etwa die gleichen Voraussetzungen mitbringen, so dass von allen dieselben Übungen gemacht werden können. Im Vordergrund stehen Übungen wie das Gehen bei Fuß, durch eine Gruppe oder das Verharren am Platz, während ein anderer Hund bei Fuß vorbeigeführt wird. Auch die üblichen Geräte wie Tunnel und Hürden finden viel Anklang.

Falsch wäre es zu erwarten, dass Ihr Hund die Übungen überall beherrscht, wenn er sie auf dem Übungsplatz gelernt hat. Geübt werden muss überall und in verschiedenen Situationen, sonst erreichen Sie nie die Festigung, die Sie wollen. Ebenso ungeeignet ist es, einen Hund für eine gewisse Zeit in eine Hundeschule zu schicken und zu erwarten, dass er danach bei Ihnen ebenso gut pariert. Sie sollten nicht die Bequemlichkeit Oberhand gewinnen lassen. Schließlich haben Sie sich doch für das Halten eines Hundes entschieden – Sie müssen sich also auch mit den Erfordernissen auseinandersetzen.

Eine sehr gute Möglichkeit hierfür ist ein „Urlaubsseminar mit Hund". Dieser Service wird von einigen Hundeschulen angeboten. Dort können Sie unter der Anleitung von Fachleuten Ihren Hund selbst schulen. Genauso gut wie ein Übungsplatz ist aber

In der Welpen- und Junghundgruppe erlernen die Junghunde beim Spielen und Toben das richtige Sozialverhalten gegenüber Artgenossen. Günstig ist es, wenn in den Spielablauf auch Gehorsamsübungen integriert werden.

auch jede Wiese und jedes Feld, auf dem Sie mit anderen Hundebesitzern üben können. Sprechen Sie sich doch einfach ab, ob nicht hier und da für alle zusammen einige Übungen eingeschoben werden sollten. Es liegt schließlich im Interesse aller Besitzer, dass die Hunde gut erzogen sind, und wann hat man mehr Zeit als auf einem Spaziergang?

Wenn Sie als aktives Mitglied in einem Hundeverein Hundesport betreiben wollen, sollten Sie natürlich Ihren Verein besonders sorgfältig auswählen. In den meisten Städten gibt es mehr als eine Hundeschule oder einen Hundesportverein. Besuchen Sie am besten mehrere und nehmen Sie an einer in der Regel kostenlosen Pro-

bestunde teil, bevor Sie sich für den Club entscheiden, der Ihnen von den Trainern, anderen Teilnehmern und von den angewandten Methoden her am meisten zusagt.

28 Das stille Örtchen

Eine besonders praktische Übung im Alltag ist, dem Hund beizubringen, sich auf einen bestimmten Befehl hin zu versäubern.

Sehr leicht lernen Hunde diese Verknüpfung herzustellen, wenn sie bereits einen Ort haben, an dem sie sich schon oft gelöst haben. Führen Sie den Hund zu einer Zeit an diesen Ort aus, zu der er auch sonst sein Geschäft

Hinweis
Diese Übung kann auch ein Hund
lernen, der bereits stubenrein ist
und vielleicht jahrelang nach Gutdünken an beliebigen Orten sein
Geschäft gemacht hat!

erledigt, und beobachten Sie ihn genau. Sagen Sie dann in dem Augenblick, wenn sich Ihr Hund hinhockt,
um sich zu lösen, und auch beim Pinkeln, immer den gleichen Befehl, z. B.
„Mach schnell". Letztendlich kommt
es nicht auf die Bedeutung des Wortes
an, sondern nur auf die Verknüpfung,
die der Hund damit herstellen soll.
Loben Sie ihn leise, während er sich
versäubert. Zusätzlich können Sie ihm
auch ein kleines Leckerchen anbieten,
wenn er fertig ist. Wenn Sie eine Zeitlang so verfahren, wird ab einem
gewissen Moment das Lautzeichen
beim Hund das Bedürfnis auslösen,
sich zu versäubern. Wichtig ist, dass
Sie den Hund – auch wenn er den
Befehl schon beherrscht – immer wieder einmal ausgiebig loben, denn
sonst löschen Sie mit der Zeit seine
unwillkürliche positive Reizkopplung
wieder.

29 Hundepfeife

Hunde auf ein neutrales Signal wie
einen Pfeifton zu trainieren ist besonders einfach und birgt verschiedene
Vorteile. Der entscheidendste ist, dass
der Signalton nicht wie die menschli-
che Stimme auch Emotionen preisgibt.
Dies bedeutet, dass das Signal für den
Hund immer gleich ist und deshalb
auch leichter verständlich. Besonders

bei ängstlichen Hunden oder solchen,
die bei früherem Ungehorsam schon
einmal bestraft worden sind, kann
man häufig beobachten, dass sie,
sobald sich die Tonlage des Besitzers
in Richtung Ärger ändert, vielleicht
weil sie nicht direkt auf das Kommando gehört haben, nur noch zögerlich
kommen und damit unweigerlich weitere Wut heraufbeschwören.

Das Pfeifen kann man als zusätzliches Rückrufkommando nutzen, das,
wenn das Training fehlerfrei aufgebaut wurde, besser funktioniert als ein
verbales Kommando. Es kann dann
auch in kritischen Situationen eingesetzt werden.

Wichtig
Beim Trainingsaufbau kann man
nur einen einzigen Fehler machen:
zu schnell vorgehen. Das Pfeifen-
training muss tatsächlich in so kleinen Schritten aufgebaut werden,
sonst kann ein Hund mangels
genügend häufiger Wiederholungen niemals die Zuverlässigkeit an
den Tag legen, die für einen guten
Gehorsam notwendig ist.

Der Hund wird gezielt auf den Ton
trainiert, den Sie benutzen. Auch die
Tonfolge muss in den Übungen
immer gleich sein!

Grundübung: Pfeifen Sie etwa zehn
Tage lang mehrmals täglich zunächst
nur zu Hause und nur direkt bei folgenden Anlässen:
– vor oder beim Fressen
– vor oder beim Spielen
– vor oder beim Schmusen
– vor dem Spaziergang
und vor jeder anderen Situation, die
Ihr Hund liebt.

• Pfeifen Sie, wenn Sie in einem anderen Zimmer sind als Ihr Hund. Wenn er kommt, erhält er ein tolles Lob und eine besonders attraktive Belohnung (Spiel oder Futter).

Pfeifen Sie in ablenkungsfreien Situationen draußen, aber nur mit dem angeleinten Hund und belohnen Sie sein Hoch- oder Umschauen sofort mit einem ganz besonders schmackhaften Leckerchen oder seinem Lieblingsspielzeug.

Diese beiden Übungen wiederholen Sie gleichzeitig mit der Grundübung wiederum täglich mehrmals während weiterer zehn Tage.

• • Danach gestalten Sie die Übung schwieriger, indem Sie ein Versteckspiel innerhalb der Wohnung mit dem Hund machen. Verstecken Sie sich hinter Türen, unter, hinter oder auf einem Tisch, unter, auf oder hinter dem Bett oder Schrank. Das Signal, Sie zu suchen, soll für den Hund der Pfiff sein.

Pfeifen Sie draußen den unangeleinten Hund in ablenkungsfreien Situationen zu sich heran. Achten Sie darauf, zunächst nur zu pfeifen, wenn Ihr Hund Sie gerade anschaut.

Belohnen Sie Ihren Hund für eine erfolgreiche Suche und ein braves Kommen jedesmal überschwänglich und steigern Sie den Schwierigkeitsgrad entsprechend dem Geschick Ihres Hundes. Üben Sie dieses Spiel für mindestens zehn Tage mehrmals täglich, ruhig auch in Kombination mit der Grundübung.

• • • Wenn Sie das Gefühl haben, dass Ihr Hund die Anforderungen der letzten Übung gut erfüllt, können Sie langsam den Anspruch steigern.

Benutzen Sie die Pfeife nun auch in zunächst leichten, später schwierigeren Ablenkungssituationen. Pfeifen Sie Ihren Hund nicht nur heran, wenn er definitiv kommen soll, sondern immer wieder auch „nur zur Übung" zwischendurch auf dem Spaziergang. Belohnen Sie Ihren Hund nicht mehr jedesmal sondern nur noch in unregelmäßigen Abständen. Setzen Sie aber immer wieder auch eine ganz besonders tolle Belohnung ein, damit das Rückrufsignal für Ihren Hund eine besondere Bedeutung behält.

30 Begegnungen mit Hunden

Für den Hund als Rudeltier sind soziale Kontakte nicht nur eine Freude im Alltag, sondern ein ganz wichtiger Baustein in der normalen Entwicklung. Im Umgang mit Artgenossen lernen Hunde ihre Grenzen kennen. Kleinere Rangeleien gehören genauso zum Hundealltag wie friedliches Schnüffeln oder Spielen. Erschrecken Sie nicht gleich, falls es einmal zu einer Auseinandersetzung kommen sollte, und machen Sie nicht den großen Fehler, Kontakten aus dem Weg zu gehen, bloß weil es hier und da einmal Ärger gibt.

Lassen Sie die Hunde agieren, solange es sich um gut sozialisierte Tiere handelt. Sie werden sehen, dass sich in der großen Mehrzahl der Fälle in solchen „Kämpfen" die Fronten ohne Verletzungen klären lassen. Die Verletzungsgefahr ist in der Regel ungleich höher, wenn sich die Besitzer der Hunde in den Kampf einmischen, als wenn sie die Tiere gewähren lassen.

Hinweis
Die beste Methode ist es, wenn die Besitzer zweier kämpfender Hunde getrennte Richtungen einschlagen und die Hunde zu sich rufen. Das nimmt dem Hund das Stärkegefühl, das er hat, wenn Sie als Besitzer neben ihm stehen oder sich sogar einmischen.

31 Begegnungen mit Gegenständen

Lassen Sie Ihren Hund viel erleben, d.h. ermuntern Sie ihn dazu, hier und da einmal auf einen Stein, eine Bank oder auf einen gefällten Baumstamm zu springen oder Ähnliches (Foto Seite 79). Durch diese Aktionen verliert Ihr Hund nicht nur die Scheu vor Ungewohntem; er gewinnt vielmehr eine Menge Selbstvertrauen und auch Vertrauen zu Ihnen.

Falls Ihr Hund zu einer aggressiven Problemgruppe gehören sollte, vielleicht aufgrund schlechter Erfahrungen, können Sie durch gezieltes Training Abhilfe schaffen, (vgl. Übung 34: Superwort oder entsprechende Fachliteratur). Oder wenden Sie sich an einen auf Verhaltenstherapie spezialisierten Tierarzt.

Vielleicht hat Ihr Hund ja auch einen oder mehrere Kumpels, mit denen er besonders gerne zusammen ist, um zu spielen oder andere Dinge zu unternehmen. Intensivieren Sie solche Hundefreundschaften ruhig weiter, beispielsweise durch gezieltes Verabreden mit dem jeweiligen Besitzer. Soziale Kontakte dieser Art sind außerordentlich wichtig für das Wohlbefinden des Hundes. Ein einsamer Hund wird auf Dauer lustlos, was bedeutet, dass er nur noch hinter Ihnen hertippelt. Bei jeder Art von sozialem Beisammensein muss aber gewährleistet bleiben, dass Ihr Hund Sie weiterhin als Teamchef akzeptiert. Üben Sie seinen Gehorsam mit kleinen Übungen während des Treffens und lassen Sie ihn dann weiterspielen.

Sollte dennoch einmal ein ungewohntes Hindernis im Weg stehen, vor dem sich der Hund fürchtet, gehen Sie darauf zu, fassen Sie es an und rufen Ihren Hund unter fröhlichem Zureden herbei. Die negative Wirkung eines beruhigenden oder mitleidigen Tonfalles ist auch in dieser Situation unbedingt zu vermeiden! Sträubt er sich aber, so ziehen Sie ihn nicht. Er sollte Ihnen aus eigenem Antrieb folgen und die Möglichkeit haben zu schnuppern. Fürchtet sich Ihr Hund z. B. vor einem Rollstuhl, bitten Sie den betreffenden Fahrer, doch einen Moment anzuhalten, so dass sich die beiden kennen lernen können. Oftmals ist der Damm schon gebrochen, wenn der Hund einmal gemerkt hat, dass im Grunde keine Gefahr droht.

Scheut Ihr Hund immer wieder vor ein und demselben Gegenstand zurück, wählen Sie bewusst die Konfrontation, indem Sie mit dem angeleinten Hund selbstsicher auf den betreffenden Gegenstand zugehen und ihn beispielsweise mit einem Spielzeug oder Leckerchen ablenken (vgl. Übung 32: Ängste und Übung 34: Superwort). Belohnen Sie Ihren Hund, wenn er sich ein Stückchen weiter herangetraut hat, bis er schließlich mit Ihnen zusammen ohne Furcht zu dem betreffenden Gegenstand geht. Abwechslung stärkt das Selbstvertrauen des Hundes und er lernt dabei entweder Fremdes zu ignorieren oder aber nachzusehen, was los ist. Sie als Besitzer können sich notfalls als Vermittler einschalten und Ihren Hund in seinem Tun bestärken.

32 Ängste und Unsicherheit

Ängste und Unsicherheit sind bei Hunden keine Seltenheit. Manch ein Hund leidet sogar an einer Phobie. Die Gründe für die Ängste können mannigfaltig sein. Hier ist die Hilfe eines Fachmannes gefragt – beispielsweise ein auf Verhaltenstherapie spezialisierter Tierarzt (im Anhang finden Sie die Adresse der Tierärztlichen Gesellschaft für Tierverhaltenstherapie). Geben Sie sich auch zum Wohle Ihres Hundes nicht damit zufrieden, mit der Angst zu leben. In den meisten Fällen schafft man es nämlich durchaus, Ängste abzubauen – auch wenn eine „Heilung" nicht immer erreicht werden kann.

Wichtig
Strafe und Schimpfen sind bei Ängsten absolut unangebracht. Versuchen Sie lieber, den Grund der Angst zu ergründen, um sie dann langsam abbauen zu können.

Bedenken Sie im Umgang mit einem ängstlichen Hund in besonderer Weise, dass Lernen nur in stressfreien Situationen möglich ist! Wenn Sie an einem Angstproblem arbeiten wollen, müssen die Trainingsschritte deshalb so ausgerichtet sein, dass der Hund in den Übungen völlig angstfrei sein kann. Eine solche Therapie ist zwar langwierig, erhöht aber enorm die Lebensqualität.

33 Jagdtrieb

Wenn Sie nicht jagdlich mit Ihrem Hund arbeiten und dies auch in Zukunft nicht tun wollen, empfiehlt es sich, den Jagdtrieb des Hundes so einzudämmen, dass er nicht unerwartet mit einem Satz verschwindet, bloß weil er ein Kaninchen oder einen Vogel gesichtet hat. Dieses Verhalten liegt in der Natur des Hundes und ist somit nicht als Fehlverhalten, sondern als – in diesem besonderen Fall unerwünschtes – Instinktverhalten zu werten und auch nur unter diesem Gesichtspunkt in den Griff zu bekommen.

Ziel dieser Übung ist es, dass Ihr Hund auf dem Spaziergang alle Tiere, die er gerne jagen würde, ignoriert. Sie vermeiden so unter Umständen gefährliche Zwischenfälle. Lassen Sie ihn ansonsten ruhig viele fremdartige Tiere kennenlernen. Er wird umso weniger Interesse an der Jagd dieser Tiere haben, je näher er sie kennen gelernt hat.

Es gibt zwei Erfolg versprechende Methoden, dem Hund beizubringen, Wild zu ignorieren:

• Einmal arbeitet man nach dem Prinzip der **Ablenkung**, was folgendermaßen funktioniert: Gebüsche und Gebiete, in denen der Jagdtrieb in besonderer Weise gefördert wird, sind tabu und

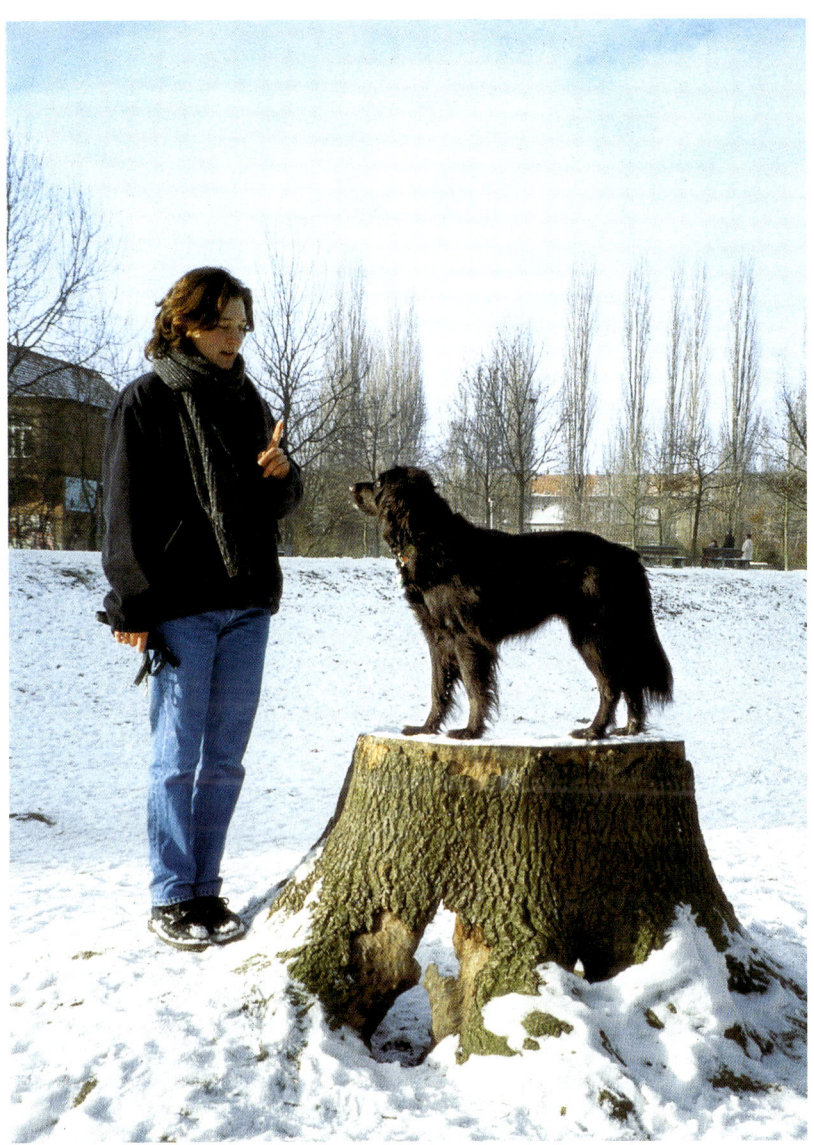

Nutzen Sie jede Gelegenheit, Ihren Hund mit ungewöhnlichen Gegenständen wie solch einem Baumstumpf vertraut zu machen! Das lässt ihn die Scheu vor fremden Dingen verlieren (siehe Übung 31).

Beim Befehl „Down!" muss sich der Hund sofort ganz flach auf den Boden werfen und auch den Kopf zwischen die Pfoten legen. Dabei verliert er das Wild aus den Augen und hört konzentriert auf Ihre Kommandos.

werden dauerhaft mit einem Verbot belegt. Kommt man nun doch einmal in die Situation, vor einem Jagdobjekt nicht ausweichen zu können, lenkt man den Hund durch ein Spiel, durch andere Befehle oder aber, falls er es schon kennt, durch sein „Superwort" ab. Diese Methode ist jedoch nur solange von Erfolg gekrönt, solange der Hund nicht die Gelegenheit hat, einmal eigenmächtig ins Gebüsch zu gelangen oder nicht die Situation eintritt, dass er den Hasen oder Vogel vor Ihnen entdeckt hat. Aufgrund dieser Einschränkungen bevorzugen viele Hundetrainer die zweite Methode.

Hierbei vermeidet man, wie im ersten Fall auch, ein eigenmächtiges Jagen im Unterholz, sucht aber zum Trainieren dieser Übung Orte auf, in denen die Ablenkung recht groß ist, z. B. ein Feld, auf dem erfahrungsgemäß viele Mäuse und Kaninchen leben. Üben Sie zunächst an langer Leine das Gehen auf Wegen um das Feld herum und achten Sie darauf, dass der Hund auf Zuruf Abstand davon nimmt, in das Feld vorzupreschen.

Gelingt diese Übung gut, gehen Sie zur zweiten Phase über, in der Sie mit dem nach wie vor angeleinten Hund in das Feld gehen und eine Begegnung mit einem zu jagenden Tier provozieren. Belohnen Sie Ihren Hund stets dafür, wenn er Sie in dieser Ablenkungssituation anguckt. Nach einiger Zeit wird dieses Training dazu führen, dass der Hund Witterungen weitestgehend ignoriert und Ihnen brav durch das Feld folgt.

• • Die nächste Schwierigkeitsstufe ist das **Ignorieren eines sichtbaren Objektes**. Mit ein bisschen Glück werden Sie abends am Feldrand immer wieder einmal auf ein Kaninchen stoßen. Gehen Sie so vor, dass Sie den Hund absitzen lassen und mit „Bleib!" zur Ruhe anhalten. Belohnen Sie Ihren Hund auch hier, wenn er Sie anschaut. Gelingt dies auch beim weglaufenden Tier, gehen Sie langsam dazu über, all diese Übungen ohne Leine zu trainieren. Lassen Sie sich jedoch bei dem Schritt von der Leine zum freien Folgen ausreichend Zeit. Ein Misserfolg – wenn Ihr Hund trotzdem plötzlich hetzt – macht ein ganzes Stück Arbeit zunichte. Legen Sie also keinen falschen Ehrgeiz an den Tag, denn hier geht es darum, einen seiner Urinstinkte auf ein Ersatzverhalten umzulenken. Das dauert erfahrungsgemäß länger als das Erlernen einer einfachen „Sitz!"-Übung.

• • • Beginnen Sie die Phase, in der Ihr Hund ohne Leine mit Ihnen durch das Feld geht, zunächst so, dass Sie ihn „Bei Fuß!" laufen lassen. Erst wenn er dies beherrscht, lassen Sie ihn vorlaufen. Einen bereits hetzenden Hund zum Stehen zu veranlassen ist ungleich schwerer, als ihm zu verbieten, einem Kaninchen hinterherzulaufen. Erreichen kann man dies durch die Befehle „Steh!" oder „Down!". Die Hemmung für den Hund weiterzulaufen ist bei „Down!" wesentlich größer und somit bei Hunden mit viel Jagdpassion dem „Steh!" vorzuziehen. Hunde, die weniger Jagdpassion

besitzen, können im Allgemeinen schon durch ein langsam gesprochenes „Bleib!" dazu veranlasst werden, das Wild nicht zu hetzen. Von Fall zu Fall kann es hilfreich sein, auch bei den anderen Hunden den gegebenen Befehl zusätzlich mit „Bleib!" zu koppeln. Der Befehl, den ich bei meinen Hunden verwende, lautet: „Der Hase bleibt!". Mit diesem Befehl kann ich mit ihnen an dem jeweiligen Tier und auch an anderen Dingen, die auf die Hunde eine große Faszination ausüben, vorbeigehen, ohne dass sie sich darum kümmern. Ich spreche den Befehl bewusst langsam, und auch meinen Gang verlangsame ich hierbei etwas, um die Hunde nicht zum Lospreschen zu animieren.

Hinweis
Machen Sie nicht den Fehler, den Hund zu bestrafen, wenn er gerade wiederkommt, denn dies würde beim nächsten Mal sein Kommen nur verzögern – aus Furcht vor erneuter Strafe. Häufen sich die Misserfolge, fangen Sie mit dieser Übung noch einmal ganz von vorne an.

34 **Superwort**

Das Superwort ist ein ganz besonderer Baustein in der Hundeausbildung. Ziel des Superwortes ist es, alle Aufmerksamkeit des Hundes auf sich zu ziehen, um ihn so unter Umständen von anderen für ihn sehr interessanten Dingen abzulenken oder um ihn mit aller Konzentration auf eine neue Übung vorzubereiten. Das Superwort kann man in mannigfaltiger Weise einsetzen. Hervorragende Erfolge erzielt man damit beispielsweise auch bei der Gewöhnung von aggressiven Hunden an ein „normales" Hundeleben. Des Weiteren kann man es einsetzen, wenn der Hund von einem Jagdobjekt oder einem Angst auslösenden Reiz abgelenkt werden soll.

• Bei der Fixierung auf ein Superwort geht man folgendermaßen vor: Zunächst überlegt man sich eingehend, was dem Hund am meisten Spaß macht. Im folgenden Fallbeispiel sei es das Spiel mit einem alten Strumpf, an dem der Hund ziehen und zerren darf. Nun wählt man ein Wort für das Superwort – günstigenfalls auch einen Laut, den der Hund vielleicht besonders gerne hat und auf den er leicht reagiert. Gibt es für Ihren Hund kein Lieblingswort, nehmen Sie einfach „Pass auf!", sofern es nicht schon mit einem Befehl belegt ist.

Das Superwort trainiert man zweckmäßigerweise zunächst ohne die geringste Ablenkung, indem man den Hund während des Spazierganges ruft, schnell den Strumpf hervorzaubert und unter „Pass auf!" den Hund zum Spiel animiert. Laufen Sie ruhig selbst ein Stück, die meisten Hunde spielen dann besonders ausgelassen! Loben Sie den Hund und schmeicheln Sie ihm ein wenig mit seinem Namen. Brechen Sie das Spiel nach kurzer Zeit ab, loben Sie ihn kräftig und stecken Sie ihm ruhig ein Leckerchen zu. Durch tägliches Üben wird es Ihnen bald gelingen, den Hund mit dem Zuruf „Pass auf!" an sein tolles Spiel zu erinnern, er wird zu Ihnen kommen und mit Ihnen mit seinem Strumpf spielen wollen. Diese ganze Aktion muss so weit gefestigt werden, dass sie zu etwas ganz Besonderem im Leben Ihres Hundes wird.

•• Ist eine gewisse Festigung vorhanden, können Sie einen Schritt weitergehen und eine erste Ablenkung riskieren. Ist Ihr Hund beispielsweise aggressiv gegenüber anderen Hunden, leinen Sie ihn zunächst an und gehen in einiger Entfernung, den Hund durch das Superwort und sein Spiel ablenkend, an einem anderen Hund vorbei. Es empfiehlt sich, die Entfernung für den Anfang so groß zu wählen, dass die ohne Superwort zu erwartende Reaktion ohnehin nicht allzu auffallend wäre. Läuft die entfernte Begegnung mit dem Einsatz des Superwortes ohne Zwischenfälle ab, gehen Sie am nächsten Tag einige Meter näher an einem Hund vorbei. Der Erfolg bei der vorhergegangenen Übung ist immer ausschlaggebend für das weitere Vorgehen.

Wichtig
Lassen Sie sich viel Zeit und wählen Sie die Schritte, in denen Sie vorgehen wollen, nicht zu groß. Bei schwierigen Fällen mag es ein Jahr und länger dauern, bis ein vollkommen zwischenfallfreies Spazierengehen möglich ist. Nach und nach sollte es aber möglich sein, den Hund in unmittelbarer Nähe und später auch ohne Leine an Artgenossen vorbeizuführen, während er diese vollkommen ignoriert.

Jeder Zwischenfall trübt das lustvolle und sorgenfreie Zusammenleben mit dem Hund ein wenig. Das Superwort darf nur von Grund auf positive Gefühle in Ihrem Hund wecken, und nie – auch bei einem Zwischenfall nicht – mit etwas Negativem wie Strafe oder Missmut gekoppelt werden. Zeigt der Hund in unserem Beispiel Aggressionen gegen einen Hund, der gerade um die Ecke kommt – wir ihn also nicht schon von Weitem sehen konnten –, wäre es am Anfang des Trainings falsch zu versuchen, ihn mit dem Superwort abzulenken, denn die Chance, dass er dann darauf reagiert, ist noch sehr gering. Richtiger ist es hier, sein Verhalten schlichtweg zu ignorieren. Erst wenn er den anderen Hund völlig vergessen hat und ruhig und ausgeglichen ist, sollte man ohne Ablenkung im fröhlichen Spielton den Hund an das Superwort erinnern, um es so mit einer neuen Spielsequenz wieder zu festigen. Wenn Sie merken, dass der Hund gut auf das Superwort reagiert und andere Hunde ignoriert, während er sich auf sein Spiel konzentriert, was zu Beginn nur bei der Begegnung mit weiter entfernten Hunden der Fall sein wird, stärkt dies mit der Zeit auch das Vertrauensverhältnis. Nach und nach erlangen Sie dadurch mehr Gelassenheit und neue Zuversicht für eine erfolgreiche Umerziehung Ihres Hundes.

• • • Nach einem Rückschlag sollte man zunächst Situationen meiden, die zu dem Fehlverhalten geführt haben, bis die nötige Festigung erreicht ist und man wieder Ablenkungen provozieren kann. Das Superwort muss immer, wenn Sie es einsetzen, überschwängliche Lobkaskaden nach sich ziehen, auch wenn der Hund es schon lange kennt und sich gut verhält. Sonst verliert es seine positive Bedeu-

Das Superwort muss für den Hund so verlockend sein, dass er alles andere vergisst und sich völlig auf Sie konzentriert.

tung und kann dann nicht mehr in entsprechender Form genutzt werden.

Ist das, was Ihr Hund am liebsten mag, kein Spielzeug sondern ein bestimmtes Leckerchen, geht man auf ähnliche Weise vor. Man muss sich allerdings etwas einfallen lassen, um die Spannung des Hundes lange genug aufrecht zu erhalten, bis man beispielsweise an der kritischen Stelle vorbeigegangen ist. Am einfachsten erreicht man das, indem man sich einige Leckerchen in die Hand nimmt und dem Hund im Spiel und unter freudigem Zureden nur hin und wieder eins gibt oder ihn die Leckerchen aus der nahezu geschlossenen Hand heraus lecken lässt.

Für das Superwort bzw. für die
Schwierigkeit, einen aggressiven
Hund zum verträglichen Artgenossen
zu machen, gilt ebenso wie für das
Ignorieren von anderen zu jagenden
Tieren, dass der Erfolg oder Misserfolg wesentlich von Ihrem persönlichen Spannungszustand abhängt.
Spürt der Hund bei Ihnen Nervosität,
wird er leichter ein Fehlverhalten an
den Tag legen als wenn Sie Ruhe,
Vertrauen und Gelassenheit aus-
strahlen. Versuchen Sie, Ihr eventuell
aufkommendes ungutes Gefühl abzubauen, auch wenn Ihr Hund seit
geraumer Zeit ein Problemverhalten
an den Tag legt. Halten Sie sich lieber
die Fortschritte vor Augen, die er bei
den bisher schon gelernten Übungen
gemacht hat.

35 „Lauf!"

Es ist gut, beim Arbeiten mit seinem
Hund als Ende der Übungsphase ein
Freizeitzeichen einzusetzen, das ihm
bedeutet, dass er ab jetzt schnüffeln

oder herumtoben darf, ohne dass man
im Augenblick etwas Konkretes von
ihm verlangt. Mit diesem Lautzeichen
kommt also für den Hund die Phase,
in der er das tun kann, was er möchte. Gibt man einen neuen Befehl,
indem man den Hund zu sich heran-
ruft oder ihn eine Übung machen
lässt, endet für ihn die Freizeitphase.
Man kann schon von Anfang an, d.h.
beim ersten Spaziergang, ein Freizeitzeichen einführen.

• Nehmen wir einmal an, Ihr Lautzei-
chen sei „Lauf!", dann sollten Sie
zweckmäßigerweise mit einer zum
Laufen animierenden Handbewegung
dieses Zeichen unterstützen. Laufen
Sie auch ruhig selbst die ersten paar
Schritte mit, damit der Hund Ihre
Handlung unmissverständlich als
Spielsituation deuten kann. Sehr
schnell wird Ihr Hund begreifen, dass
„Lauf!" die Zeit ist, in der er nach
Belieben schnüffeln oder toben kann
oder in der vielleicht sogar Sie ein
ausgelassenes Spiel mit ihm beginnen.

• • Rufen Sie Ihren Hund zur besseren
Gewöhnung öfter einmal grundlos
heran – besonders dann, wenn es sich
noch um einen jungen Hund handelt
oder um einen, der noch nicht lange
bei Ihnen ist. Verlangen Sie dann eine

Das Freizeitzeichen – z.B. „Lauf!" – signalisiert dem Hund, dass er nach Lust und Laune losrennen darf.

ganz einfache Übung wie z. B. „Sitz!" oder „Hier ran!" (Übungen 4 und 38), schicken Sie ihn danach wieder mit „Lauf!" los, und lassen Sie ihn eine Weile gewähren, damit er nicht den Eindruck hat, jeder Befehl, der „Lauf!" unterbricht, bedeutet das Ende seiner Freizeitphase – er würde dann nur unwillig auf einen neuen Befehl reagieren.

36 Bordstein

Eine besondere Gefahr für frei laufende Hunde ist der Straßenverkehr. Eine kleine Hilfe bei der Erziehung zum verkehrssicheren Hund bieten die Bordsteinkanten, da sie für den Hund optisch gut zu erkennen sind. Es ist hilfreich, sich dies zunutze zu machen und eine innere Hemmung im Hund aufzubauen, nie ohne Befehl den Gehsteig zu verlassen. Hierzu stehen uns verschiedene Befehle zur Verfügung, die der Hund von Anfang an kennen gelernt hat.

Die größte Hemmschwelle, seinen Weg fortzusetzen, hat der Hund bei „Down!", doch stört die aufwendige „Down!"-Stellung bei zügigem Spazierengehen erheblich. Anders ist es bei einem bloßen „Steh!". Ein stehender Hund wird immer relativ leicht geneigt sein, weiterzulaufen, da ein kurzes Arretieren an der Bordsteinkante den Hund kaum beeindruckt. Ein gesundes Mittelmaß ist die „Sitz!"-

stellung, da sie ein sehr schneller Bewegungsablauf ist, der augenblicklich wieder aufgehoben werden kann. Anders als der Blindenhund, der stehen bleibt, um die Bordsteinstufe anzuzeigen und den Verkehr abzupassen, soll der verkehrssichere Begleithund ohne Befehl nicht über die Straße laufen. Deshalb baut man die zusätzliche Pflicht des Sitzens ein.

• Ein Hund, der an den Stadtlärm gewöhnt ist, wird oft keine besondere Scheu vor Autos, Motorrädern, Mofas oder Fahrrädern haben. In diesem Fall kann man, wenn man sich mit Freunden abspricht, eine Situation schaffen, in der der Hund eine kleine Abreibung durch ein vorbeifahrendes Auto oder Mofa bekommt. Sinnvoll ist diese Handlung natürlich nur in dem Moment, wenn der Hund gerade unerlaubt die Straße betreten hat. Als Abreibung kann unsere Hilfsperson beispielsweise eine Handvoll Kieselsteinchen aus dem Auto heraus vor die Pfoten des Hundes werfen, so dass er erschrocken zurückweicht. Damit er die Handlung weder auf die fahrzeugführende Person noch auf Sie bezieht, sollte bei dieser Aktion mit dem Hund nicht geredet und ihm auch bei seinem Schrecken keine Beachtung geschenkt werden, so dass für ihn die „Bedrohung" durch das Fahrzeug selbst ausgelöst wurde.

• • Wiederholen Sie die Begegnung ruhig einige Male an verschiedenen Orten und mit verschiedenen Fahrzeugen und Personen. Lassen Sie ansonsten bei der „Sitz!"-Übung am Bordstein besondere Konsequenz walten. Nur so wird Ihr Hund einen grundlegenden Zusammenhang zwi-

schen der „Sitz!"-Übung und dem Überqueren der Straße erkennen können. Zum darauf folgenden Überqueren der Straße verwendet man zweckmäßigerweise stets nur ein und dasselbe Wort, z. B. „Los!". Üben Sie ruhig auch einmal mit anderen Worten. Jedes Vergehen, sei es, dass der Hund ganz ohne Befehl oder beim falschen Wort auf die Straße läuft, ahnden Sie mit einem „Nein!" oder mit den Discscheiben, wenn der Hund sie mit einem Frustrationsgefühl verknüpft hat (vgl. Seite 56). Mit der Zeit werden Sie erreichen, dass Ihr Hund an der Straße zurückhaltend stehen bleibt, sich auch ohne einen Befehl setzt und wartet, bis Ihr Kommando ertönt, die Straße zu überqueren.

Üben Sie dann auf verkehrsarmen Straßen ruhig einmal den Fall, dass Sie den unangeleinten Hund wortlos verlassen, indem Sie die Straßenseite wechseln.

Greifen Sie auch hier mit den Discs sofort ein für den Fall, dass er Ihnen folgt. Bleibt er brav auf der anderen Straßenseite, gehen Sie nach kurzer Zeit zurück und loben ihn dort ausgiebig.

In den seltensten Fällen wird es gelingen, die Verknüpfung Bordstein – Straße völlig fehlerfrei zu vermitteln. Das liegt daran, dass es Straßen mit flachen oder hohen Bordsteinkanten gibt und die Verkehrssituationen so vielfältig sind.

• • • Seien Sie unnachgiebig, auch wenn Sie es einmal eilig haben, sonst verderben Sie die gesamte vorherige Arbeit. Nehmen Sie es lieber in Kauf, dass Ihr Hund einmal zögert, einen Weg oder eine Stufe zu überschreiten,

Das Absitzen am Bordstein ist wichtig, um Unfällen vorzubeugen. Ein Helfer wirft dem Hund vom Fahrrad aus Kieselsteine vor die Füße, so dass das Tier einen tüchtigen Schrecken bekommt.

![Foto: Frau mit Schäferhund, der am Bordstein sitzt]

Einfache Übung mit großer Wirkung: Ein Hund, der am Bordstein stets „Sitz!" befolgt, läuft kaum Gefahr, unter die Räder zu kommen.

und auf Ihren Abruf wartet, als dass er doch einmal blindlings eine Straße überquert, weil Sie die Übung nicht intensiv und konsequent genug aufgebaut haben.

37 „Achtung!"

Hilfreich zur **Konzentrations- und Motivationsförderung** ist ein Reizwort wie z. B. „Achtung!", das immer vor Übungen benutzt wird, die eine gesteigerte Aufmerksamkeit verlangen. Anders als das Superwort ist es aber nicht zwangsläufig mit einem

Lob oder einer Belohnung gekoppelt, sondern zeigt dem Hund nur an, dass eine Aufgabe folgt, auf die er sich konzentrieren soll.

• Trainieren Sie „Achtung!" zunächst mit Übungen, die Ihr Hund besonders liebt.

Lassen Sie ihn zuerst absitzen, und geben Sie dann einen mit „Achtung!" gekoppelten Befehl, z. B. „Achtung, Fido, such den Handschuh!". Bald schon wird Ihr Hund die Verknüpfung von „Achtung!" mit einem darauf folgenden Befehl vollbracht haben und sich Ihnen auch dann interessiert zuwenden, wenn Sie nur „Achtung!" gesagt haben. Nutzen Sie dann die hundertprozentige Aufmerksamkeit Ihres Hundes für den anschließenden Befehl oder die danach zu absolvierende Übung aus.

Bei „Hier ran!" muss sich der Hund richtig an Ihr Bein schmiegen.

38 „Hier ran!"

Auf den Befehl „Hier ran!" hin soll der Hund links von Ihnen so nah wie möglich an Ihre Seite kommen. Das bedeutet im Normalfall, dass sein Kopf Ihr Bein je nach Größe des Hundes weiter oben oder weiter unten eng berührt. Sitzend sollte sich der Hund bei diesem Befehl regelrecht anlehnen. Unterstützendes Sichtzei-

chen ist der Einfachheit halber das aufmunternde Klopfen mit der flachen Hand auf den Oberschenkel.

Diese Übung verstärkt die Bindung zu Ihrem Hund durch die bei der Ausführung erforderliche Nähe. Für ängstliche sowie sehr forsche Hunde ist die Übung gleichermaßen geeignet, denn sie vermittelt zum einen ein Gefühl von Sicherheit und Obhut, zum anderen hilft sie, die Beziehung zu einem recht unabhängigen Hund zu intensivieren. Gerade die besonders unabhängig wirkenden Hunde sind es, die ihre volle Leistung erst unter konsequenter Führung erbringen werden.

• Der Befehl „Hier ran!" ist ziemlich leicht zu erlernen, indem Sie den Kopf des Hundes unter „Hier ran!" sanft gegen Ihr Bein drücken und sofort ausgelassen loben. Stecken Sie Ihrem Hund ein Leckerchen zu, sobald Sie den Kopf an Ihrem Bein spüren. Wie bei allen Übungen ist auch hier gutes Timing beim Loben ausschlaggebend für den Erfolg.

• • Wiederholen Sie diese Übung vor wichtigen Augenblicken wie z. B. vor dem Spaziergang oder vor dem Fressen. Machen Sie sich diese Übung auch zunutze, wenn Ihr Hund beim „Bei-Fuß!"-Gehen zu weit vorn läuft oder beim Absitzen links an der Seite zu viel Platz lässt. Gewöhnen Sie ihn doch wie im Hundesport üblich von Anfang an daran, dass er, wenn er von vorne auf Sie zuläuft und den Befehl „Hier ran!" bekommt, sich nicht etwa an Ihrer linken Seite umständlich in Position bringt, sondern wie bei den Wendungen in Übung 7 („Fuß!") rechts um Sie herumgeht, um dann links von Ihnen in der erwünschten Haltung zu verharren. Dies ist sehr einfach zu erreichen, wenn Sie ihn ein paar Mal mit einem Leckerchen um sich herumlocken oder aber ihn mit Sichtzeichen dirigieren.

39 „Down!"

Der Befehl „Down!" wird oftmals bei der Jagd verwendet und dient dort dazu, den Hund aus der Hatz heraus zu stoppen.

Für den normalen Begleithund kann dieser Befehl möglicherweise einmal lebensrettend sein, wenn er beispielsweise einer Katze nachrennt und dabei in ein Auto zu laufen droht. Diesen Befehl kann man mit dreierlei Signalen koppeln: mit dem verbalen **Lautzeichen** „Down!", dem **Trillerton** einer Hundeflöte und dem **Sichtzeichen**. Dabei streckt man einen Arm mit offener Hand gerade nach oben. Bei der Jagd oder auch auf dem Spaziergang hat dieses Sichtzeichen den Vorteil, weithin erkennbar zu sein.

„Down!" wird leicht aus der „Platz!"-Stellung heraus gelernt. Es gilt, dem Hund zu vermitteln, den Kopf flach auf den Boden zu legen, am besten zwischen die Vorderpfoten.

Dem jagdlich unerfahrenen Hundeführer mag das zunächst vielleicht etwas seltsam vorkommen, doch lässt sich die Bedeutung dieser ungewöhnlichen Stellung leicht erklären. Die ganze Aufmerksamkeit und Strenge muss bei diesem Befehl darauf gerichtet werden, dass sich der Hund sofort nach dem Befehl auf den Boden legt und auch den Kopf sofort herunternimmt. Denn hieraus zieht man mehrere Vorteile: Zum einen ist die „Down!"-Stellung ein ungleich größeres Hemmnis für den Hund weiterzulaufen, als wenn er nur stehenbleiben muss. Den Kopf herunterzunehmen birgt den weiteren Vorteil, dass der Hund das Gejagte meist nicht mehr sehen kann und somit den visuellen Reiz zur Jagd verliert. Die Komplexität dieser Übung – der Hund muss zunächst stoppen, sich dann hinlegen, den Kopf herunternehmen und noch dazu alles so schnell wie möglich ausführen – bedeutet aber auch, dass wir im Ernstfall mehr Spielraum haben, beispielsweise einem Unfall zu entgehen, selbst wenn die Übung als solche nicht korrekt ausgeführt wurde. Das heißt, auch wenn der Hund z. B. den Kopf nicht auf den Boden legt, ist er dennoch stehengeblieben oder hat sich hingelegt. Bei dem Befehl „Steh!" hingegen würde eine schlampige Ausführung bereits bedeuten, dass er doch weiterläuft.

Beim Einüben des Befehls „Down!" muss allerdings auch die kleinste Schlamperei des Hundes unnachgiebig geahndet werden, denn er soll „Down!" als sofortige Sperre für alle anderen Aktionen anerkennen und sofort flach am Boden verharren. Nur ein sauber und konsequent erlernter Befehl wird so im Ernstfall einmal eine Katastrophe verhindern können.

Am besten teilen wir die Übung wieder in verschiedene Phasen ein.

• Zunächst muss der Hund begreifen, auf „Down!" aus der „Platz!"-Stellung heraus den Kopf flach auf den Boden zu legen. Drücken Sie hierzu unter „Down!" seinen Kopf auf den Boden, indem Sie mit einer Hand den Hinterkopf des Hundes umfassen. Belohnen Sie ruhig mit Leckerchen. Die „Down!"-Stellung muss Ihrem Hund in Fleisch und Blut übergehen.

Wichtig
Ein erfahrener Hund wirft sich beim Befehl „Down!", auch aus vollem Tempo heraus, förmlich auf den Boden. Versuchen Sie, das mit Ihrem Hund zu erreichen. Es könnte einmal sein Leben retten.

Ein leichter Druck auf den Kopf bewirkt, dass der Hund die Position „Down!" einnimmt. Das Sichtzeichen dafür ist der nach oben gestreckte Arm.

Dann gehen wir dazu über, den Hund auf „Down!" zu veranlassen, sich aus dem Stand hinzulegen.

Seien Sie hierbei absolut unnachgiebig. „Down!" ist kein Befehl, auf dessen Ausführung man warten kann. Der Hund muss sofort liegen. Unsaubere Ausführungen wie z. B. das Auf-den-Boden-Legen des Kopfes neben die Pfoten oder ähnliches ist kein Grund zum Verzagen; es zählt hier nicht die Formschönheit der Ausführung, sondern die Schnelligkeit.

• • In der zweiten Phase lassen Sie den Hund aus dem Gehen und Laufen

Aus der Platz-Stellung (oben) lässt sich der Befehl „Down!" gut erlernen.

heraus „Down!" machen. Auch hier führt Konsequenz zum Erfolg. Drücken Sie weiterhin seinen Kopf herunter, wenn er die Übung nicht korrekt absolviert. Belohnen Sie ihn aber stets überschwänglich, wenn er alles richtig gemacht hat! Den Kopf aufnehmen oder gar aufstehen darf der Hund erst auf Befehl. Befindet sich der Hund in einiger Entfernung, sollten Sie ihn am besten dort abholen, wo er in der „Down!"-Stellung verharrt. Er verknüpft den Befehl dann damit, dass er sich nicht alleine aus dieser Stellung wegbewegen darf.

• • • In der dritten Phase, wenn der Hund die Übung im Grunde schon gut beherrscht, gilt es, die Übung zwischendurch immer wieder einmal zu verlangen und notfalls konsequent zu korrigieren, wenn es nicht so recht klappt. Die „Down!"-Übung sollte dem Hund auf ähnliche Weise wie das Superwort in Fleisch und Blut übergehen, damit man auch im Ernstfall immer auf die korrekte und schnelle Ausführung zählen kann.

„Laut!" und „Aus Laut!"

Das Lautgeben zu lehren ist wichtig für alle, die später mit ihrem Hund jagdlich, im Rettungs-, Schutz- oder Wachdienst arbeiten wollen. Es gibt nur wenige Hunde, die von sich aus nicht bellen. Diese werden sich etwas schwerer tun als die anderen.

• Passen Sie eine Situation ab, in der der Hund sowieso bellt. Das ist z. B. dann der Fall, wenn beim Apport-Spiel etwa mit einem Ball nach Mei-

nung des Hundes bis zu Ihrem erneuten Wurf zu viel Zeit vergeht, obwohl Sie den Hund vielleicht durch Antäuschen und Hüpfen zum Spiel ermutigen. Koppeln Sie das Bellen immer mit dem Befehl „Laut!" und loben Sie ausgiebig. Bald wird Ihr Hund die Verknüpfung hergestellt haben.

Eine andere Methode ist es, den Hund einige Stunden hungern zu lassen und sich dann mit auffällig duftendem Futter wie etwa einer frischen Wurst oder ähnlichem vor ihn hinzusetzen, ihm das Futter zwar anzubieten, aber nicht zu geben und ihn z. B. mit den Worten „Oh, guck mal, ist das lecker, mmmh" etc. anzureizen, bis er früher oder später einen Muckser von sich gibt. Loben Sie dies ausgiebig mit „Brav!", „Laut!" und lassen Sie ihn dann einen Happen essen, bevor Sie auf die gleiche Weise fortfahren.

• Den Befehl „Aus Laut!" als Ende des Bellens zu vermitteln, gestaltet sich etwas schwieriger. Oft hilft es aber schon, den Reiz – z. B. den Ball – verschwinden zu lassen oder eine Unterordnungsübung vom Hund zu verlangen – etwa „Platz!" –, um ihn durch diese Konzentrationsübung vom Bellen abzubringen. Loben Sie den Hund kräftig, wenn er aufgehört hat zu bellen.

Eine weitere Möglichkeit ist die, dem Hund nach einem leisen und langsam gesprochenen „Aus Laut!" einfach ein kleines Leckerchen zuzustecken, so dass er zwangsläufig mit dem Bellen aufhören muss, um es zu fressen. Nach einigen Wiederholungen wird er die Verknüpfung für den neuen Befehl hergestellt haben.

41 „Auf die Seite!"

Richtungsanweisungen sind im Alltag hilfreich. Sie können so den Hund je nach Situation leicht hin- und herdirigieren. Immer wieder praktisch ist dieser Befehl auch im Zusammenhang mit dem Fahrrad, wo es in engen Gassen, beim Schieben oder ähnlichem öfter erforderlich ist, den Hund auf die eine oder andere Seite zu lotsen.

Mit der Übung „Auf die Seite!" soll erreicht werden, dass sich der Hund auf Zuruf und durch zusätzliches Anzeigen einer Seite an den angewiesenen Wegrand bzw. an Ihre rechte oder linke Seite begibt.

Eine Vorbereitung der Übung ist, dem Hund das Stehen oder Sitzen sowohl an Ihrer linken als auch an Ihrer rechten Seite beizubringen, auch wenn er es unter Umständen schon gewöhnt ist, ausschließlich links zu laufen.

Mit dem Befehl „Auf die Seite!" können Sie den Hund auch dann richtig dirigieren, wenn es auf dem Weg eng wird oder Fahrradfahrer entgegenkommen.

• Rufen Sie ihn hierzu zu sich und lassen ihn zunächst an der linken Seite sitzen. Gehen Sie gemeinsam los und loben Sie im Gehen und im folgenden Stehenbleiben den Hund mit „Auf die Seite, brav!", indem Sie sich aufmunternd auf den linken Schenkel klopfen. Dasselbe wiederholen Sie mit der rechten Seite.

• • In der zweiten Phase lassen Sie Ihren Hund frontal absitzen und rufen ihn nun mit „Auf die Seite!" zu sich, indem Sie die gewünschte Seite durch ein Klopfen mit der Hand auf Ihren Schenkel anzeigen. Loben Sie den Hund überschwänglich, wenn er die richtige Seite eingeschlagen hat und neben Ihnen steht.

• • • Später können Sie die Übung abändern, indem Sie frei mit dem ausgestreckten Arm nur noch die Richtung anzeigen. Zur Unterstützung können Sie mit den Fingern schnippen, um durch das Lautzeichen den Blick auf den ausgestreckten Arm noch zu unterstützen (vgl. Übung 55: Führigkeit auf Distanz).

42 „Zurück!"

Das Rückwärtslaufen ist im Alltag immer wieder praktisch einzusetzen, z. B. wenn eine Tür geöffnet werden soll, der Hund aber zu nah davorsteht. Will er selbst durch diese Tür hindurch, ist es leichter, ihn durch „Zurück!" ein wenig zurückweichen zu lassen, als ihn z. B. durch „Hier!" oder einen anderen Befehl zum Wegbewegen von der Tür zu veranlassen.

Auf den Befehl „Zurück!" soll der Hund rückwärts gehen, und zwar möglichst gerade. Dies wird ein Hund immer recht langsam und vorsichtig machen, da es ihm ein bisschen unheimlich ist, längere Strecken rückwärts gehend zurückzulegen.

Achten Sie darauf, dass es durch das Rückwärtsgehen nicht zu Zwischenfällen kommt und der Hund etwa stolpert oder sich auf andere Art und Weise erschreckt, denn dann verliert er in den meisten Fällen, zumindest für eine Zeitlang, den Spaß an dieser Übung.

• Besonders leicht können Sie dem Hund den Befehl vermitteln, indem Sie mit ihm zum Training dieses Befehls in einen sehr engen Gang gehen oder sich provisorisch einen kleinen Gang bauen, der oben, hinten und vorne offen und an den Seiten mindestens hundhoch sein muss. Lassen Sie den Hund in den Gang hineinlaufen und kommen Sie ihm von dem entgegengesetzten Ende her entgegen oder stellen Sie sich frontal zum Hund hin. Gehen Sie nun langsam auf Ihren Hund zu und sagen Sie das Kommandowort „Zurück!" bei jedem Schritt, den Ihr Hund rückwärts läuft. Auch diese Übung können Sie mit einem Sichtzeichen kombinieren. Loben Sie ihn dabei oder belohnen Sie ihn nach ein paar Schritten auch mit einem Leckerchen.

• • Loben Sie Ihren Hund in der zweiten Trainingsphase vor allem für

selbstständiges Mitarbeiten. Verringern Sie nach und nach die Hilfe, indem Sie immer weniger auf ihn zugehen. Eine tolle Belohnung, wenn er eigenständig auf Ihr Kommando hin ein paar Schritte rückwärts läuft darf auf keinen Fall fehlen! Dehnen Sie erst dann schrittweise die Distanz aus.

43 Schnelles und langsames Gehen

Wie schon in den Übungen 7 („Fuß!") und 3 (Leinenführigkeit) erläutert, hat es in bestimmten Fällen viel für sich, wenn sich der Hund dem Tempo des Hundeführers anpaßt.

• Dies können Sie gezielt üben, indem Sie ein kurzes Stück rennen und dabei den Hund durch „Tempo!" und durch Klopfen auf Ihren Schenkel oder durch In-die-Hände-Klatschen dazu anhalten, mitzurennen. Im umgekehrten Fall gehen Sie besonders langsam und veranlassen durch „Langsam!" den Hund dazu, sich Ihrer Geschwindigkeit anzupassen. Langsames Gehen erfordert – besonders bei jungen Tieren – mehr Konzentration. Deshalb können Sie Ihrem Hund entgegenkommen, indem Sie „Langsam!" in sehr unwegsamem Gelände üben, wo er sowieso nicht schnell laufen kann.

Die Begriffe „Tempo!" und „Langsam!" sind hervorragend für den Einsatz bei Führigkeit auf Distanz geeignet (vgl. Übung 55: Führigkeit auf Distanz und Übung 73: Karren).

44 „Such!"

Das Suchen, Auffinden und Apportieren von beliebigen Gegenständen macht fast allen Hunden Spaß und wird relativ leicht erlernt.

• In der ersten Lernphase muss der Hund begreifen, dass er erst auf „Such!" hin loslegen darf. Zunächst aber muss man ihm einen Anreiz geben. Nehmen Sie einen beliebigen Gegenstand, am besten einen aus seinem Apportspiel-Repertoire, und verstecken Sie ihn vor seinen Augen. Schicken Sie den Hund dann mit „Such!" und „Apport!" los. Kennt er den Begriff des Gegenstandes, z. B. den Ball, heißt der Befehl „Such den Ball!". Es soll ja im Grunde immer ein spezieller Gegenstand gezielt gesucht werden.

• • Das Suchen können Sie in beliebiger Weise dem Lernstadium des Hundes anpassen, und zwar zum einen, indem Sie die Entfernung zum Gegenstand, den Sie suchen lassen, variieren, zum anderen dadurch, dass Sie ihn entweder sichtbar oder z. B. unter Laub versteckt auslegen und ihn sofort suchen lassen oder erst, wenn die Fährte schon einige Zeit alt ist (vgl. Übung 47: „Such verloren!").

• • • Auf das jagdlich korrekte Suchen oder das spezielle Suchen bei Rettungshunden soll hier nicht näher eingegangen werden. Kurz erwähnt sei aber noch, dass darauf zu achten ist, dass der Hund bei korrektem Suchen spurtreu sucht und nicht etwa mit den Augen. Legen Sie am Anfang selbst die Fährte – das ist für den Hund besonders leicht – und beginnen Sie

mit einer geraden Strecke. Da Sie den Weg ja genau kennen, können Sie auch sofort mit „Nein, such voraus!" korrigieren, wenn der Hund von der Spur abweicht oder vielleicht sogar einfach einer Ihre Spur kreuzenden Wild-Fährte folgt.

Am Ende dieser „Such!"-Übung kann eine „Apport!"-Übung angeschlossen werden, ansonsten endet die Übung mit dem „Verweisen!" (folgende Übung).

45 „Verweisen!" und „Laut Verweisen!"

Es gibt zwei verschiedene Arten von Verweisen: das stumm und das laut Verweisen. Beim **stumm Verweisen** soll der Hund den Gegenstand dadurch anzeigen, dass er die Platzstellung einnimmt und der Gegenstand hierbei zwischen oder vor seinen Vorderpfoten liegt. Beim **laut Verweisen** soll der Hund zusätzlich Laut geben, bis Sie ihn durch „Aus Laut!" unterbrechen.

• Bei beiden Übungen macht man sich für das Anlernen zunutze, dass man selbst genau weiß, wo der Gegenstand deponiert ist. Greifen Sie rechtzeitig – bevor der Hund den Fund aufnimmt – mit „Platz!" und „Verweisen!" oder mit „Platz!", „Laut Verweisen!" ein. Mit genügend Übung versteht der Hund bald, was verlangt ist.

• • Soll er nur verweisen und nie im Anschluss an die Suche apportieren, lässt man den Befehl „Verweisen!" weg, denn er fällt dann mit unter den Befehl „Such!", der für den Hund mit dem Verweisen endet. Gesucht und

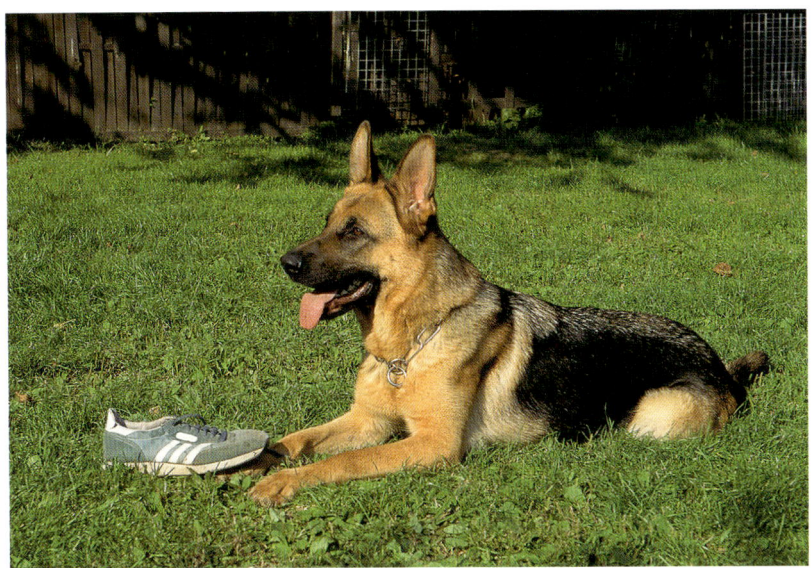

Das Verweisen ist eine Übung, die bei der Jagd und auch bei der Polizeihundeausbildung eingesetzt wird. Als Abschluss der „Such!"-Übung kann sie jeder Hund erlernen.

verwiesen werden können bei jagdlicher Nutzung Wild oder ansonsten alle erdenklichen Gegenstände und Personen. Beim Verweisen von Personen ist darauf zu achten, dass der Hund die Person nicht begrüßen sollte. In der Anlernphase sollte ihm die Person bekannt sein. Greifen Sie mit „Platz!" oder „Steh!" und „Verweisen!" früh genug ein, notfalls an langer Leine, um ihn schon kurz vor Erreichen der Person anzuhalten, bis der Hund schließlich wie verlangt nur vor dem Fund abliegt oder stehenbleibt, wenn erwünscht „Laut!" gibt und sonst nur auf Sie oder weitere Befehle wartet.

Das Verweisen von Gegenständen sollte im Gelände zunächst auf einer geradlinigen Fährte erfolgen, auf der ein Gegenstand ausgelegt worden ist, der – beispielsweise durch das vorherige Tragen in der Hosentasche – einen für den Hund starken Eigengeruch angenommen hat.

• • • Hat der Hund das Grundprinzip erst einmal verstanden, können später mehrere Gegenstände ausgelegt und auch Winkel mit in die Fährte eingebaut werden, um die Übung interessanter zu machen.

Wollen Sie später einmal mit dem Hund eine Prüfung ablegen, achten Sie von Anfang an darauf, dass er nach dem Verweisen erst auf Befehl hin aufsteht. In einer Prüfung müssen Sie dem Prüfungsrichter mit erhobener Hand anzeigen, dass der Gegenstand gefunden wurde. Danach müssen Sie diesen sicher in Ihrer Tasche verstaut und die lange Leine wieder aufgenommen haben, bevor sie mit „Fuß!", „Hier ran!" oder einem anderen Befehl, den Ihnen der Prüfungsrichter sagt, die Übung für den Hund beenden. Bis dahin muss der Hund in seiner Position verbleiben. Sonst kann es bei der Prüfung zur Disqualifizierung kommen.

46   „Apport!"-Übungen

Aus dem großen Überbegriff „Apport" lassen sich die mannigfaltigsten Übungen gestalten, und zwar gezielte Apport-Übungen und solche, die nur das Halten bzw. Fassen eines Gegenstandes beinhalten. Mit einem apportierfreudigen Tier können Sie auch jede Menge besonders nützliche Dinge üben. Vor jeder Apport-Übung muss der Hund jedoch mit dem Gegenstand bekannt gemacht werden. Zeigt er keine Freude beim Apport, können wir ihn durch gezieltes Training zumindest zu uneingeschränkter Konzentration bei der Übung bringen (vgl. Übung 12: „Apport!").

Leine

Eine der einfachsten und gleichzeitig meist sehr beliebten Aufgaben ist der Apport der Leine. Verknüpfen Sie die erfolgreich ausgeführte Übung mit einem anschließenden Spaziergang, wird Ihr Hund schon nach wenigen Übungen die Verknüpfung hergestellt haben und Ihrer Aufforderung stets freudig nachkommen. Nach einiger Gewöhnung wird er möglicherweise von selbst einmal die Leine bringen, wenn er spazieren gehen oder spielen will. Gehen Sie dann sofort mit ihm

nach draußen. Auf diese Weise gewöhnen Sie ihm an, seine Bedürfnisse mit dem Apport der Leine anzuzeigen.

Stellen Sie sich vor, Ihr Hund hat einmal Durchfall und sitzt aufgeregt winselnd neben Ihnen, um Sie zum Öffnen der Tür zu bewegen. Für Sie ist in einem solchen Fall die Lage nicht ganz eindeutig. Mit dem Apport der Leine bleibt kein Zweifel mehr.

Ein weiterer praktischer Gebrauch ist das Aufheben der Leine und das ordentliche Ausgeben auf Befehl. Dies können Sie sich zunutze machen, wenn Ihnen die Leine z. B. einmal aus der Hand gefallen ist und Sie sich nicht bücken können, weil Sie schwer bepackt sind oder Ähnliches.

• Deponieren Sie die Leine an einem stets ohne Mühe zugänglichen Ort (z. B. am Schirmständer) und veranlassen Sie zunächst durch Zeigen unter „Die Leine, Apport!" den Hund zum Apport. Hilfreich ist es, wenn der Hund die Leine schon ein paar Mal tragen oder halten durfte.

• • Festigen Sie die Übung nach und nach, indem Sie Hilfestellungen wie das Zeigen weglassen. Entfernen Sie sich dann immer mehr von der Leine, bis Ihr Hund Ihnen eilig auf Ihren Befehl hin die Leine bringt, auch wenn Sie z. B. im Keller oder in einem entlegenen Zimmer sind.

Das Anreichen der Leine ist variabel. Bei großen Hunden empfiehlt es sich, die Leine den Hunden unter „Aus!", „Brav!" abzunehmen, bei kleineren Hunden kann man noch die Variante dazwischenschalten, dass der Hund sich mit der Leine im Fang auf die Hinterbeine stellt und sie Ihnen so

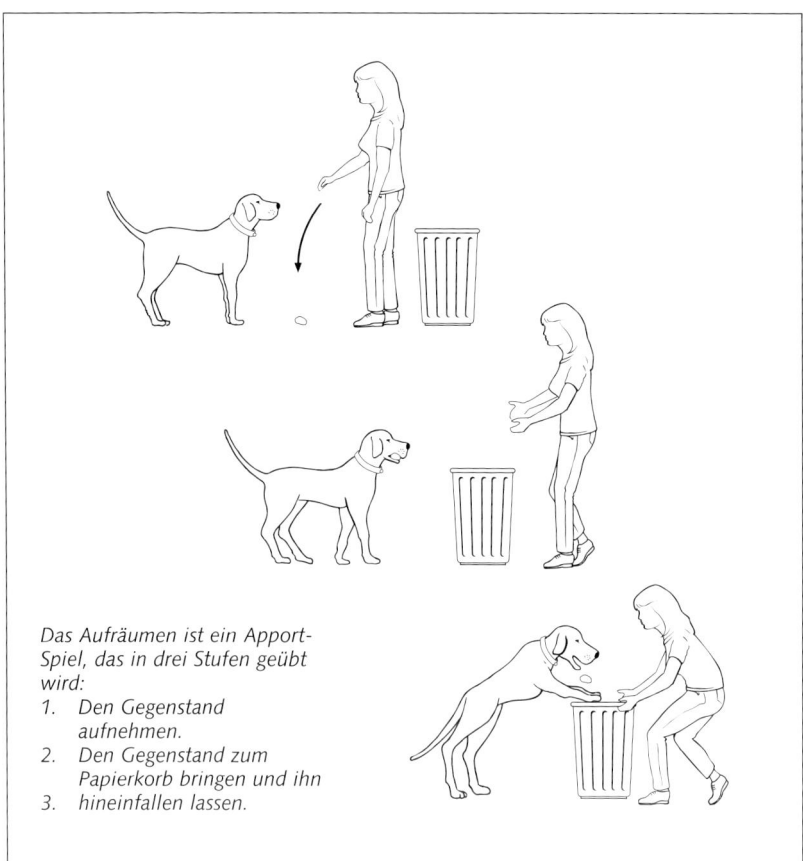

Das Aufräumen ist ein Apport-Spiel, das in drei Stufen geübt wird:
1. *Den Gegenstand aufnehmen.*
2. *Den Gegenstand zum Papierkorb bringen und ihn*
3. *hineinfallen lassen.*

anreicht. Auf diese Weise entfällt für Sie das Bücken.

Um negative Erfahrungen von vornherein auszuschalten, ist bei dieser Apport-Übung auf jeden Fall darauf zu achten, dass die Leine so bereit liegt, dass der Hund weder stolpern kann noch irgendwo hängen bleibt. Die einfachste Möglichkeit ist, die Leine je nach Länge doppelt oder öfter zu falten und dann einen lockeren

Knoten zu machen, so dass der Hund sie als Knäuel apportieren kann.

Aufräumen
Dem apportierfreudigen Hund kann man mit wenig Mühe beibringen, Gegenstände „aufzuräumen". Das bedeutet, dass Ihr Hund die von Ihnen bestimmten Gegenstände aufnehmen und, statt sie Ihnen zu bringen, in den jeweiligen von Ihnen angezeigten Be-

Ganz schön praktisch: ein Hund, der aufräumt!

hälter fallen lassen soll. Das kann z. B. ein Mülleimer sein, in den er auf dem Spaziergang aufgesammelten Unrat wie Büchsen, Papier oder Plastiktüten ausgibt. Sie leisten so auf Ihrem Spaziergang gleich einen aktiven Beitrag zum Umweltschutz. Sie können Ihren Hund aber auch seine Kauknochen, Bälle und Ziehtaue eigenständig in seinen Korb räumen lassen, bevor Sie saubermachen.

• Zum Erlernen des Befehls müssen Sie den Hund zunächst dazu bringen, auf Ihr Handzeichen hin den jeweiligen Gegenstand zu apportieren. Parallel dazu können Sie ihm beibringen, an einem Mülleimer einen schon gewohnten Apport-Gegenstand – z. B. einen Ball – auf Ihren Befehl hin auszulassen, und zwar so, dass er hineinfällt. Kleinen Hunden muss man zunächst beibringen, am Eimer hochzustehen, damit sie die Dinge überhaupt hineinwerfen können. Für den Anfang empfiehlt es sich, den Mülleimer zwischen sich und den Hund zu bringen, so dass der Ball sicher hineinfallen kann, sobald

Die Zeitung holen? Für Tinta kein Problem!

der Hund ihn ausgibt. Wenn Sie mit einem Ball oder einem anderen harten Gegenstand üben, sollten Sie dafür sorgen, dass der Eimer nicht leer ist, damit es nicht scheppert. So vermeiden Sie, dass der Hund sich erschreckt, was in der Anlernphase sensiblen Hunden die Freude an der Übung verleiden kann.

Telefon
Recht einfach ist es auch, dem Hund für den echten Einsatz oder als Gag das Apportieren eines schnurlosen Telefons beizubringen.

• Für den Anfang sollten Sie das Telefon auf den Boden stellen, um die Übung nicht durch ein schwieriges Erreichen unnötig zu erschweren. Haben Sie ein Funktelefon, mit dem die Übung durchgeführt werden soll, sind Ihnen und Ihrem Hund in der Distanz zum Telefon ja keine Grenzen gesetzt. Für die herkömmlichen Apparate und in jedem Fall in der Anlernphase sollten Sie die Distanz von sich zum Telefon, also die Strecke, die der Hund den Telefonhörer apportieren soll, auf keinen Fall länger als die

Schnur am Hörer wählen. Um den unbekannten und auch wenig interessanten Hörer für den Hund „schmackhaft" zu machen, reicht es meist, ihn kurzfristig mit Wurst oder Käse zu umwickeln, so dass er anfangs danach riecht oder aber, ihn dem Hund durch die „Halten!"-Übung schon vorher einmal näherzubringen. Stellen oder hocken Sie sich vor das Telefon und veranlassen Sie unter „Telefon, Apport!" den Hund dazu, Ihnen den Hörer zu bringen. Lassen Sie ihn sauber ausgeben, wobei Ihnen die beiden unter „Leine" beschriebenen Möglichkeiten zur Verfügung stehen.

Den in dieser Übung schon fortgeschrittenen Hund kann man weiter fordern, indem man beim schnurlosen Telefon die Distanz vergrößert oder aber den Befehl stets mit dem Läuten des Telefons koppelt.

Wichtig
Schreckhafte Hunde werden einige Hemmungen haben, den Hörer in dem Moment abzuheben, wenn das Telefon klingelt. Stellen Sie den Klingelton auf die leiseste Stufe und nutzen Sie in diesem Fall die Klingelpausen.

Es bleibt Ihnen überlassen, ob der Hund selbständig auf das Telefonklingeln reagieren soll oder ob Sie ihn den Hörer immer nur auf Ihren Befehl hin abheben lassen. Das selbständige Abheben erfordert ein großes Maß an Training. Dabei ist es nicht notwendig, den Klingelton in einer für unser Ohr abgestimmten Lautstärke ertönen zu lassen. Eine weitaus geringere Lautstärke reicht aus, denn der Hund

reagiert aufgrund seines besseren Gehörs durchaus auch auf ein leiseres Geräusch.

Zeitung, Brötchen, Einkäufe, Regenschirm

Nahezu jeder Hund, der die Apport-Übung beherrscht, hat Spaß daran, Dinge zu transportieren. Diese Tatsache können Sie sich leicht zunutze machen, indem Sie Ihren Hund z. B. auf dem morgendlichen Spaziergang die frisch gekauften Brötchen oder die Tageszeitung nach Hause bringen lassen. Er wird umso begieriger die Aufgabe erfüllen, je mehr Bedeutung Sie der Aktion beimessen.

• Loben Sie ihn während des Tragens kräftig und vermitteln Sie ihm das Gefühl, enorm wichtig zu sein. Das stärkt sein Selbstvertrauen und erhöht die Freude bei dieser Arbeit. Die Zeitung, den Regenschirm, die Brötchen oder ähnliche leichte Gegenstände kann jeder Hund tragen. Besonders kräftige Hunde sind in der Lage, auch Einkäufe wie Obst oder ähnlich Schweres zu transportieren. Reichen Sie Ihrem Hund die Gegenstände in einer für ihn leicht zu umfassenden Form, Zeitungen also aufgerollt, Einkäufe in einem Henkelkorb usw.

Hinweis
Wichtig ist es, dass der Hund im Zuge seines Eifers die übergeordneten Befehle nicht vernachlässigt, z.B. am Bordstein stehen zu bleiben oder bei Fuß zu gehen.

• • Üben Sie mit sperrigen Gegenständen, etwa einem Schirm, trainieren Sie das Gehen und Tragen auf einer Treppe, an einem Lattenzaun vorbei und durch enge Türen. Reden Sie dem Hund geduldig zu und halten Sie ihn mit „Langsam!" dazu an, nichts zu überstürzen. Sie werden sehr erstaunt sein, wie gut ein Hund Längen einzuschätzen vermag und wie geschickt er sich auch durch knifflige Situationen schleusen kann. Ein weiteres Erschwernis beim Gehen auf der Treppe ist es, dem Hund eine verhältnismäßig lange Tüte oder ähnliches zu geben, die zwangsläufig an jeder Treppenstufe anstößt. Jeder Hund entwickelt bei diesen Schwierigkeiten seine ihm eigene Technik: Der eine geht schräg, der andere zieht sie von oben usw. Lassen Sie in solchen Situationen Ihrem Hund freie Hand und stehen Sie dann stets mit einer kleinen Belohnung und einem dicken Lob bereit, wenn er Ihnen den jeweiligen Gegenstand sauber ausgegeben hat.

Postbote

Wenn Sie Familie haben, können Sie Ihren Hund leicht zum Boten machen. Hierzu ist es notwendig, dem Hund bestimmte Begriffe wie etwa Küche oder die Namen der Familienangehörigen zu vermitteln. Beschränken Sie sich für den Anfang auf eines von beidem, etwa auf eine Person.

• Besprechen Sie die Übung mit der jeweiligen Person und weihen Sie dann den Hund ein, indem Sie immer, wenn Sie z. B. in der Wohnung der betreffenden Person begegnen, den Namen nennen, zusammen kurz stehenbleiben und den Namen nochmals wiederholen. Nach einigen Tagen können Sie sich dann in einem Zimmer gegenübersetzen und nun den Hund

z. B. unter „Zu Gila!" losschicken. Gila darf und soll den Hund rufen und loben. Er muss dort eine Weile verharren und kann dann von Ihnen abgerufen werden. Es ist nicht angebracht, ihn zwei Namen auf einmal lernen zu lassen. Das würde den Hund überfordern.

• • Die nächste Phase dieser Übung besteht darin, den Hund nach dem Anreichen z. B. seiner Apporthantel wieder mit „Zu Gila, Apport!" loszuschicken. Bei Gila muss er die Hantel sauber auf Befehl ausgeben und dort verharren, bis entweder Sie ihn abrufen oder aber Gila die Übung mit dem Freizeitzeichen „Lauf!" beendet, nachdem der Hund ausgiebig gelobt wurde. Nach und nach können Sie die Übung erschweren, indem Sie zunächst die Distanz vergrößern, später, indem andere Personen den Weg kreuzen. Weihen Sie Ihre ganze Familie ein, so dass die Personen, die Ihr Hund auf dem Weg zu Gila zufällig trifft, ihn entsprechend mit „Nein, zu Gila, Apport!" korrigieren und weiterschicken können.

• • • Knifflig ist der Transport von Lebensmitteln, z. B. eines lecker duftenden Brötchens in einer Papiertüte. Üben Sie auch das, aber erst, wenn Ihr Hund schon ein hohes Maß an Sicherheit bei der Übung an den Tag legt. Korrigieren Sie sofort mit „Nein, Apport!", wenn Sie ihn dabei ertappen, sich über den Apport-Gegenstand herzumachen, statt ihn ordentlich abzuliefern. Schimpfen Sie aber nicht, wenn Sie irgendwelche „Überreste" erst später entdecken.
Bereitet diese Erweiterung der Übung Schwierigkeiten, gehen Sie

![Ein apportierfreudiger Hund trägt einen orangefarbenen Koffer im Maul über eine Wiese]

Ein apportierfreudiger Hund trägt sogar Ihr Köfferchen, wenn es nicht zu schwer ist!

noch einmal zu der Phase zurück, in der Sie und die bezeichnete Person im gleichen Zimmer sind. Auf diese Weise können Sie direkt eingreifen. Geben Sie dem Hund einen kleinen Happen des Transportguts, z. B. des Brötchens, nach Abschluß der Aktion ab. So vermitteln Sie ihm, dass es ein absolutes Tabu ist, sich selbst zu bedienen und es in Ihrem Ermessen liegt, ihm die jeweilige Portion zuzuteilen, wenn er seine Aufgabe ordentlich vollendet hat.

Wäsche
Besonders viel Freude bereitet es meinen beiden Hunden Luna und Tinta stets, wenn ich auf dem Weg in die Waschküche einen Strumpf oder etwas anderes verliere und sie mir das Wäschestück hinterhertragen und

anreichen können, denn sie werden für die außerordentlich nützliche Arbeit stets durch ein besonders überschwängliches Lob belohnt.

 „Such verloren!"

Der Befehl „Such verloren!" soll den Hund veranlassen, bestimmte Sachen aufzufinden. Das kann ein Handschuh, ein Schlüsselbund oder ähnliches sein.

• Üben Sie zunächst mit Gegenständen, die Ihrem Hund als Apportgegenstand bekannt sind, z. B. dem Ball. Postieren Sie hierzu den Ball, den der Hund bis dahin auf dem Spaziergang noch nicht gesehen haben sollte, sichtbar auf dem Weg, aber ohne den

Hund dabei zusehen zu lassen. Wenige Meter hinter dem Objekt rufen Sie den Hund zu sich, erregen seine besondere Aufmerksamkeit durch „Achtung!" oder ein entsprechendes Reizwort und schicken ihn mit „Such den Ball verloren, Apport!" auf den Weg, indem Sie ihm mit der Hand die Richtung weisen. Variieren Sie in dieser ersten Lernphase die Distanz und die Sichtbarkeit des Gegenstandes, bis der Hund es gelernt hat, unter „Such verloren!" den von Ihnen vorher gegangenen Weg zurückzuverfolgen. Korrigieren Sie ihn notfalls mit „Nein, such verloren!" und einer Richtungweisung mit der Hand, wenn er nicht dem angezeigten Weg folgt. Loben Sie das Finden und den Apport stets gebührend.

• • In der zweiten Lernphase erschweren Sie die Übung dadurch, dass Sie Dinge suchen lassen, die dem Hund als Apportgegenstände unbekannt sind, aber nach Ihnen riechen, z. B. das lederne Schlüsseletui, das Sie stets im Mantel tragen oder – wie schon erwähnt – einen Handschuh.

• • • Die dritte Lernphase kann sich an diese anschließen und umfasst das Erlernen der Suche nach verlorenen fremden Gegenständen. Geruchlich muss der Hund aber eine Verknüpfung herstellen können, z. B. dadurch, dass Sie ihn an einem vergleichbaren Gegenstand schnuppern lassen. Hierzu eignet sich z. B. ein fremder Regenschirm, ein fremder Schuh oder eine Zeitung. Der Größe der Gegenstände sind keine Grenzen gesetzt; achten Sie jedoch auf deren Apportierbarkeit oder lassen Sie den Hund statt eines Apportes „Laut Verweisen!".

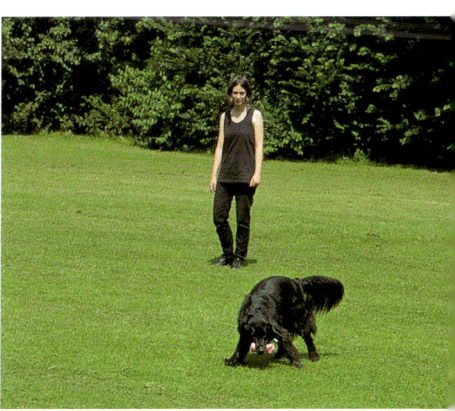

Das ist ein Riesenspaß für den Hund: Sie verlieren etwas, und er darf es Ihnen wieder bringen.

48 Fährte

Das jagdlich korrekte Fährtenlesen ist so komplex, dass hier nicht näher darauf eingegangen werden soll. Hinter dem Titel dieser Übung verbirgt sich vielmehr eine abgewandelte Form der Verloren-Suche, an der besonders Jagdhunde oft große Freude haben. Anders als bei der Verloren-Suche soll der Hund in diesem Fall eine kurze Strecke lang eine von einer anderen Person gelegte Fährte verfolgen und am Ende einen bestimmten Gegenstand auffinden. Im Gegensatz zum Befehl „Such!" (Übung 44) steht hier nicht der gefundene Gegenstand, sondern das spurtreue Fährtenlesen im Vordergrund.

• Hierzu lassen Sie den Hund am besten in der ersten Phase absitzen, während eine zweite Person eine bestimmte Strecke abgeht. Sie geht zu Beginn der Übung nur geradeaus, später auch mit rechtwinkligen Wendungen, und deponiert an einer Stelle einen Gegenstand, den der Hund finden soll, beispielsweise – um ihm die Übung am Anfang so leicht wie möglich zu machen – seinen Ball. Schreiten Sie dann die von der anderen Person begangene Strecke ab und weisen Sie den an langer Leine geführten Hund unter „Such!" an, die Fährte mit der Nase zu verfolgen. Die Hilfsperson sollte nach Ablegen des Gegenstandes weitergehen, bis sie außer Reichweite ist, um die Übung nicht zu stören. In dem Moment, wo Ihr Hund den jeweiligen Gegenstand findet, loben Sie ihn überschwänglich und beenden dann die Übung. Machen Sie die Übung ruhig mehrmals am Tag, aber mit größeren Pausen und an verschiedenen Stellen. Wie bereits erwähnt, wird sie erschwert, wenn die Strecke nicht mehr geradlinig verläuft oder Sie Ihren Hund auf weniger vertraute Gegenstände ansetzen.

• • Legt der Hund schon eine gewisse Sicherheit an den Tag, lassen Sie die Fährte von Ihrer Hilfsperson legen, wenn der Hund nicht dabei ist. Nach eingehendem Üben erweitern Sie die Zeitspanne zwischen dem Auslegen der Fährte und der Suche.

Falls das Auslegen schon einige Zeit zurückliegt, wundern Sie sich nicht, wenn Ihr Hund neben der Fährte läuft, denn oftmals „verfälscht" der Wind die Fährte in eine Richtung.

Hat Ihr Hund bei dieser und der vorherigen Übung 47: „Such verloren!" viel Einsatzfreude gezeigt, wird er sicherlich auch besonderen Spaß bei Suchspielen haben (Kapitel „Spiele und Spielzeug").

49 Schubladen

Das Öffnen von Schubfächern entstammt dem Bereich der Dienst- und Begleithunde für körperlich behinderte Menschen. Es kann praktische Anwendung finden, wenn man sich gleichzeitig aus der geöffneten Schublade etwas bringen lässt, z. B. die Leine vor dem Spaziergang. Erfahrungsgemäß macht diese Übung Hunden großen Spaß, zumal sie wiederum eine Übung lernen, die ein Garant für Anerkennung seitens des Besitzers ist, aber auch Außenstehende in Staunen versetzt. Bedenken Sie jedoch, bevor Sie Ihrem Hund diese Übung beibringen, dass es sein könnte, dass er später selbständig Schubladen öffnet, in denen entweder seine Leckerchen oder andere Lebensmittel aufbewahrt werden. Dies ist allerdings eine recht beachtliche Verknüpfungsleistung, der man entgegenwirken kann, indem man den Hund stets nur ein und dasselbe Schubfach öffnen lässt und alle weiteren mit Tabu belegt.

• Zum Erlernen dieses Befehls müssen Sie sich zunächst vor Augen halten, dass die Schubfachknäufe mitunter nicht so ideal dafür geschaffen sind, einen Hund hineinbeißen zu lassen. Hier kann man sich einiger Tricks bedienen. Probieren Sie zuerst aus, wie der Hund beim Festhalten des Knaufes reagiert. Zeigt er auch nach einigen Übungstagen noch eine starke Aversion, binden Sie ein Stück feste und etwas dickere Schnur oder ein breites Lederband an den Knauf, so dass der Hund künftig nur noch an diesem ziehen muss. Sind Ihre Möbel aus Holz, ist dieses Verfahren besonders zu empfehlen, um hässliche Zahnabdrücke zu vermeiden. Das Band kann man in einer vorangegangenen Übung dem Hund vertraut machen – beispielsweise durch „Halten!" (in Übung 12). Ist es später am Schubfachknauf befestigt, geben Sie dem Hund den Befehl „Schublade!" und „Apport!" und zeigen ihm das Band. Nach und nach streichen Sie den Zusatz „Apport!", so dass „Schublade!" für den Hund die richtige Bedeutung erlangt.

• • In der zweiten Phase dieser Übung sollten Sie den Hund dazu bringen, Ihnen etwas aus der Lade zu apportieren. Hierzu darf das auserkorene Schubfach nicht zu hoch gewählt werden, damit der Hund,

Hinweis
Ganz wichtig ist es, den Hund niemals eine Schublade öffnen zu lassen, die hinten keine Stoppvorrichtung hat, da er sie sonst im Eifer des Gefechts einmal ganz herausziehen und sich damit schwer verletzen könnte.

wenn er am Schubfach aufsteht, noch in der Lage ist, mit der Schnauze die innenliegenden Dinge zu erfassen. Ideal ist die Höhe des Schubfaches, wenn sie genau auf einer Ebene mit der Höhe der Schnauze liegt, da das Öffnen der Schublade dann für den Hund aufgrund des richtigen Winkels am einfachsten ist. Lassen Sie ihn zusehen, wie Sie seinen Ball im Schubfach deponieren und geben Sie ihm dann, nachdem er das Schubfach geöffnet hat, den Befehl „Den Ball, Apport!".

• • • Eine praktische Erweiterung dieser Übung ist selbstverständlich, den Hund dazu zu veranlassen, die Schublade wieder zuzustoßen. Hierfür gibt es grundsätzlich zwei Möglichkeiten, nämlich die Schnauze oder die Pfoten zu benutzen. Je nachdem, wie leicht- oder schwergängig das Schubfach läuft, wird der Hund unter Umständen eine individuelle Vorliebe für die eine oder die andere Methode entwickeln. Wenn nicht, versuchen Sie am besten, ihn mit dem Befehl „Pfötchen!" dazu anzuleiten, das Schubfach zuzustoßen. Achten Sie jedoch darauf, dass er sich niemals die Pfoten dabei quetschen kann!

50 Türen

Türen zu öffnen entstammt ebenfalls dem Aufgabenbereich von Behindertenbegleithunden, die beispielsweise auf den Rollstuhl angewiesenen Personen die Türen aufmachen, wenn diese hierzu nicht in der Lage sind. Sie sollten sich vorher genau überlegen, ob Sie Ihrem Hund diese Übung beibringen wollen, denn das Öffnen der Haustür muss natürlich tabu bleiben, damit er nicht plötzlich nach draußen verschwindet.

Wenn Sie sich dafür entscheiden, dem Hund das Türenöffnen beizubringen, haben Sie fortan nicht nur die Möglichkeit, den Hund einmal mehr als Gehilfen im Alltag einzusetzen; Sie können diese Übung auch zur Erweiterung der „Apport!"-Übung „Postbote" (Übung 46) nutzen und ihn ungehindert im ganzen Haus zu einer bestimmten Person oder in ein bestimmtes Zimmer schicken.

Suchen Sie sich zum Üben eine Tür, die nicht durch mögliche Kratzer im Lack ruiniert werden kann. Für den Hund einfacher zu begreifen ist der Befehl, wenn die Übungstür nach außen aufgeht und der Hund erst im zweiten Schritt lernt, eine nach innen aufgehende Tür mit der Pfote oder Schnauze zu öffnen, was aber der Erfahrung nach den meisten Hunden keine Schwierigkeit bereitet. Für diese Übung sind im Grunde nur große Hunde geeignet oder kleinere, die gerne und hoch springen.

Bedenken Sie die Konsequenzen, wenn Sie Ihrem Hund das Öffnen von Türen beibringen – vielleicht nutzt er diese Technik später für seine eigenen Zwecke, z.B. für einen Besuch der Speisekammer!

• Lassen Sie Ihren Hund zu Beginn der Übung vor der Tür absitzen und zeigen Sie auf die Klinke. Locken Sie ihn mit „Auf!". Springt er, loben Sie ihn leicht und steigern Sie Ihr Lob merkbar, wenn er dabei die Klinke berührt hat. Um den Anreiz zum Sprung zu vergrößern, können Sie selbstverständlich auch ein Leckerchen so hochhalten, dass er in Richtung Türklinke springen muss. Loben Sie den Hund überschwänglich, sobald die Tür aufspringt. Geben Sie ihm immer auch ein Leckerchen im anderen Zimmer, denn er soll ja die Verknüpfung herstellen, selbst die Tür zu öffnen, um dann hindurch zu gehen.

• • Beherrscht der Hund nach einiger Zeit diesen Teil der Übung, gehen Sie einen Schritt weiter und lassen ihn im Zimmer alleine, gehen selbst ins andere Zimmer und geben den Befehl dann durch die geschlossene Tür. Zuletzt muss er lernen, durch die nach innen aufgehende Tür zu gehen.

51 Lichtschalter

Genau wie die beiden letzten Übungen entstammt dieser Befehl der breiten Palette von Aufgaben eines Behindertenbegleithundes. Aber auch ein „nicht berufstätiger" Hund wird viel Freude daran haben, diesen Befehl zu lernen.

• Grundvoraussetzung für diese Übung ist das Vorhandensein eines geeigneten Lichtschalters, den der Hund mit der Pfote oder mit der Schnauze betätigen soll. Ähnlich wie beim Öffnen der Türen setzen wir ein Leckerchen zum Anlernen ein, das wir so über den Lichtschalter halten, dass der Hund entweder den Schalter mit der Nase berühren muss, um das Leckerchen zu bekommen, oder aber mit der Pfote danach angelt und dabei den Schalter betätigt. Von ganz entscheidender Bedeutung ist auch hier wieder einmal das richtige Timing beim Loben, denn der Hund muss in der Anlernphase lernen, eine zunächst völlig unabsichtlich ausgeführte Bewegung mit dem Befehl und dem Lob zu verbinden. Dies kann nur gelingen, wenn der Hund das Leckerchen genau

in dem Moment erhält, in dem das Licht angeht.

• • Eine lustige Komponente kann man einbauen, indem man als akustischen Befehl die Worte „Licht an!" und „Licht aus!" wählt, wobei man die Betonung auf das Wort „Licht!" legen sollte, so dass „An!" und „Aus!" für den Hund in den Hintergrund treten. Die Wirkung, die diese beiden Befehle auf Zuschauer haben, wird enorm sein, da sie nicht ahnen, dass der Hund nur auf „Licht!" reagiert, nicht aber eine echte Verknüpfung zur jeweiligen Helligkeit in dem Raum hergestellt hat.

52 „Kriechen!"

Das Kriechen des Hundes ist ein Befehl, der aus dem Rettungsdienst stammt. Bei Hunden, die beispielsweise nach einem Erdbeben in den Trümmern die Opfer aufspüren sollen, ist es unbedingt notwendig, dass sie lernen, nicht nur über Hindernisse zu klettern, sondern auch unter Hindernissen hindurchzukriechen, um gegebenenfalls auch durch einen Schuttgang zu einem Opfer zu gelangen. Der normale Haushund wird natürlich selten in die Lage kommen, in irgend etwas hinein- oder durch irgend etwas hindurchkriechen zu müssen. Sie können diesen Befehl aber immer wieder auf dem Spaziergang als Übung einstreuen, beispielsweise um den Hund unter Geäst hindurchkriechen zu lassen.

Mit einem Hund, der kriechen kann, kann man hervorragend schwierige Suchspiele veranstalten, wobei der Hund aus Geäst oder einer kleinen

Höhle Bälle oder andere Gegenstände herausholen muss und nur kriechend wieder zu Ihnen gelangen kann.

Hinweis
Hunde, die unter Hüftgelenkdysplasie (HD) leiden, sollten nicht kriechen, da ihre Gelenke dabei unnötig strapaziert werden.

• Zum Erlernen dieses Befehls ist es ratsam, den Hund vorher mit „Platz!" zum Hinlegen zu veranlassen. Das hat verschiedene Vorteile: Zum einen sieht sich ein Hund, der liegt, eher dazu veranlaßt, durch etwas hindurchzukriechen, als wenn er oben darüber hinwegguckt. Zum anderen ist „Platz!" eine geeignete Ausgangsposition zum Kriechen, da er bei dieser Übung mit der Rückenpartie stets so tief wie möglich bleiben sollte.

Liegt der Hund, haben wir verschiedene Möglichkeiten, ihm den Befehl zu vermitteln. Zum einen können Sie niedrige Hindernisse aufbauen, die breit genug sein müssen, damit der Hund seitlich nicht anstößt. Zum anderen können Sie hierbei auch Leckerchen zweckmäßig einsetzen. Bei der Leckerchenmethode ziehen Sie die Hand, in der das Leckerchen ist, gerade vor dem Hund her und bedeuten ihm unter „Kriech!", das Leckerchen zu fressen. Dies vereiteln Sie jedoch, indem Sie es gut festhalten und gleichzeitig weiter wegziehen. Steht der Hund hierbei auf, unterbrechen Sie sofort mit „Nein, Platz!" und beginnen von neuem. In der ersten Lernphase ist eine Kriechdistanz, die etwa Ihrer Armlänge entspricht, ausreichend. Gesteigert wird die Länge der Strecke erst, wenn der Hund genau weiß, was der Befehl bedeutet.

• • Lassen Sie ab der zweiten Phase immer öfter das Leckerchen als Lockmittel weg und versuchen Sie, bei der Übung nach und nach selbst zu stehen. Geben Sie Ihrem Hund nötigenfalls Hilfen mit der Hand, die wie auch aus der Hocke heraus die Bewegung andeuten soll, oder aber Sie tippen als Erinnerung mit dem Fuß auf den Boden und ziehen ihn ein Stückchen über den Boden, so wie Sie es vorher mit der Hand gemacht haben.

• • • Zu Beginn ist es für den Hund einfacher, auf Sie zuzukriechen. Beherrscht der Hund die Übung bis hierher schon gut, können Sie sie erschweren, indem Sie den Hund unter „Kriech!" von sich wegkriechen lassen. Zur Hilfe können Sie ihm eine Marke setzen, die er sieht (z. B. „Kriech zum Ball!"). Festigen Sie diese Kriech-Übung in den verschiedensten Variationen: auf sich zu, mit einem gesetzten Ziel von sich weg, unter Hindernissen hindurch und ohne alles, das heißt auf den bloßen Befehl hin. Ein fortgeschrittener Hund sollte in die von Ihnen gewiesene Richtung einige wenige Meter kriechen können.

Bei der oben angesprochenen zweiten Lehrmethode mit Hilfe von flachen Hindernissen ist darauf zu achten, dass der Hund die Verknüpfung nicht zu konkret an das Hindernis bindet, d.h. die Übung nach dem Hindernis als beendet betrachtet und aufsteht. Wie für alle anderen Übungen gilt auch hier: Sie sind es, der eine Übung beendet, nicht der Hund. Lassen Sie ihn also stets nach dem Hindernis noch ein kleines Stück weiter-

Das Kriechen lernt der Hund rasch, wenn man einen niedrigen Tisch zu Hilfe nimmt.

kriechen, und festigen Sie die Übung durch die eben beschriebenen Variationen. Für den Anfang mag es hier hilfreich sein, mehrere dünne Hindernisse zu bauen, die in einem gewissen Abstand zueinander aufgestellt werden, so dass der Hund auch die hindernisfreie Strecke kriechend überwinden muss. Der Abstand kann dann nach und nach vergrößert werden. Auf diese Weise wird der Hund auch ohne Hindernis kriechen, wenn er den entsprechenden Befehl erhält.

Sinn und Zweck des freien Kriechens ist nur die Festigung des Befehls, ansonsten fehlt bei dieser Übung für den Haus- und Begleithund der praktische Nutzen. Üben Sie später dennoch beides – mit und ohne Hindernis – und verstecken Sie bei den Such- und Apport-Spielen hin und wieder ein Bringsel in nur schwer zugänglichem Gelände. Das fordert den Hund in besonderer Weise. Durch diese Art des Einsatzes wird der Befehl weiter intensiviert und abwechslungsreicher gestaltet.

53 Laterne

Sicherlich kennen Sie die Situation, dass man mit dem an der Leine geführten Hund an einem Pfahl, einer Absperrung oder an einer Laterne „hängen bleibt", weil er sich beim Gehen nicht für die gleiche Seite des Hindernisses entschieden hat wie Sie. Zur Abhilfe gibt es zwei Möglichkeiten: Entweder Sie geben nach und gehen an der gleichen Seite um die Laterne herum wie Ihr Hund, oder aber er nimmt Ihren Weg. Der zweiten Möglichkeit ist der Vorzug zu geben, da Sie als Teamchef derjenige sind, der den Weg zu bestimmen hat. Sie sollten daher Ihrem Hund beim Umgehen eines Hindernisses bald-

Ganz schön lästig, wenn Sie und Ihr Hund sich mit der Leine um den Laternenpfahl wickeln! Aber das lässt sich vermeiden.

möglichst beibringen, stets dieselbe Seite wie Sie zu wählen, und zwar nicht nur aus Bequemlichkeit, sondern auch, um Gefahren zu vermeiden – besonders wenn Ihr Hund auch lernen soll, neben dem Fahrrad zu laufen. Bedenken Sie, was passiert, wenn Sie aus der Fahrt heraus plötzlich an einer Laterne hängenbleiben! Das könnte für Sie und für Ihren Hund schwere Verletzungen bedeuten.

• Das richtige Umgehen von Hindernissen trainiert man in drei Schritten: Zunächst einmal gilt es, dem Hund zu verdeutlichen, dass es an ihm liegt,

wenn es wegen des Hängenbleibens an einem Pfahl nicht weitergeht. Sie sollten nun sanft, aber unnachgiebig an der Leine ziehen, bis der Hund nicht mehr anders kann als um den Pfahl herumzugehen. Beim ersten Anzeichen von Nachgiebigkeit von Seiten des Hundes kann gelobt werden, spätestens aber, wenn er sich gerade aus seiner mißlichen Lage befreit hat. Gerät Ihr Hund in Panik, weil er ganz dicht an die Laterne gezogen wird, kann man eine nachgiebigere Methode wählen, indem man ihm mit der Hand – wenn nötig unter Zuhilfenahme eines Leckerchens – den Weg beschreibt.

• • Im zweiten Schritt führen Sie Ihren Hund besonders eng an einer Laterne vorbei, so dass eigentlich kaum noch Platz zwischen Ihnen und der Laterne bleibt. Entscheidet sich Ihr Hund für die falsche Seite, korrigieren Sie ihn, indem Sie stehen bleiben. Schlägt er daraufhin den richtigen Weg ein, loben Sie ihn ausgiebig. Am Ende dieser Lernphase sollte Ihr Hund in solch einer Situation stets abwarten, wo Sie entlanggehen, und dann den entsprechenden Weg einschlagen.

• • • Der letzte Schliff dieser Übung besteht darin, in der dritten Lernphase dem Hund zu vermitteln, dass nicht nur Laternen, Bäume und andere hohe Gegenstände Hindernisse darstellen, sondern auch kleine Absperrungen. Üben Sie z. B. an Absperrungen für Autos und anderen Pfählen. Da Ihr Hund das Prinzip schon längst verstanden hat, sollte es eigentlich kein Problem sein, ihm auch ein Gefühl für die Höhe von Gegenständen zu geben.

54 **„Umrunden!"**

Das „Umrunden!" von Gegenständen ist immer wieder hilfreich, z. B. wenn sich der Hund mit der Leine irgendwo verheddert hat, oder aber einfach nur, um eine bessere Führigkeit auf Distanz zu erreichen. Beim Spielen kann man den Befehl mit einer „Apport!"-Übung koppeln und diese dadurch erschweren. Sinn der Sache ist es zu erreichen, dass der Hund auf den

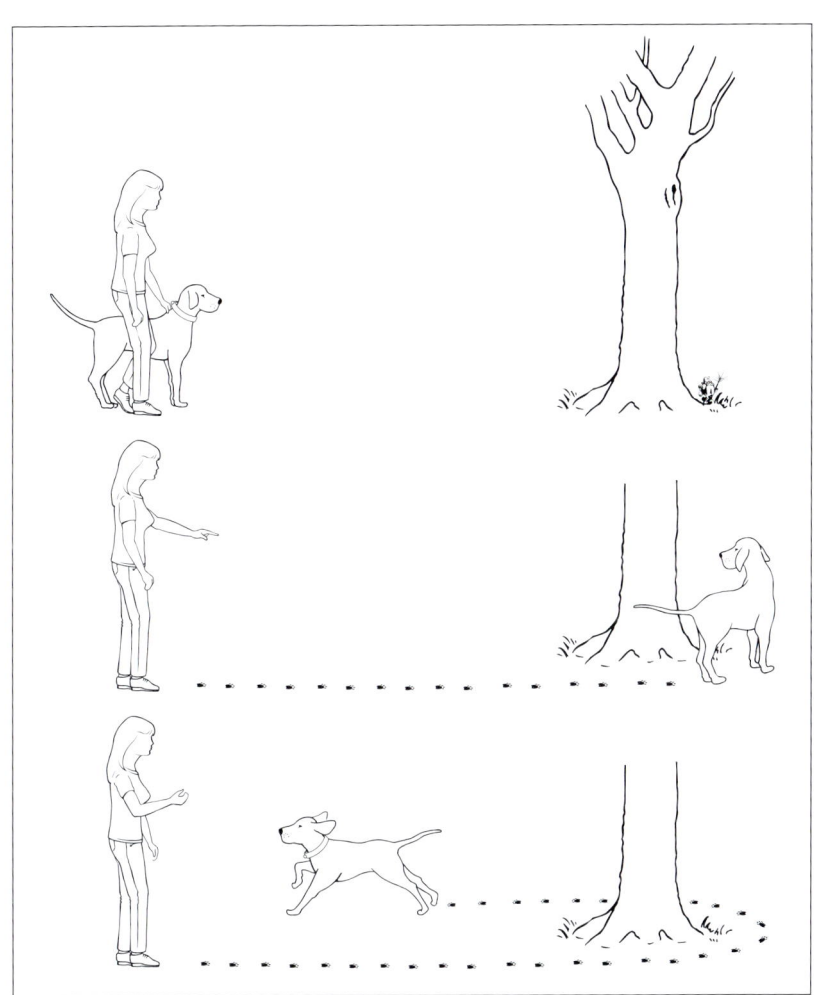

Das Umrunden des Baums wird Schritt für Schritt erlernt.

113

Befehl „Umrunden!" den von Ihnen angewiesenen Gegenstand umrundet, um dann wieder zu Ihnen zu kommen. Die meisten Hunde tun sich für den Anfang mit hohen Gegenständen wie Laternen leichter, da hier nicht die Gefahr besteht, darüber hinwegzulaufen. Das Umrunden kann wahlweise rechts oder links herum ausgeführt werden. Es kann aber auch, und das gilt besonders für fortgeschrittene Hunde, von Ihnen entweder visuell durch Anzeigen mit der Hand oder z. B. durch die Befehle „Rechte Seite!", „Linke Seite!" vorgegeben werden.

• Lassen Sie den Hund an Ihrer linken Seite absitzen – für den Anfang in geringem Abstand zu dem betreffenden Gegenstand, etwa einer Flasche, Tasche, Straßenlaterne oder einem Baum. Weisen Sie unter „Umrunden!" nach vorn in Richtung Gegenstand, dirigieren Sie ihn nötigenfalls mit „Voraus!" und „Hier!", so dass er entsprechend um den Gegenstand herumgeht. Loben Sie ihn überschwänglich. Hat er erst begriffen, worum es geht, können Sie sowohl die Gegenstände als auch den Abstand beliebig variieren.

55 Führigkeit auf Distanz

Die Führigkeit auf Distanz erleichtert in hohem Maße das tägliche Zusammenleben. Ein ganz alltägliches Beispiel: Stellen Sie sich vor, Sie lassen Ihren Hund im Gelände frei laufen, und er läuft etwa 20 Meter vor Ihnen auf dem Weg. Plötzlich kommt eine Schulklasse auf Fahrrädern angefahren, und

Sie müssen jetzt reagieren, um einen Unfall Ihres Hundes mit einem der jungen Radfahrer zu vermeiden. Ein einfaches „Steh!" führt dazu, dass der Hund mitten auf dem Weg stehenbleibt und somit weiter in der Gefahrenzone bleibt. Können Sie ihn jedoch auf Distanz dirigieren, wird er sich leicht an den von Ihnen angezeigten Wegrand begeben. Besonders leicht zu erlernen ist dieser Befehl, wenn der Hund vorher schon den Befehl „Auf die Seite!" beherrscht (Übung 41).

• Lassen Sie Ihren Hund zunächst absitzen und legen Sie in einigen Metern Entfernung ein Spielzeug oder aber ein Leckerchen am Wegrand ab, so dass er es genau gesehen haben muss. Verlassen Sie ihn unter „Bleib!" und begeben Sie sich etwa zehn Meter weg. Schicken Sie ihn dann unter „Auf die Seite!" und dem richtungsanzeigenden Sichtzeichen – z. B. einem ausgestreckten Arm – auf die entsprechende Seite zu dem Spielzeug oder zu dem Leckerchen, das er dann aufnehmen darf. Setzen Sie das Lob ganz gezielt in dem Augenblick ein, in dem der Hund den Standort erreicht hat, den er erreichen sollte.

• • Zur Führigkeit auf Distanz zählt allerdings nicht nur das „Auf-die-Seite!"-Gehen; es gehören vielmehr alle Befehle dazu, die eine Richtungsänderung bewirken. Üben Sie beliebige Befehls-Kombinationen in der Entfernung, bis Ihr Hund eine ausreichende Sicherheit an den Tag legt (vgl. Übung 43: Schnelles und langsames Gehen).

Tricks und Übungen – nur zum Spaß

Einführung

Dieses Kapitel ist – im Gegensatz zu den vorangegangenen nützlichen und hilfreichen Befehlen – den Tricks und Spaß-Befehlen gewidmet. Da die meisten Hunde in unserer Region als reine Familien- und Begleithunde gehalten werden, wird ein Großteil zeit seines Lebens leider auch nicht seinen Anlagen entsprechend gefordert. Wie schon erwähnt, strebt der Hund als soziales Rudeltier nach fester Führung und vor allem nach Anerkennung durch seinen Herrn. Er bringt in die Mensch-Hund-Beziehung einen unerschöpflichen Reichtum an Lernbegierde ein, den man sich leichter als bei anderen Haustieren zunutze machen und lenken kann.

Wichtig
Halten Sie sich vor Augen, dass ein Hund, der mehr Befehle beherrscht, besser alle möglichen Situationen meistern wird, als einer, mit dem man weniger intensiv gearbeitet hat. Für den Hund bedeutet das vor allem, in weitaus mehr Situationen dabei sein zu dürfen, weil sein Verhalten unkompliziert ist.

Leider gibt es nach wie vor Hundeführer, die wacker mit ihrem Hund auf den Hundeplatz gehen, um dort Spurensuche oder Schutzdienst zu trainieren, die aber mit dem Kopf schütteln, wenn man einem Hund das Männchenmachen beibringt. Da ein Hund Freude daran hat, auf Wunsch des Besitzers Befehle auszuführen, was es auch sei, gibt es keinen Grund, bestimmte Übungen als lächerlich abzutun. Um es auf einen Nenner zu bringen, auch wenn es banal klingen mag: Für den Hund ist es einerlei, ob er Männchen macht oder ein verschüttetes Opfer im Schnee sucht. Er wird in beiden Fällen mit Eifer dabei sein.

Nicht vergessen
Zwischen nützlichen, sogenannten anspruchsvollen Arbeiten und Spaß-Befehlen besteht nur für den Menschen ein Unterschied!

Die im Folgenden aufgeführten Befehle sind Spaß-Befehle und kleine Tricks, die alle unter dem gleichen Aspekt zu sehen sind: Mit dem Hund zu arbeiten und ihn gleichzeitig sowohl körperlich als auch geistig zu fordern. Als Nebeneffekt kann man damit Freunde und Bekannte immer wieder beeindrucken und überraschen. Es spielt überhaupt keine Rolle, ob Sie mit Übungen aus diesem oder einem anderen Kapitel arbeiten. Wichtig ist nur, den Hund nicht zu einem trägen, überfütterten Fellbündel verkümmern zu lassen, sondern einen treuen, lebensfrohen Kumpel und Weggefährten heranzubilden.

Dem Alter des Tieres sind hierbei keinerlei Grenzen gesetzt. Im Gegensatz zum Wolf bleiben die Haushunde ihr Leben lang spielfreudig. Dies ist ein großer Vorteil bei der Ausbildung, bedeutet aber auch, dass man mit dem Hund kontinuierlich arbeiten und spielen muss. Denn erst damit wird man seinem Hund in besonderer Weise gerecht.

Die gängigen Vorurteile, dass solch ein „Schnick-Schnack" an Befehlen und Übungen den Hund verweichlicht und er zum Einsatz bei „richtigen Arbeiten" dann nicht mehr in entsprechender Weise zu gebrauchen ist, stimmen nicht. Sie als Besitzer sehen am besten, wie lernbegierig Ihr Hund ist und können sich außerdem nach seinem Wesen richten. Der eine hat mehr Freude am Apportieren, der andere mehr bei Geschicklichkeitsübungen. Aber überfordern Sie den Hund nicht. Beginnen Sie die nächste Übung erst dann, wenn die vorhergehende schon beherrscht wird.

Dieses Kapitel ist in drei Sparten unterteilt, und zwar gemäß den Ursprüngen der Befehle. Zunächst werden einige **gängige Übungen** vorgestellt, die sich insofern nicht von den bisherigen unterscheiden, als es sich um Befehle mit Anlernphase und Festigungsphase handelt. Danach werden einige recht **komplexe Übungen** und Verknüpfungsübungen vorgestellt, bei denen die Intelligenz Ihres Hundes gefordert wird: Er muss selbst nachdenken, um den Schlüssel zu dieser Übung zu begreifen. Es geht hierbei um seine Veranlagung – ich möchte es einmal Domestikationsintelligenz nennen –, auf eigene Faust oder unter Anleitung in dem von uns geschaffenen Umfeld ein bestimmtes Ziel zu verfolgen. Und zuletzt wird noch auf die **Förderung von speziellen Eigenar-**

ten eingegangen, die jeder Hund im Laufe seines Lebens entwickelt und die man mit leichter Führung gut zu Befehlen erweitern kann.

Jux-Befehle

56 Leckerchen sanft nehmen

Bei fast allen Hunden sind Leckerchen ausgesprochen beliebt und können deshalb gut als Belohnung eingesetzt werden. Viele Hunde haben jedoch die lästige Angewohnheit, ein gereichtes Leckerchen so gierig zu nehmen, dass man das Gefühl hat, sie würden am liebsten gleich die ganze Hand mit abbeißen. An sich ist dies eine hundetypische Angewohnheit, die man jedoch etwas abschwächen kann, so dass sie für den Menschen nicht unangenehm wird.

Eine Unart ist es aber, wenn Hunde ihrem Besitzer oder dritten Personen einfach Sachen aus der Hand wegschnappen, ohne dazu aufgefordert worden zu sein. Um dies zu vermeiden, kann dieser Befehl als hilfreiches Mittel eingesetzt werden.

• Als Grundvoraussetzung hierfür muss man dem Hund zunächst beibringen, Leckerchen, die ihm dargeboten werden, nicht ohne Befehl zu nehmen. Hierzu eignet sich der Befehl „Pfui!" oder auch die Korrektur mit „Nein!", falls er es doch versuchen sollte (vgl. Übung 14: „Verweigern!"). Beherrscht Ihr Hund diese Verweigerung gut, geben Sie ihm das Leckerchen mit einem Befehl, z. B. „Nimm es Dir!", halten es aber so, dass es vollständig von

Eine Ermahnung zur Langsamkeit bewirkt, dass eine ganz sanfte Hundeschnauze vorsichtig das Leckerchen aus Ihrer Hand nimmt!

einem Ihrer Finger verdeckt und festgehalten wird. Wenn Ihr Hund vorsichtig an die Sache herangeht und kein Zahn Ihre Finger berührt, darf er das Leckerchen haben. Unterbrechen Sie die Übung sofort mit einem „Nein, langsam!", sobald er zu wild an dem Bissen zieht, zu gierig und ungeduldig nach dem Leckerchen schnappt oder mit der Nase in Ihrer Hand wühlt.

Dem Hund dieses Maß an Geduld beizubringen, ist nicht unbedingt schwierig, auch wenn es ihm zunächst aus der normalen Hundelogik heraus an Verständnis mangelt. Schnell jedoch wird er begreifen, dass er den Bissen bei der Übung stets nur dann bekommt, wenn er sachte vorgeht. Durch Gier bestraft sich der Hund selbst, denn dann wird ihm der Bissen verweigert.

57 „Pfötchen!"

Das Pfötchengeben entspricht dem instinktiven Milchtritt der Welpen beim Säugen und wird zeitlebens weiter als Beschwichtigungsgeste benutzt. Die meisten Hunde lernen daher diesen Befehl besonders schnell.

Das Pfötchengeben kann im täglichen Gebrauch einen viel praktischeren Hintergrund haben, als Sie vielleicht annehmen, beispielsweise wenn Ihr Hund sich in der Leine verwickelt hat und Sie normalerweise die Leine selbst entwirren müssten. Ist die Übung schon gelernt, können Sie einfach stehenbleiben und „Pfötchen!" verlangen, so dass der Hund durch das Anheben der Pfote sich selbst aus der Verhedderung befreit.

Das Pfötchengeben ist eine Geste aus dem normalen Verhaltensrepertoire von Hunden. Deshalb lernen die meisten Hunde diese Übung sehr rasch.

Hat er das Geben der Pfote zu stark mit Ihrer – ihm entgegengestreckten – Hand in Verbindung gebracht, können Sie ihm als optische Hilfe zunächst ersatzweise einen Fuß anbieten.

• Die einfachste Methode, Hunden das Pfötchengeben beizubringen, ist folgende: Nehmen Sie einen bei Ihrem Hund sehr begehrten Happen in die Hand und schließen sie diese, so dass er den Leckerbissen riecht, ihn aber nicht wegnehmen kann. Lassen Sie den Hund sitzen, hocken Sie sich vor ihn hin, halten Sie ihm die Hand vor die Nase und ermuntern Sie ihn, den Bissen zu nehmen, an den er aber nicht herankommt. Warten Sie, bis er von selbst aus seinem Instinkt heraus die Pfote auf Ihre Hand legt und geben Sie in diesem Moment das Lautzeichen „Pfötchen!" gleichzeitig mit dem Öffnen der Hand. Die meisten Hunde bohren zuerst mit der Nase und benutzen dann erst die Pfote. Loben Sie ausgiebig, sobald es geklappt hat.

Tut sich Ihr Hund etwas schwerer, können Sie mit der freien Hand seine Pfote unter wiederholtem Lautzeichen auf Ihre Hand heben, bis er die Verbindung zwischen Befehl und Aktion hergestellt hat.

• • Eine Erweiterung dieses Befehls ist, beide Pfoten mit verschiedenen Wörtern zu belegen, z. B. die rechte mit „Pfötchen!", die linke mit „Die Andere!". Üben Sie beide Formen, indem Sie wie oben beschrieben vorgehen.

Eine zweite, sehr praktische Anwendung findet diese Übung beim Pfotenabputzen nach dem Spaziergang. Die Hinterpfoten hochzuheben fällt dem Hund im allgemeinen etwas schwerer, als die Vorderpfoten zu geben. Als Befehle kann man für das Geben der Vorderpfoten „Pfötchen!", für das Hochheben der Hinterpfoten „Abputzen!" verwenden.

• • • Die Hinterpfoten zu heben, bringt man dem Hund stehend bei: Auf den Befehl „Abputzen!" heben Sie hierzu einen Hinterfuß des Hundes in einer anatomisch hundegerechten Stellung hoch. Ein kräftiges Lob darf natürlich nicht fehlen. Verringern Sie nach und nach die Intensität Ihrer Hilfestellung, bis der Hund die gewünschte Pfote eine Zeitlang von alleine oben hält. Später wird es reichen, wenn Sie an das entsprechende Bein – oder die Pfote – tippen, das er hochheben soll.

Ein sanfter Druck auf das Schulterblatt kippt den Hund auf die Seite. Das wird verknüpft mit dem Befehl „Peng!". Schon bald läßt sich der Hund beim Ertönen dieses Kommandos von alleine wie tot auf die Seite fallen.

„Peng!"

Die Übung „Peng!" hat zum Ziel, dass sich der Hund auf die Seite oder auf den Rücken legt. Die Wortwahl ist natürlich wie in allen beschriebenen Fällen beliebig. Bei mir hat sich die Assoziation mit einem erschossenen Hund festgesetzt.

Praktisch einsetzbar ist dieser Befehl z.B. beim Abtrocknen des nassen Hundes ebenso wie bei Untersuchungen oder dem lästigen Zecken-Herausdrehen von am Bauch sitzenden Schmarotzern. Die Pose entspricht der Demutsgebärde von unterwürfigen Hunden. Ansonsten legen sich Hunde nur beim völlig entspannten

Schlafen und zum Schmusen auf den Rücken.

• Erlernt wird „Peng!" aus der „Platz!"-Stellung heraus. Sie können den Hund entweder seitlich leicht umstoßen oder ihn mit einem Leckerchen verführen Ihrer Hand zu folgen. Diese ziehen Sie langsam rechts oder links seitlich dicht am Körper des Hundes entlang, dann über seinen Rücken, so dass der Hund sich zunächst im Liegen umgucken muss. Indem Sie Ihre Hand mit dem Leckerchen weiterziehen drehen sich viele Hunde von ganz alleine auf den Rücken, um das Leckerchen nicht aus dem Blick zu verlieren. Loben Sie sofort, sobald er liegt. Überlegen Sie sich vor der Übung, ob er seitlich oder richtig auf dem Rücken liegen soll. Achten Sie auch hier strikt darauf, dass die Übung erst durch Ihr Wort beendet wird und der Hund solange in dieser Lage verharren muss.

• • Wie bei allen Übungen sollte der Befehl in der zweiten Phase durch möglichst viel Abwechslung und nach und nach stärkere Ablenkungen gefestigt werden, wenn der Hund erst einmal begriffen hat, was „Peng!" bedeutet.

 „Männchen!"

Beim „Männchen!"-Machen soll der sitzende Hund seinen Oberkörper aufrichten und in dieser Stellung verharren, ohne dass die Vorderpfoten den Boden berühren. Dies ist besonders leicht durch ein Training mit Leckerchen zu erreichen.

• Halten Sie dem Hund ein Leckerchen so vor die Nase, dass er es Ihnen nicht wegnehmen kann, führen Sie dann die Hand etwas nach oben und hinten, bis er die gewünschte Stellung eingenommen hat. Hält sich der Hund anfangs mit den Vorderpfoten an Ihrer Hand fest, ist das nicht schlimm. Dies korrigieren Sie am besten erst, wenn er die Aktion mit dem Befehl ver-

> **Wichtig**
> Aufgrund der anatomischen Gegebenheiten ist diese Übung eher etwas für kleine Hunde als für große oder solche mit einem langen Rücken.

Männchen machen lässt sich mit Hilfe eines Leckerchens rasch erlernen.

knüpft hat. Zur eben angesprochenen Korrektur stellen Sie sich hin und halten die Hand so hoch, dass er sie mit den Pfoten nicht mehr erreichen kann. Springt er hoch oder steht er auf, korrigieren Sie mit „Nein, sitz!" und „Männchen!".

60 **„Auf!"**

„Auf!" ist die stehende Variante von „Männchen!", die man sich wiederum in verschiedenen Situationen praktisch zunutze machen kann. So kann Ihr Hund beispielsweise, wenn Sie den Befehl mit „Apport!" oder „Halten!" kombinieren, Dinge aufheben und sie Ihnen anreichen (vgl. Übung 12: „Apport!" und Übung 46: „Apport!"-

Übungen). Man kann „Auf!" in zwei verschiedenen Ausführungen lehren: zum einen, indem sich der Hund abstützt, zum anderen ohne Abstützen.

Nach Erlernen des Befehls machte sich meine Hündin Tinta „Tanzen!" völlig eigenständig zunutze, indem sie sich beim Spaziergang plötzlich hinstellte, um über ein hochgewachsenes Getreidefeld zu gucken, über das ein Kaninchen lief. Seither ist es bei ihr ein beliebtes Mittel geworden, „die Lage" nach eigenem Gutdünken visuell zu sondieren.

• Gehen Sie wieder mit der beim Hund beliebten Leckerchen-Methode vor und halten Sie Ihre Hand nur so hoch, dass er nicht springen muss, um an das Leckerchen zu gelangen. Korrigieren Sie notfalls mit „Nein, auf!". Stellt sich Ihr Hund nicht auf die Hinterbeine, um an das Leckerchen zu gelangen, ermuntern Sie ihn mit „Such!" oder ähnlichen Reizworten. Halten Sie das Leckerchen vor sich und klopfen Sie sich mit der flachen Hand ermunternd auf den Bauch. Das wird für den Hund bestimmt ein Anreiz sein, sich an Ihnen aufzustellen.

• • Da die Variante ohne Abstützen eigentlich keinen praktischen Nutzen hat, können Sie beide Variationen mit unterschiedlichen Befehlen belegen, z. B. „Auf!" und „Tanzen!". Auf diese

Die Position „Auf!" gibt es frei stehend (oben) oder mit Abstützen an der Hundeführerin (unten).

Die Übungen „Auf!" oder „Tanzen!" sollte der Hund nur kurz zeigen, damit seine Hüften und die Wirbelsäule nicht zu stark belastet werden.

Weise erhalten die Aktionen für den Hund verschiedene Bedeutungen und werden besser differenziert.

61 „Hopp!"

Unter „Hopp!" soll Ihr Hund auf jedes von Ihnen angewiesene Hindernis springen und dort verweilen. Dies können Bänke, Baumstämme, große Steine, Stühle oder andere Dinge sein. Diese Übung ist beispielsweise dann angebracht, wenn Sie einen sensiblen Hund nach einem Tadel wieder aufmuntern wollen oder wenn er lustlos ist. Man sollte stets darauf achten, dass Korrekturen, wenn sie sein müssen, so auf die Hundepsyche abgestimmt sind, dass es zu keinem Ver-

trauensverlust kommt. Wenn Ihr Hund missmutig ist, weil Sie ihm etwas verboten haben, ist die Übung „Hopp!" immer wieder Gold wert. Das gemeinsame Erklimmen eines Gegenstandes bereitet dem Hund viel Freude und steigert gleichzeitig enorm das Selbstvertrauen, die Aufmerksamkeit und das Zusammengehörigkeitsgefühl.

• Klopfen Sie zum Erlernen dieses Befehls auf das Hindernis, das der Hund erklimmen soll. Locken Sie ihn auch ruhig mit einem leckeren Happen oder geben Sie ihm Hilfestellung. Sagen Sie „Hopp!" in dem Moment, in dem der Hund springt. Oben angekommen loben Sie kräftig, hindern ihn aber gleichzeitig durch sanftes Festhalten und den Befehl „Bleib!" oder „Steh!" daran, sofort wieder herunterzuspringen. Ansonsten setzt sich nur die Verbindung: Sprung = Lob fest und führt zum Darüberhinwegspringen.

• • Warten Sie eine Weile und festigen Sie den Befehl, indem Sie langsam weg gehen, hüpfen oder den Hund anderweitig ablenken. Lassen Sie den Hund nur auf Ihren Befehl hin wieder herunter springen.

• • • Eine im Schwierigkeitsgrad schon gesteigerte Variante ist es, den Hund auf den Rücken eines Pferdes – am besten eines Ponys – springen zu lassen, wobei er sitzen oder stehen bleiben muss, während das Pferd im Schritttempo geht. Dies geht aber nur mit einem ruhigen Pferd und auch nur dann, wenn beide Tiere gut aneinander gewöhnt sind. Ansonsten können Sie selbst experimentieren. Wenn Sie einen nicht zu großen ruhigen Hund haben, können Sie ihn z. B. auch

Der Sprung auf den Tisch erfordert viel Vertrauen von Seiten des Hundes. Gehen Sie behutsam vor und loben Sie ihn ausgiebig, wenn er den Sprung gewagt hat und oben sitzen bleibt!

einmal auf Ihren Rücken springen lassen oder ähnliche Späße mit ihm machen.

Wichtig
Neigt Ihr Hund zu Aggressionen oder versucht er, Sie zu dominieren, empfiehlt sich die Rücken-Variante nicht!

62 „Seil springen!"

Ein Aufsehen erregendes Kunststück ist es, den Hund seilspringen zu lassen.

• Bringen Sie ihm zunächst bei, auf „Spring!" mit Ihnen völlig zeitgleich hochzuspringen. Beherrscht er dies, bitten Sie zwei Personen, ein langes Seil hin- und herzuschwingen, über das Sie dann gemeinsam mit Ihrem Hund springen. Erst wenn dies eine Zeitlang fehlerfrei geklappt hat, können Sie das Seil über Ihre Köpfe schwingen lassen. Gute Springer kann man dann auch daran gewöhnen, alleine zu springen, während Sie mit einer Hilfsperson das Seil schwingen.

Wichtig
Bei dieser Übung ist es sehr wichtig, dass es nicht zu Zwischenfällen kommt. Ein Hund, der einen unbeabsichtigten Schlag mit dem schwingenden Seil abbekommen hat, wird nur noch schwer für diese Übung zu begeistern sein, da er seine Aktion mit der Strafe – dem Schlag – verbinden wird.

• • Eine andere Variante des Seilspringens ist die, dem Hund beizubringen, sich beim Sprung mit den Vorderpfoten auf Ihren Oberschenkeln abzustützen, so dass Sie dann mit dem Hund zusammen seilspringen können, ohne dass eine weitere Hilfsperson notwendig ist.

63 „Drehen!"

Das Drehen kann man im Alltag bei zwei verschiedenen Situationen einsetzen. Die Übung ist zum einen hilfreich, wenn sich der Hund in seiner Leine verheddert hat – was besonders jungen Hunden immer wieder gerne passiert; zum anderen, wenn sich der Hund beispielsweise zur Ohrenpflege auf dem Tisch befindet und man an das andere Ohr heran will. Der Tierarzt hat entsprechende Lampen, um den Hund von jeder Stellung ausreichend beleuchten zu können. Diese fehlen zu Hause meist. Mit „Drehen!" wird Ihnen Ihr Hund, wenn er den Befehl beherrscht, sofort die gewünschte Seite zuwenden.

• „Drehen!" ist dem Hund am besten auf einem Tisch beizubringen, der groß genug ist, dass er sich gerade einmal umdrehen kann. Lassen Sie ihn so auf den Tisch springen, dass sein Kopf beispielsweise rechts von Ihnen ist. Halten Sie nun einen von ihm begehrten Happen hinter den Hund und befehlen Sie „Drehen!". Helfen Sie gegebenenfalls nach, indem Sie den Weg vor seiner Schnauze mit der Hand beschreiben, bis er sich um 180 Grad gedreht hat und dann das Leckerchen und natürlich auch ein dickes Lob erhält.

• • Trainieren Sie dies später, wenn er begriffen hat, was Sie von ihm verlangen, an einem Ort, an dem er mehr Bewegungsfreiheit hat. Aus dieser Übung kann man leicht die folgende ableiten.

64   „Kreisel!"

Dies ist ein reiner Jux-Befehl, denn das Drehen des Hundes um 360 Grad ist im Grunde in keiner Situation hilfreich; der Hund jedoch hat Spaß daran zu gefallen, nämlich dadurch, dass er einen Befehl mehr beherrscht.

Viele Hunde lieben das Wälzen. „Rollen!" ist deshalb ein Befehl, der Spaß macht.

• Hierzu lässt man den Hund, am besten durch einen visuellen Befehl, also das Führen mit dem Finger, eine komplette Drehung um die eigene Achse ausführen. Der visuelle Befehl kann in der Anlernphase durchaus durch ein Leckerchen in der Hand verstärkt werden.

Sie können diese Übung auch in zwei Übungen unterteilen und „Rechts Kreisel!" und „Links Kreisel!" üben. Die Richtung, in die Ihr Hund sich drehen soll, beschreiben Sie am Besten mit der Hand, in der Sie das Leckerchen halten. Verringern Sie nach und nach die Hilfestellung, bis schließlich ein kleiner Fingerzeig genügt.

65   „Rollen!"

Locken Sie den Hund aus der „Peng!"-Stellung heraus mit einem Leckerchen weiter, so dass er sich über den Rücken auf die andere Seite dreht. Durch entsprechendes Loben wird Ihr Hund bald verstehen, was Sie von ihm

möchten. Nun können Sie dazu übergehen, die Übung ohne die „Peng!"-Übung zu verlangen. Geben Sie ruhig visuelle Hilfestellungen, ganz gleich welcher Art, die später auch als visuelle Befehle eingesetzt werden können. Ob Sie die Übung so aufbauen, dass Ihr Hund zum Schluss steht oder nur auf der anderen Seite liegt, hängt von Ihnen und der Intensität Ihrer Hilfestellung ab.

66   „Tschüss!"

Bei der „Tschüss!"-Übung ist das Ziel, den Hund dazu zu bringen, aus der „Sitz!"-Stellung heraus wahlweise mit der rechten oder der linken Pfote zu winken. Hierzu sollte er das Pfötchengeben bereits beherrschen.

Lassen Sie den Hund frontal absitzen, bleiben Sie stehen und geben Sie den Befehl „Pfötchen!" und „Tschüss!". Gibt der Hund das Pfötchen ins Leere und rudert dabei wie beim Winken mit der Pfote in der Luft, haben Sie die erste Lernphase schon abgeschlossen. Bringen Sie ihn nun noch dazu, länger zu „winken" und hierbei die Pfote hochzuhalten, indem Sie z. B. ein Leckerchen oder nur die Hand mit gestrecktem Zeigefinger hochhalten und Ihr Lob entsprechend einsetzen.

das Wiederholen des verbalen Befehls – ständig angehalten wurde, mit der Ausführung seiner Handlung fortzufahren. Bereits nach ein paar Tagen mit kurzen Trainingssitzungen wird er die Verbindung hergestellt haben und fortan auf das Sichtzeichen reagieren.

67 „Zählen!"

Im Gegensatz zu einigen Vogel- und Affenarten sind Hunde nicht (oder nur in ganz beschränktem Maße) befähigt, abstrakt zu denken. Man kann aber durchaus trainieren, dass der Hund auf ein von uns gegebenes Zeichen hin anfängt, beispielsweise die Pfote zu heben oder zu bellen, bis er auf ein erneutes Zeichen wieder aufhört. So entsteht der Eindruck, als ob der Hund zählt bzw. eine Rechenaufgabe löst.

Bei diesem Gag setzen wir – wenn der Hund die entsprechende Zahl durch Heben der Pfote anzeigen soll – die Übungen 57 („Pfötchen!") oder 66 („Tschüss!") bzw. – wenn die jeweilige Zahl durch Bellen angegeben werden soll – die Übung 40 („Laut!" und „Aus Laut!") ein, und zwar jeweils in Verbindung mit einem Sichtzeichen (z. B. einem Taschentuch o. Ä.).

• Wichtig ist, dass der Hund die Verknüpfung zwischen dem Befehl, den er zunächst fehlerfrei beherrschen muss, und dem Sichtzeichen herstellt, also Beginn und Ende des Zählens (z. B. Hochhalten bzw. Wegstecken eines Taschentuchs). Dies ist leicht zu schaffen, wenn wir ihn immer erst dann belohnen, wenn wir das Sichtzeichen wegnehmen und der Hund bis dahin von uns – wenn nötig durch

68 „Slalom!"

Dieser Befehl entspringt dem Bereich des Hundesports: Es handelt sich um eine Disziplin des Agility-Parcours (siehe S. 158). Auf den Befehl „Slalom!" hin soll der Hund durch eine gerade Reihe von Hindernissen – Stöcke, Fähnchen oder auch andere Gegenstände – Slalom laufen. Falls Ihnen zum Üben dieses Befehls kein Agility-Parcours zur Verfügung steht, können Sie leicht Abhilfe schaffen. Zum Erbauen einer kleinen Slalomstrecke benötigen Sie nur ein paar Stöcke, die Sie im geeigneten Abstand als gerade Strecke einfach in den Boden stecken. Der Abstand sollte nicht zu weit sein, da der Hund dann seine Wendungen nicht mit dem Hindernis in Verbindung bringen kann, aber auch nicht so eng, dass er die Stöcke umstößt.

Es gibt die verschiedensten Möglichkeiten, dem Hund das Slalomlaufen beizubringen. Zwei seien hier kurz beschrieben:

• Leinen Sie Ihren Hund zum Erlernen dieses Befehls an und lassen Sie ihn zunächst bei Fuß an dem einen Ende der Strecke absitzen. Gehen Sie nun unter „Fuß!", „Slalom!" gemeinsam los, und zwar indem Sie Ihre Slalomstrecke zügig durchschreiten. Halten Sie die Leine ausreichend kurz – der Befehl „Fuß!" sollte Ihren Hund ohne-

Das Slalom ist ein Hindernis, zu dessen Bewältigung viel Geduld und Lob gehören.

hin dazu veranlassen, dicht neben Ihnen zu gehen. Auf diese Weise kann der Hund gar nicht anders, als mit Ihnen die Wendungen mitzugehen. Nach einigen Gängen wird ihm das Hin und Her schon geläufig sein, so dass Sie zur zweiten Phase der Übung schreiten können.

• • Kappen Sie hierzu die Stöcke für den Fall, dass sie sehr lang sein sollten, auf eine Höhe ab, dass Sie Ihren Arm gut darüberführen können. Starten Sie zusammen mit dem Hund wieder in gewohnter Weise, doch diesmal ausschließlich mit „Slalom!". Sie gehen rechts an den Stangen vorbei, während

Ihr Hund den Parcours bewältigen muss. Geben Sie ihm mit der Leine ruhig Hilfestellung, indem Ihr Arm über den Stangen den Slalom mitmacht. Ein zügiges Gehen erleichtert dem Hund die Aufgabe, da er auf diese Weise nicht auf die Idee kommen kann, seitwärts auszubrechen.

Mit einiger Übung wird Ihr Hund immer weniger Hilfestellung benötigen. Ein dickes Lob nach Durchlaufen der Strecke sollte ihm dann natürlich sicher sein.

• • • Üben Sie dann später dieselbe Strecke ohne Leine und auch, indem Sie links an der Slalomstrecke vorbeigehen.

Eine andere Möglichkeit, dem Hund das „Slalom!"-Gehen beizubringen, ist folgende:

• Lassen Sie Ihren Hund unangeleint mit „Slalom!" losgehen, und zwar so, dass Sie außen an den Stangen vorbeilaufen, während Ihr Hund Slalom um die Stangen läuft. Halten Sie Ihre Hände in Kopfhöhe des Hundes, um auf diese Weise den Hund besser leicht wegdrücken oder z. B. durch leises Klatschen oder Schnalzen zu sich locken zu können. Sie haben die Wahl, diese Aktion noch zusätzlich mit den Worten „Hin!", „Weg!" zu untermalen, um so einen gewissen Rhythmus in das ganze Geschehen zu bringen.

Im Kapitel „Freizeit und Sport" sind die genauen Abstände der Slalomstangen für den Agility-Parcours aufgezeigt (vgl. Übung 100). Für eine rein zum Vergnügen durchgeführte Übung müssen diese selbstverständlich nicht berücksichtigt werden.

• • Ein wenig Abwechslung können Sie in die Slalom-Übung bringen, indem Sie den Hund z. B. durch aufgestellte Flaschen oder ähnliches Slalom laufen lassen oder aber auf dem Spaziergang, sofern Sie z. B. einen slalomgeeigneten Zaun finden. Zusätzlich können Sie die Übung auch entweder dadurch erschweren, dass Sie den Hund die Slalomstrecke alleine bewältigen lassen, während Sie am Anfang oder am Ziel der Strecke warten, oder aber dadurch, dass Sie ihn unter „Hier!" und „Slalom!" dazu veranlassen, die Strecke auch wieder zurückzugehen. Letzteres bedarf jedoch eines besonderen Trainings. Geübt wird hierbei zunächst mit weniger Stangen. Führigkeit auf Distanz macht sich hier bezahlt, so dass Sie mit visuellen Hilfestellungen den Hund wieder auf die richtige Slalom-Spur bringen können. Nach und nach können Sie die Stangenanzahl natürlich wieder erhöhen.

69 Ostereier suchen

Diese Übung haben meine Hunde vor Jahren selbst ins Leben gerufen. Kurz nachdem ich für die Kinder, die gerade zu Besuch bei uns waren, Ostereier versteckt hatte, kamen sie auch schon mit den ersten Eiern in der Schnauze an. Die Kinder waren damals begeistert, und seither herrscht Ostern bei uns zu Hause stets Hochkonjunktur für diese Übung, denn dann dürfen unsere Hunde die versteckten Osterkörbe und Eier mitsuchen. Man muss dazu sagen, dass sie dies immer mit größerem Erfolg als wir selbst tun. Sogar die Hühnereier apportieren sie ganz vorsichtig, ohne dass die Schale kaputtgeht.

• Die einzige Schwierigkeit bei den mit Speck eingeriebenen Hühnereiern besteht darin, dem Hund zu vermitteln, sie möglichst vorsichtig aufzunehmen und so zu tragen, dass sie nicht kaputtgehen. Dies machen viele Hunde von sich aus sehr gut, ansonsten hilft es meist, sie mit langsamen und leiser gesprochenen Befehlen zu mehr Vorsicht anzuhalten. Lassen Sie Ihren Hund am besten immer wieder dasselbe Ei suchen, das Sie ihm an verschiedenen Stellen verstecken können, während der Rest der Familie selbst mit Suchen beschäftigt ist. Vielleicht können Sie ihm ja auch als besondere Belohnung das hartgekochte Ei am Schluss ganz überlassen.

Welche Freude für den Hund, wenn er beim Ostereier suchen mitspielen darf!

 70 **„Schnapp!"**

Das Schnappen ist eine beim Hund in den meisten Fällen sehr beliebte Übung, da man sie am besten anfänglich mit gezielt geworfenen Leckerchen übt.

• Werfen Sie die Leckerchen unter „Schnapp!" so, dass Ihr Hund sie, wenn er nicht schnappt, ins Gesicht bekommt. Dies reicht zum Schnappen meist als Reiz aus. Lassen Sie den Hund während dieser Übung ausschließlich die geschnappten Leckerchen fressen. Sonst hätte die Übung als Befehl keinen Sinn, da sie sich für den Hund dann nämlich nur als willkommener Leckerchenregen darstellt.

• • Eine weitere Methode, dem Hund das Schnappen von Leckerchen beizu-

bringen, ist die, dass Sie ein beliebtes Leckerchen hochhalten, bis der Hund sich aufstellt. Springen sollte er allerdings nicht. Steht er nun auf den Hinterläufen und streckt seine Nase in die Luft, lassen Sie das Leckerchen genau auf bzw. bei geöffneter Schnauze in seine Schnauze fallen. Je gieriger der Hund ist, desto schneller

Den Befehl „Schnapp!" erlernen die meisten Hunde mit Hilfe einiger Leckerchen sehr rasch.

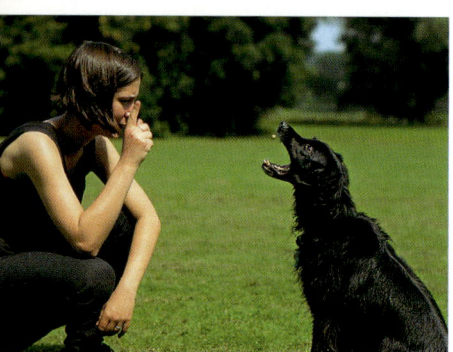

Zuerst wird das Leckerchen auf die Nase gelegt (oben), dann kommt der Befehl „Schnapp!" (Mitte) – und schon landet die Belohnung zwischen den Zähnen (unten)!

wird er lernen, dass „Schnapp!" die schnellste Möglichkeit ist, an ein Leckerchen zu kommen.

Die „Schnapp!"-Übung mit Leckerchen ist der Vorläufer für das Schnappen von Bällen, was bei Apport-Spielen gut einzusetzen ist, oder das Aus-der-Luft-Fangen von Frisbeescheiben, wenn Sie mit dem Hund in diese Richtung freizeitsportlich arbeiten wollen. Sie ist auch Grundvoraussetzung für die folgende Übung.

71 Balancieren von Leckerchen auf der Nase

Vor dem Erlernen dieser Übung muss der Hund bereits die „Schnapp!"-Übung beherrschen.

• Lassen Sie Ihren Hund frontal absitzen und hocken Sie sich vor ihn hin. Umgreifen Sie mit einer Hand die Schnauze, die Sie in der Waagerechten ruhig halten, und legen Sie ein Leckerchen vorn auf die Hundenase. Mit „Bleib!" veranlassen Sie dann den Hund, sich in dieser Stellung nicht zu bewegen. Es gilt, auf die Hilfestellung durch Ihre Hand nach und nach zu verzichten. Die erste Schwierigkeit dieser Übung ist gemeistert, wenn der Hund beliebig lange mit dem Leckerchen auf der Nase ruhig sitzen bleibt, ohne dass es herunterfällt. Gehen Sie dann dazu über, durch Andeuten eines Wurfes den Hund zum Schnappen zu veranlassen. Hierbei fliegt das balancierte Leckerchen in die Luft und soll vom Hund aufgeschnappt werden.

Das geht umso einfacher, je weiter vorne das Leckerchen auf der Nase

Mit so einem großen Würfel kann beim Mensch-ärgere-Dich-nicht nur noch einer gewinnen: der Hund!

liegt. Achten Sie darauf, dass Ihr Hund stets nur auf Ihren Befehl hin das Leckerchen durch seine Kopfbewegung hochfliegen lässt, um es dann zu schnappen. Er darf es nicht schon hochwerfen, wenn Sie es gerade erst zum Balancieren hingelegt haben.

 72   **„Würfeln!"**

Es gibt in Spielwarenläden für Kleinkinder große Würfel aus Stoff zu kaufen, die hervorragend dafür geeignet sind, den Hund z. B. an einem verregneten Winternachmittag, wenn die ganze Familie gerade dabei ist, ein Gesellschaftsspiel zu spielen, an der Runde in besonderer Weise teilhaben zu lassen.

Durch die Befehle „Apport!" (Übung 12) und „Aus!" (Übung 9) können Sie den Hund leicht dazu bewegen, für Sie zu würfeln. Nach und nach können Sie auch versuchen, die Befehle „Apport!" und „Aus!" zu löschen und statt dessen z. B. „Du bist dran!" oder „Würfeln!" einzuführen. Falls Ihr Hund die Angewohnheit hat, auf den Befehl „Laut!" den Kopf beim Bellen in den Nacken zu werfen, können Sie auch durch eine anfängliche Kombination der Befehle „Apport!", „Würfeln!" und „Laut!" zu erreichen versuchen, dass er den Würfel hochwirft. Belohnt wird der Hund sofort, nachdem er den Würfel hochgewor-

Hinweis
Achten Sie darauf, aus welchem Material der Würfel besteht; Schaumgummi alleine geht zwar relativ schnell kaputt, ist jedoch gut geeignet, wenn es mit einem Stoffüberzug versehen ist. Außerdem sollte der Würfel groß genug sein, damit er vom Hund nicht verschluckt werden kann.

fen hat, egal ob er dabei gebellt hat oder nicht – schließlich setzen wir den Befehl „Laut!" in diesem Fall nur als Hilfe ein.

Nach und nach lässt man „Laut!" als zusätzlichen Befehl weg und festigt durch gezieltes Loben im richtigen Moment die Verknüpfung mit dem eigentlichen Befehl, in unserem Beispiel also „Würfeln!". Andernfalls beschränken Sie sich auf die Befehle „Apport!" und „Aus!". Denn auch das bloße Fallenlassen des aufgenommenen Würfels kann Ihnen eine Sechs in Ihrem Spiel bescheren.

73 „Karren!"

Ist Ihr Hund nicht zu klein und einigermaßen kräftig gebaut, können Sie ihn als Zughund einsetzen, indem Sie ihn vor einen geeigneten Karren spannen. Je nach Stärke des Hundes können Sie beispielsweise Einkäufe auf diese Weise bequem transportieren und verschaffen zugleich dem Hund eine sinnvolle Aufgabe.

Vorsicht
Der Karren muß so konstruiert sein, dass der Abstand zu den Hinterläufen ausreichend groß ist. Sonst kann es zu Verletzungen kommen.

• Gewöhnen Sie den Hund zunächst nur an das Zuggeschirr, bevor Sie ihn vor den Karren spannen. Fangen Sie danach mit dem Ziehen des Karrens auf geraden Strecken an. Hat sich Ihr Hund erst an den Zug gewöhnt, ist es eigentlich keine Schwierigkeit, ihn dazu zu bringen, auch den bepackten Karren zu ziehen, solange dieser nicht

zu schwer ist. Üben Sie nach und nach erst weite Bögen und später auch engere Kurven. Bleibt ein sensibler Hund am Anfang der Lernphase mit dem Karren hängen und erschrickt, werden Sie ihn nur mit viel Geduld wieder zum Ziehen bringen können. Achten Sie am Anfang daher strikt auf diese Dinge, und gestalten Sie die Übung komplikationslos. Lassen Sie den Hund stets den gleichen Karren ziehen, da er nach und nach die Länge des Karrens einzuschätzen lernt. Im Winter kann man den Hund auch einen kleinen Schlitten ziehen lassen.

• • Hervorragend geeignet ist das Ziehen eines Karrens für die Begriffvermittlung von „Langsam!" und „Tempo!". Zieht der Hund den Karren mit Freude, suchen Sie eine Stelle mit holprigem Boden auf. Dort geben Sie den Befehl „Langsam!" Bei starkem Gerucke im Geschirr wird kein Hund besonders schnell gehen wollen – nutzen Sie das aus. Auf ebenen, asphaltierten Strecken können Sie Ihren Hund durch eine flotte Gangart unter „Tempo!" zum schnellen Gehen anregen (vgl. Übung 43: Schnelles und langsames Gehen).

74 Balancieren auf Gegenständen

Hunde sind keinesfalls so geschickte Kletterer wie etwa Katzen. Es gibt unter Hunden besonders trittfeste, und weniger sichere. In jedem Fall können Sie Ihren Hund jedoch dazu bringen, auf bestimmten von Ihnen angezeigten Gegenständen und Geräten zu balancieren. Die einfachste Grundform, die für einige vielleicht schon reichen mag, ist folgende, die als kleines Erlebnis den Spaziergang auflockern kann:

• Lassen Sie Ihren Hund mit „Hopp!" auf einen Baumstamm oder auch ein Gartenmäuerchen springen, und veranlassen Sie ihn, unter „Langsam!" bis zum Ende zu gehen. Der Abgang darf nur auf Ihren Befehl hin erfolgen. Für geschickte Hunde kann man die Übung erschweren, indem die Breite des Stammes oder des jeweiligen Gerätes verringert wird. Die Hundepfote verfügt nicht über spitze Krallen wie die einer Katze, deshalb sind glatte Oberflächen für den Balanceakt zu meiden.

• • Reden Sie dem Hund beim langsamen Vortasten auf dem Gerät mit „Brav, Langsam!" gut zu, und geben Sie ruhig anfangs Hilfestellung; das gibt dem Hund bei dieser mitunter recht schwierigen Aufgabe die nötige Sicherheit.

• • • Durch Kurven und Winkel kann man die Übung später zusätzlich erschweren, ebenso wie durch den Befehl „Zurück!".

Wichtig
Achten Sie immer darauf, dass Ihr Hund nicht herunterfällt, und greifen Sie rechtzeitig mit „Bleib!" oder „Hopp!" ein, bevor er sich erschreckt oder verletzt und somit das Vertrauen zu dieser Übung oder gar zu Ihnen verliert.

Bei besonders unsicheren Hunden hat es sich bewährt, durch eine Körpermassage, die vom Rücken ausgehend an den Beinen herunter bis zu den Zehen und wieder zurück durchgeführt wird, die Trittsicherheit und somit auch das Selbstvertrauen des Hundes zu erhöhen. Die Hunde bekommen durch die Massage ein besseres Gefühl für ihren eigenen Körper und somit auch dafür, wo sie ihre Füße hinstellen.

75 Treppe

Das Erklimmen einer Treppe lernen auch kleine bzw. junge Hunde sehr schnell, wenn es darum geht, Ihnen zu folgen. Trotzdem sollten Sie sich vor Augen halten, dass das Auf- und Absteigen auf Treppen für Hunde anatomisch begründete Schwierigkeiten mit sich bringen kann. Rassen mit langem Rücken wie Dackel oder Bassets bekommen bei häufigem Springen und Treppensteigen oft die so genannte Dackellähme (was einem Bandscheibenvorfall entspricht). Besonders große Rassen leiden dagegen oft an einer Missbildung des Hüftgelenkes, der so genannten Hüftgelenkdysplasie (HD). In solchen Fällen ist es ratsam, den Hund nach Möglichkeit die Treppen hinauf- und herunterzutragen. Wegen der Größe wird dies allerdings unter Umständen nicht immer möglich sein.

Als Übung an Treppen kann man sowohl für diejenigen Hunde, die getragen werden sollen, als auch für die, die selber Treppen gehen können, beispielsweise ein Warten einbauen, das aus dem Wirkungsbereich der Blindenhunde entnommen ist. Beim Auf- und Abstieg soll der Hund vor der Treppe oder dem Treppenabsatz stehen bleiben.

• Dies ist leicht zu erreichen, indem Sie den Hund zunächst mit der Leine an den Absatz führen und ihn mit „Steh!" zum Anhalten und Verharren bewegen. Geben Sie dann, wenn auch Sie die Treppe hinuntergehen wollen, den Befehl „Lauf!", um die Übung aufzuheben, oder nutzen Sie sein ruhiges Stehen als Möglichkeit, ihn hochzunehmen. Achten Sie beim Tragen darauf, dass eine Hand den Brustkorb abstützt, während die andere Hinterläufe und Gesäß unterstützt. Tragen Sie Ihren Hund stets gegen Ihren Körper gedrückt. Das ist das angenehmste für den Hund und auch für Sie die leichteste Form.

Hinweis
Welpen sollten nur als Übung ab und zu Treppen laufen, aber sonst über Treppen getragen werden, um das sich noch im Wachstum befindliche Skelett nicht auf unnatürliche Art überzustrapazieren.

• • Beim Treppenaufstieg lässt man den Hund praktischerweise so anhalten, dass er mit den Vorderläufen auf der ersten Stufe steht. Wirken Sie wiederum mit „Steh!" auf den angeleinten Hund ein, so dass er in dieser Position verharren muss. Nutzen Sie diese Position aus, um ihn hochzunehmen und lösen Sie sonst die Übung wie gehabt nach einem Lob durch „Lauf!" auf.

Hinweis
Bedenken Sie bei der Treppe auch, dass die allermeisten Hunde, besonders wenn sie Treppen noch nicht so gewöhnt sind, lieber an der Wandseite gehen als an der Geländerseite, vermutlich weil die Wandseite ihnen subjektiv mehr Schutz bietet.

Welpen sollten nur ab und zu zur Übung Treppen laufen und ansonsten getragen werden, bis der Bewegungsapparat kräftiger geworden ist. Eine Hand unterstützt die Brust, auf der anderen ruht das Hinterteil des Welpen.

76   Leiter

Das Besteigen einer Leiter erfordert vom Hund ähnlich viel Geschick wie das Balancieren. Um keine Verletzungen zu riskieren, sollte der Hund schon eine gewisse Ruhe an den Tag legen und nicht ein quirliger Junghund sein, der eigentlich toben will. Je nach Größe des Hundes dürfen die

Diese Übung kommt aus der Rettungshundeausbildung. Sie müssen vorsichtig vorgehen, damit Ihr Hund keine schlechten Erfahrungen mit der Leiter macht.

Das Gehen über eine Leiter stammt aus dem Repertoire der Rettungshunde. Geben Sie dem Hund bei dieser schwierigen Übung genügend Halt und Hilfestellung, bis er sich ganz sicher fühlt.

Leitersprossen nicht zu weit auseinander sein. In jedem Fall sollten sie ausreichend breit und angerauht sein, so dass der Hund sicher darauf stehen kann. Geübt wird zunächst auf einer waagerecht aufgelegten Leiter.

• Lassen Sie Ihren Hund von einem Stuhl oder einem Tisch aus starten,

Hinweis
Da Hunde nur wenig Halt auf den Sprossen finden, ist für sie ein Abstieg auf einer steilen Leiter nicht möglich!

auf dem die Leiter aufliegt, und geben Sie ihm am besten mit einer weiteren Person Hilfestellung. Reden Sie ihm aufmunternd zu und veranlassen Sie ihn, ganz langsam zu laufen, um mit jedem Tritt eine Sprosse zu erreichen. Loben Sie ihn kräftig, wenn er auf der anderen Seite angekommen ist. Es gilt hier, besonders strikt darauf zu achten, dass der Hund nie eine schlechte Erfahrung bei dieser Übung macht, denn das wird ihm den Spaß an dieser neuen Übung für lange Zeit verleiden.

• • Bedenken Sie, dass der Hund niemals das sanfte Geschick einer Katze an den Tag legen wird, die mit ihren Pfoten auf kleinsten Flächen immer noch sicher steht.

Dem Hund ist anatomisch bedingt nur ein sehr mäßiges Festkrallen möglich. Überfordern Sie ihn am Anfang nicht, indem Sie ihn mehr als zweimal über die Leiter laufen lassen. Wiederholen Sie die Übung am besten täglich, bis er sie gut beherrscht.

Gehen Sie dann dazu über, nach und nach die Leiter etwas schräger zu stellen. Auch hier gilt, dass Sie bedenken müssen, dass ein Hund kein Kletterer ist; er wird also über einen bestimmten Winkel nicht hinauskommen.

77 „Singen!"

Abgesehen vom Bellen haben Hunde die Fähigkeit auch noch eine ganze Reihe anderer Töne von sich zu geben, was Sie auch zu einer Übung umgestalten können. Durch gute Beobachtung werden Sie schnell herausfinden, in welcher Situation welche Laute von Ihrem Hund benutzt werden.

Meine Hunde beispielsweise singen regelrecht bei meiner Rückkehr, wenn sie eine Weile alleine bleiben mussten.

• Will man erreichen, dass der Hund seine Töne auch auf Befehl wiedergibt, ist bei der Belohnung der richtige Moment von größter Bedeutung, damit er seine Handlung auch mit dem neu eingeführten Lautzeichen in Verbindung bringen kann.

78 „Zieh feste!"

Hunde sind in der Lage, Dinge zu ziehen, die zu schwer oder zu groß sind, um von ihnen getragen zu werden. Allerdings muss gewährleistet sein, dass der Gegenstand oder ein Teil von ihm gut mit der Schnauze umfasst werden kann.

• Machen Sie Ihrem Hund den Gegenstand schmackhaft, beispielsweise dadurch, dass Sie ihn mit einem Stück Wurst oder Speck abreiben. Schicken Sie den Hund mit „Apport!" zu dem Gegenstand und loben Sie ihn, wenn er versucht, ihn aufzunehmen. Unterstützen Sie ihn mit einem aufmunternden „Zieh feste!" und „Apport!", Ihnen den Gegenstand zu bringen. Ein Hund, der die Apport-Übung beherrscht, wird leicht verstehen, was man von ihm verlangt, und den Gegenstand heranschleppen. Wenn der Gegenstand schwer ist, wählen Sie eine nicht zu große Distanz, um ihn nicht zu überfordern.

• • Bei Gegenständen, die zwar leicht, aber groß und unhandlich sind, kann man später die Übung dadurch erschweren, dass man den Hund den Gegenstand beispielsweise um eine Ecke oder durch eine Tür ziehen lässt. Für eine solch knifflige Aufgabe muss der Hund sein ganzes Geschick einsetzen, um Erfolg zu haben. Honorieren Sie eine gelungene Übung mit entsprechend viel Lob und Aufmerksamkeit.

79 Fußball!

Die meisten Hunde, besonders aber junge und temperamentvolle, haben viel Spaß an schwungvollen und bewegungsreichen Aktivitäten. Das Fußballspielen eignet sich deshalb in besonderer Weise dazu, es in einer abgewandelten Form als Übung einzuführen. Grundsätzlich gibt es zwei Varianten: Bei der einen soll der Hund den Ball mit der Nase, vielleicht auch unter Zuhilfenahme seiner Vorderbeine vorantreiben, bei der anderen nimmt man keinen Ball, sondern einen Luftballon und spielt quasi „Nasenball" mit dem Hund.

Bei dieser Übung hängt alles davon ab, ob der Hund überhaupt Gefallen daran findet, denn wenn nicht, wird man ihn nur schwer dafür begeistern können.

• Führen Sie zu Beginn dieser Übung den Ball oder Ballon unter großem Tamtam ein, so dass das Interesse des Hundes geweckt wird. Dirigieren Sie nun mit viel Lob und aufmunternden Worten den Hund mit dem Ball von hier nach dort oder vielleicht sogar auf ein Ziel oder Tor zu. Versucht er, den

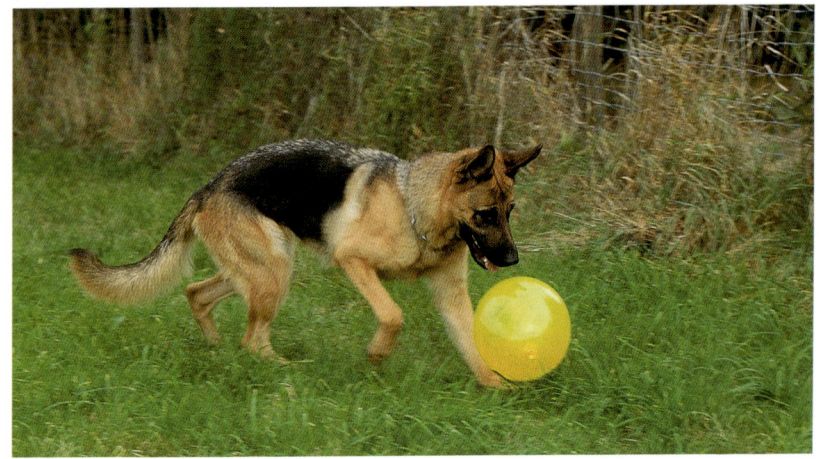

Den Luftballon darf man beim Fußballspiel leider nur sachte mit der Nase stupsen, sonst ist er gleich kaputt.

Ball mit den Zähnen zu fassen, korrigieren Sie ihn mit „Nein!", und belohnen Sie ihn, wenn er wieder richtig „weiterdribbelt".

80 Das Hunde-Duo

Sollten Sie zwei Hunde haben, gibt es selbstverständlich die Möglichkeit, beide Tiere zusammen eine Übung absolvieren zu lassen. Auch hier gibt es natürlich sehr viele Variationsmöglichkeiten. Zunächst werden zwei Übungen vorgestellt, die nur möglich sind, wenn sich Ihre beiden Hunde uneingeschränkt gut verstehen und sie einen auffälligen Größenunterschied aufweisen, wie z. B. Bernhardiner und Yorkshireterrier.

Bremer Stadtmusikanten
Ist Ihr großer Hund sehr ruhig und der kleine ein guter Springer, lassen Sie

den kleinen doch einmal auf den Rücken des großen springen. Hierzu müssen Sie beiden Hunden vorher getrennt die jeweiligen Befehle beigebracht haben, was für den großen Hund in diesem Fall „Steh!" und für den kleinen „Hopp!" wäre.

• Zum Anlernen der eigentlichen Übung, mit der erst begonnen werden kann, wenn die Vorübungen schon gut beherrscht werden, empfiehlt es sich, den kleinen Hund an einer der beiden Breitseiten des großen absitzen zu lassen. Sie selbst sollten sich auf die andere Seite stellen und den kleinen Hund mit einem Zuruf oder Sichtzeichen dazu bewegen zu springen. Ist Ihr großer Hund auch mit einer anderen Person sehr vertraut, kann es nicht schaden, wenn diese an der Kopfseite des Hundes bleibt, ihn vielleicht streichelt oder auch mit „Nein, steh!" auf ihn

138

einwirkt, sobald er sich von seiner angewiesenen Position fortbewegen oder sich hinsetzen will.

• • In dem Moment, in dem der kleine Hund den Rücken erklommen hat, stützen Sie ihn ab und loben Sie beide Tiere überschwänglich, und zwar am besten in der Form, dass Sie dem kleinen Hund und Ihr Helfer dem großen Hund Anerkennung zollen. Lassen Sie anschließend den kleinen Hund sofort herunterspringen. Sie sollten erst nach und nach die Zeit verlängern, in der der kleine Hund auf dem Rücken thront.

Um von Anfang an keine Aversion gegen diese Übung aufkommen zu lassen, können Sie auch eine gefaltete Decke auf dem Rücken des großen Hundes ausbreiten, damit dieser den kleinen weniger spürt. Nach und nach können Sie später die Decke Lage um Lage auffalten, bis Sie die Übung zuletzt ohne Hilfsmittel verlangen können. Wenn Sie sich des Deckentricks bedienen, achten Sie streng darauf, dass diese nicht rutscht und so dem kleinen Hund die Übung verleidet.

• • • Diese Übung kann man noch zusätzlich erschweren, wenn man den kleinen Hund zunächst aufspringen und den großen dann langsam laufen lässt. Zum Anlernen ist es am einfachsten, wenn eine Hilfsperson den großen Hund langsam führt, während Sie den kleinen nötigenfalls abstützen. Wenn Sie sehen, dass die Übung den beiden Hunden großen Spaß bereitet – zumal sie natürlich nach erfolgreicher Übung stets gebührend gelobt werden –, können Sie noch eine Stufe weitergehen und den kleinen Hund aufspringen lassen, während der große läuft.

Beine-Tunnel

Die zweite Übung für Hunde mit auffälligem Größenunterschied sieht so aus, dass der kleinere zwischen den Beinen des großen Hundes hindurchlaufen soll. Es empfiehlt sich hierfür, mit dem großen Hund vorher separat die Übungen „Steh!" und „Bleib!" und mit dem kleinen die Übung „Komm!" bzw. „Kriechen!" geübt zu haben – je nachdem, wie gut er unter dem anderen hindurchpasst.

• Lassen Sie den kleinen Hund auf der einen Seite absitzen, während Sie auf der gegenüberliegenden Breitseite des großen Hundes stehen und den kleinen mit „Komm!" oder „Kriech!" dazu anhalten, unter dem anderen Hund hindurchzukommen.

Wenn Sie beide Übungen mit Ihren Hunden trainieren und merken, dass die Tiere Spaß daran haben, können Sie sie auch so kombinieren, dass der kleine Hund von der einen Seite auf den Rücken des großen springt, auf der anderen Seite wieder herunterspringt und dann unter ihm hindurchläuft, bis er – auf der anderen Seite angekommen – von dort wieder auf dessen Rücken springt.

Kombinierte Übungen

Weitere Übungen, die sich auch gut für zwei Hunde eignen, können aus einem Zusammenschluss von zwei sonst getrennten Übungen bestehen. Ohne die Übungen im einzelnen näher zu beschreiben, werden hier kurz einige Beispiele vorgestellt. So kann man beispielsweise trainieren, dass der eine Hund Pfötchen ins Leere

gibt, was dann gleichzeitig das Sichtzeichen für den zweiten Hund ist, sich
zu setzen oder ähnliches. Lustige Sze-
nen gemäß der Hundefutterreklame
kann man natürlich auch unter Einbe-
ziehung einiger Personen üben oder
gar filmen, wenn man mag. Des Weiteren kann man dem einen Hund beibringen, die Leine des anderen zu tragen und, und, und. Ihrer Phantasie
sind hierbei keine Grenzen gesetzt!

Hier eine Übung, die die Disziplin
Ihrer Hunde schult: Lassen Sie den
einen Hund abliegen, während Sie mit
dem anderen eine Übung machen,
und wechseln Sie dann. Achten Sie
darauf, dass hierbei nie Eifersucht zwischen den Hunden entsteht! Loben
Sie den Hund, der an einem Ort
verharren soll, genauso wie den anderen, wenn die Übung ordentlich ausgeführt wurde. In vielen Haushalten
mit zwei Hunden ist eine regelrechte
„Hackordnung" zu beobachten, wenn
einmal gestraft wurde. Wird beispielsweise nur der in der Hunderangordnung höher gestellte Hund gerügt,
kann es unter Umständen passieren,

*Mit zwei unterschiedlich großen Hunden
lassen sich viele Kunststückchen üben,
wenn sie sich so gut verstehen wie dieser
Havaneser und der Berner Sennenhund.*

dass dieser seinen Frust sofort an dem
anderen auslässt und ihm eine Lektion
erteilt, sobald sich hierfür eine Gelegenheit bietet.

Beide Hunde sollten ihren Anlagen
entsprechend gefordert und von
Ihnen gemäß ihrer eigenen
Hunderangordnung behandelt werden. Wenn Sie sich danach richten,
werden die beiden Hunde sicherlich
viel Spaß an den neuen Übungen
haben.

Übungen für Intelligenzbestien

Die sieben im Folgenden aufgeführten
Übungen sind etwas für den fortgeschrittenen Hund, der in den vorangegangenen Übungen schon bewiesen
hat, dass er über eine überdurch-
schnittliche Auffassungsgabe verfügt
und viel Spaß bei der Arbeit hat.

Es handelt sich zum einen um **komplexe Übungen** (Übungen 81 – 84),
die aus vielen einzelnen Unterübungen bestehen, und zum anderen um
Verknüpfungsübungen (Übungen
85 – 87), bei denen vom Hund ein
gehöriges Maß an Eigenständigkeit
gefordert wird.

81 „Spiel es noch einmal, Sam!"

Bei dieser Übung werden die schon
besprochenen Übungen „Pfötchen!"
(Übung 57) und „Hopp!" (Übung 61)
zu einer neuen Übung kombiniert, bei
der der Hund Klavier spielen soll. Der
legendäre Satz aus dem Film Casa-
blanca: „Spiel es noch einmal, Sam!"
eignet sich gut als Spaß-Befehl.

• Zunächst muss man den Hund dazu bringen, unter „Hopp!" und einem entsprechenden Sichtzeichen, beispielsweise einem aufmunternden Armschwung, auf den Klavierhocker zu springen und dort mit Blickrichtung auf die Tastatur entweder abzusitzen oder stehen zu bleiben. Im weiteren verwendet man zunächst eine Kombination der Befehle „Pfötchen!" und „Spiel es noch einmal, Sam!", bis der Hund, der der Einfachheit halber das Pfötchengeben schon beherrschen sollte, schließlich nur auf „Spiel es noch einmal, Sam!" seine Pfote gibt. Um zu erreichen, dass der Hund den Befehl damit verbindet, dass er mit der Pfote die Tasten berühren soll, muss man mit dem Loben oder mit der Gabe eines Leckerchens genau in dem Moment einsetzen, wenn der Hund dem Klavier einen Ton entlockt hat. Hilfreich kann es sein, die Hand, in der man das Leckerchen hält, ganz dicht über die Tasten zu halten.

• • Wenn Sie sehen, dass der Hund an dieser Übung großen Spaß hat, können Sie sie auf folgende Weise erweitern: Trainieren Sie mit ihm zunächst, immer abwechselnd die eine und dann die andere Pfote zu geben (vgl. Übung 57). Wenn er dies gut beherrscht, können Sie die Übung vervollständigen, indem Sie ihn wie oben beschrieben mit „Hopp!" auf den Hocker springen lassen und dann wiederum zunächst die Befehle kombinieren, beispielsweise „Die Pfote!", „Die Andere!", „Spiel es noch einmal, Sam!". Auch hier kann man nach und nach die Befehle „Die Pfote!", „Die Andere!" weglassen und den Hund nur mit dem Befehl „Spiel es noch einmal, Sam!" und dem Sichtzeichen,

auf den Hocker zu springen, die ganze Übung am Stück ausführen lassen. Bei einer entsprechenden Belohnung am Schluß dieser Übung wird sicherlich nach kurzer Zeit selbst das Sichtzeichen für den Sprung auf den Hocker überflüssig werden.

82   **Einkaufswagen**

Es gibt in Spielwarenläden kleine Einkaufswagen für Kinder, die für diese Übung benötigt werden. Vorweg aber noch einige Worte zur Übung selbst: Sicherlich bleibt diese Übung, in der der Hund mit den Vorderpfoten den Wagen schieben soll und auf Ihren Befehl hin verschiedene Sachen in den Wagen legen muss, ohne tieferen Sinn. Ich selbst habe diese Übung das erste Mal im Zirkus gesehen, als ich noch ein Kind war, und sie später mit meiner Hündin Tinta ausprobiert. Die Übung entbehrte nicht einer gewissen Komik, und auch der Hund hatte viel Spaß daran.

Aufgrund der vielen kleinen Teilübungen während der Gesamtübung wird diese Übung zu einer recht komplexen Angelegenheit, die nur ein Hund erlernen kann, der schon die erforderlichen Teilübungen beherrscht.

• In der ersten Phase müssen Sie, um dem Hund die nötige Sicherheit bei dieser Übung zu geben, zunächst den Wagen unten so beschweren, dass er nicht umkippen kann, wenn der Hund sich dagegenlehnt. Halten Sie dann so fest gegen den Wagen, dass er sich nicht bewegt, wenn Sie den Hund beispielsweise mit einem Leckerchen dazu bringen, am Wagen mit den Vorderpfoten abgestützt aufzustehen.

Mit Hilfe einiger Leckerbissen lässt sich selbst das Schieben eines Kinderwagens oder Einkaufwagens erlernen.

Achten Sie streng darauf, dass er erst wieder heruntergeht, wenn er den ausdrücklichen Befehl hierfür von Ihnen erhalten hat. Sträubt er sich, können Sie ihm diese Vorübung angenehmer machen, indem Sie ihn über den Wagen hinweg zusätzlich am Ohr kraulen.

• • Hat er diese Übung schon einige Male gemacht, können Sie zur zweiten Phase übergehen, in der Sie ihm das Wagenschieben beibringen müssen. Auch hierzu stützen Sie den Wagen ab, aber nicht so stark, und lassen den Hund wiederum am Wagen aufstehen. Nun geben Sie ihm aber nicht sofort den Happen, sondern lassen etwas den Druck vom Wagen weg, so dass der Hund ganz langsam vorwärtsgehen muss. Das Leckerchen halten Sie ihm so vor die Schnauze, dass er es nicht erreichen kann. Ein knapper Meter muss für die erste Übung reichen! Loben Sie den Hund überschwänglich.

Üben Sie an den darauffolgenden Tagen das Gehen immer ein bisschen weiter und mit immer weniger Hilfestellung Ihrerseits. Ziel dieser Teilübung ist es, dass der Hund auf einen beliebigen Befehl hin, z. B. „Einkaufen!", den Wagen solange schiebt, bis Sie die Übung beenden. Achten Sie nur darauf, dass er eine ausreichend lange ebene Strecke vor sich hat, ohne dass ein Teppich oder eine Zimmerecke die Weiterfahrt vereitelt.

• • • Beherrscht er das Schieben des Einkaufswagens, können Sie Ihren Hund dazu veranlassen, verschiedene Dinge in den Wagen zu legen. Hierfür eignet sich grundsätzlich alles, was Sie ihm vorher unmißverständlich gezeigt haben. Wenn er vorher schon den Befehl „Aufräumen!" (Übung 46) gelernt hat, ist diese Übung natürlich relativ einfach. Die Schwierigkeit besteht unter Umständen darin, dass sich der Wagen bewegen kann, während der Hund den benannten Artikel „Aufräumen!" soll – je nachdem, wie die Rollen angebracht sind. Letztendlich sollte der gesamte Übungsablauf, bei dem beide Übungen kombiniert werden, so aussehen, dass der Hund den Wagen bis zu dem Gegenstand schiebt, den er „Einkaufen!" bzw. „Aufräumen!" soll, und dann ohne einen weiteren Zwischenbefehl – der

zum Erlernen natürlich unerlässlich ist – den Wagen bis zum nächsten Gegenstand weiterschiebt, den er in den Wagen legen soll usw.

83 Tisch decken

Die Idee zu dieser Übung stammt ebenfalls aus dem Zirkus. Es handelt sich hierbei um eine kleine Show, bei der der Hund zusammen mit einer Person agiert, die einen Tisch decken will.

Teller, ein Blumenstrauß und Servietten werden von der Person zunächst auf einem Hocker abgestellt, um das Tischtuch aufzulegen. In dieser Zeit stiehlt der Hund die Teller und stellt sie in einiger Entfernung auf dem Boden ab. Die Person bemerkt, dass die Teller fehlen und geht neue holen. In ihrer Abwesenheit stiehlt der Hund den Blumenstrauß, und während die Person wiederum einen anderen Blumenstrauß holen geht, stiehlt der Hund schließlich auch noch die Servietten und stellt alles in einiger Entfernung auf dem Boden wieder richtig auf.

Zum Höhepunkt des Sketches kommt eine zweite Person mit Hund herein, und dieser Hund setzt sich sofort zu dem ersten an den auf dem Boden gedeckten Platz.

Um die Abfolge zu erreichen, muss man den neuen Befehl in der Anlernphase selbstverständlich zunächst mit dem Befehl koppeln, der dem Hund für seine Teilhandlung schon bekannt ist.

• Dies sei hier nur beispielhaft an den ersten beiden Teilübungen erläutert: Zunächst koppelt man den Befehl

Hinweis
Wenn es darum geht, dem Hund eine lange Handlungskette beizubringen, die er auf einen einzigen Befehl hin hintereinander ausführen soll, ist es wichtig, dass man ihm die einzelnen Teilübungsschritte in **umgekehrter Reihenfolge** beibringt, damit er das Lob auch erst nach der letzten Handlung erwartet und nicht denkt, dass die Übung z.B. in diesem Fall nur darin besteht, die Gegenstände vom Hocker zu „stehlen".

„Bleib!" mit „Tisch decken!" und lobt den Hund überschwänglich, wenn er brav sitzen bleibt, so wie er es am Schluß dieser Übung tun soll. Dann geht man zum nächsten Schritt über und koppelt „Aufräumen!" mit „Tisch decken!". „Tisch decken!" hat für den Hund aus der vorherigen Übungseinheit bereits die Bedeutung, dass er an dem Platz brav sitzen soll; er wird also erst den angewiesenen Gegenstand aufräumen und sich dann hinsetzen. Der Befehl „Aufräumen!" wird in etwas abgewandelter Form benutzt: Der Hund soll die Gegenstände an markierten Stellen auf dem Boden abstellen, statt sie in einen Behälter fallen zu lassen. Dank der Ähnlichkeit dieser beiden Aktionen ist diese neue Bedeutung des Befehls für den Hund in der Regel jedoch leicht zu begreifen. So geht man Schritt für Schritt vor, bis man die recht schwierige Übung aufgebaut hat und der Hund auf „Tisch decken!" hin die ganze Übung ausführt – in der Gewißheit, dass er Ihr Lob nach dem Sitzen am Platz erhalten wird.

• • Am gedeckten Platz soll Ihr Hund mit „Bleib!" dazu veranlasst werden, sitzen zu bleiben, während der zweite Hund – der nur unter der Voraussetzung mitwirken kann, dass er bereits die Befehle „Voraus!", „Sitz!" und „Bleib!" beherrscht – sich ihm gegenüber hinsetzt. In der Anlernphase ist es für den zweiten Hund hilfreich, wenn man an der Stelle, wo er sich hinsetzen soll, ein Leckerchen oder sein Lieblingsspielzeug auslegt. An diesem Ort soll er dann ebenfalls verharren, bis die Übung durch eine großartige Belohnung für beide Hunde beendet wird.

Für das richtige Aufstellen der Teller, des Blumenstraußes und der Servietten muss der Hund bereits den Befehl „Aufräumen!" (Übung 46) beherrschen. Markieren Sie die Stellen, an denen er die Sachen hinstellen soll, durch Leckerchen, die er jeweils fressen darf, nachdem er die Sachen abgestellt hat. Korrigieren Sie ihn durch „Nein!", falls er mehrere Leckerchen hintereinander fressen will.

Auch das „Stehlen" der Sachen von dem Hocker, auf den die Person die Gegenstände zu Beginn abgestellt hatte, besteht aus einer „Apport!"-Übung.

Ein gutes Timing zwischen dem Hund und der mit ihm agierenden Person ist wichtig, damit es auf den Zuschauer perfekt wirkt. Durch besonders langsam gesprochene Befehle bewirkt man im allgemeinen auch eine langsamere Ausführung, während man durch schwungvolle, etwas lauter und zackig gegebene Befehle den Hund dazu anstachelt, schneller zu arbeiten.

145

• • • Die Brillanz dieser Übung liegt darin, die Hilfen – also die am Anfang notwendigen Zwischenkommandos und auch die Leckerchen – so unauffällig wie möglich zu geben. Das bedeutet, dass in der genügend langen Festigungsphase, in der nach und nach die einzelnen Teilübungen hintereinandergeschaltet werden, nur ganz kleine Happen gegeben werden, so dass es für den Zuschauer nicht ersichtlich ist, dass der Hund zwischendurch etwas frisst.

84 Zeitung bringen

Diese Übung besteht ebenfalls aus einer Aneinanderreihung verschiedener Unterübungen und wird dadurch

Die einzelnen Trainingsabschnitte bestehen aus:

- dem Halten und Apport der Zeitung sowie dem sauberen Ausgeben auf Befehl mit anschließender Belohnung (Übungen 9, 12 und 46),
- dem Vertrautmachen mit der Strecke, zunächst ohne Hindernisse (Übung 46),
- dem Türenöffnen (Übung 48),
- dem Aufnehmen der Zeitung vom Fußboden oder aus dem Briefschlitz (Übungen 12 und 46),
- dem Einüben des gesamten Streckenablaufs mit gleichzeitigem Apport der Zeitung auf dem Rückweg, sowie aus
- der Festigung der kompletten Übung durch tägliche Wiederholung.

sehr komplex. Der Einfachheit halber werden hier nur umrißartig die einzelnen Arbeitsschritte benannt, da die Übungsanleitungen bereits in vorausgegangenen Übungen beschrieben wurden.

Wenn Sie über ein Zeitungsabonnement verfügen, können Sie Ihren Hund wunderbar abrichten, die Zeitung jeden Morgen an der Tür abzuholen und sie Ihnen ans Bett oder an den Frühstückstisch zu bringen.

Bei den **Verknüpfungsübungen** handelt es sich um Übungen, die den Hund vor ein Problem stellen, das er selbst lösen kann und soll, wenn man ihn dazu ermutigt. Einige dieser Übungen werden auch in den für Hunde entwickelten Intelligenztests gefordert. Wenn Sie Ihrer Phantasie freien Lauf lassen, fallen Ihnen sicherlich noch andere Varianten ein.

85 Wie kommt der Hund an die Wurst?

Beispiel 1:
Man leint den Hund an und befestigt die Leine an einem starren Gegenstand, so dass dem Hund ein Bewegungsradius von höchstens einem Meter gegeben ist. Dann legt man außerhalb dieses Radius beispielsweise eine leckere Wurstscheibe, an der eine Schnur befestigt ist, gut sichtbar hin, und lässt die Schnur bis in den Wirkungskreis des Hundes hineinreichen.

Nun gilt es abzuwarten, ob der Hund selbst in der Lage ist, die Verknüpfung herzustellen, nämlich an der Schnur zu ziehen, um an die leckere Wurst zu kommen. Ihre Aufgabe besteht darin, ihn zu ermutigen, sich selbst etwas einfallen zu lassen.

Beispiel 2:
Nehmen Sie zwei Schüsseln oder zwei Eimer, die man in einander stellen kann. Legen Sie in den unteren die Futterbelohnung (beispielsweise ein Stück Trockenpansen) und stellen Sie den zweiten Eimer/die zweite Schüssel drauf. Lassen Sie den Hund dann selbstständig basteln und arbeiten, bis er das obere Gefäß entfernt hat und ans Futter kommt.

Beispiel 3:
Bauen Sie in kleines Labyrinth mit verschiedenen Hindernissen (so dass der Hund einmal kriechen muss, um unter einer Öffnung hindurchzukommen, ein anderes Mal unter einem quer gespannten Handtuch hindurchschlüpfen oder über ein kleines Hindernis springen muss etc.) und ruhig auch ein oder zwei Sackgassen. Legen Sie am Ende des Labyrinths eine Futterbelohnung aus, die der Hund ruhig auch riechen sollte, damit er den Anreiz hat, sich durch das Labyrinth zu wuseln.

Beispiel 4:
Nehmen Sie eine dicke Röhre (beispielsweise ein Abflussrohr) und bohren Sie an verschiedenen Stellen ein paar Löcher quer hindurch. Schneiden Sie die Röhre von unten ca. 15 cm weit ein und schneiden Sie dann die eine Hälfte des unteren Röhrenendes ab, so dass unten nur noch ein halbes Rohr übrig bleibt. Stecken Sie in die gebohrten Löcher jeweils einen dünnen Stock und füllen Sie von oben auf jeden Stock ein Stück Pansen oder einen großen Hundekuchen, der

auf dem Stöckchen liegen bleibt. Stellen Sie dann die Röhre stabil auf und lassen Sie den Hund daran arbeiten. Schafft er es den Stock wegzuziehen, fällt die Futterbelohnung entweder eine Etage tiefer oder ganz unten aus der Röhre heraus. Mit der Zeit lernt der Hund auch die richtige Reihenfolge der Stöckchen einzuschätzen, um möglichst prompt an die Belohnungen heranzukommen.

86 Wie kommt der Hund durch die Tür?

Hängen Sie ein Handtuch so in eine Tür, dass Ihr Hund nicht darüber hinwegucken kann. Stellen Sie sich dann auf die andere Seite und rufen Sie ihn. Loben Sie ihn überschwänglich, wenn er klug genug ist, unter dem Handtuch hindurch zu Ihnen zu gelangen.

87 Wie kommt der Hund zu seinem Herrn?

Gehen Sie mit Ihrem Hund an einem Zaun entlang, der es Ihnen durch ein Tor ermöglicht, auf die andere Seite des Zaunes zu wechseln und dort weiterzugehen, während Ihr Hund auf der bisherigen Seite bleibt. Rennen Sie dann ruhig auch ein Stückchen, um den Hund davon abzulenken, dass er von Ihnen durch den Zaun getrennt ist. Nach einem Weilchen bleiben Sie stehen und rufen Ihren Hund zu sich heran. Ein ganz dickes Lob hat er sich verdient, wenn er selbst die Verknüpfung herstellt und zum Tor zurückläuft, um zu Ihnen zu gelangen. Ermutigen Sie ihn dazu, indem Sie mit der Hand die Richtung weisen und ihn nochmals rufen oder gegebenenfalls auch ein kleines Stück zurückgehen.

Endogene Reize und Eigenarten

Bei nahezu jedem Hund kristallisieren sich kleine Eigenarten in seinem Verhaltensmuster heraus. Hierzu zähle ich beispielsweise Angewohnheiten wie im Handstand zu pinkeln, wie es Gipsy, die kleine Mischlingshündin meiner Freundin tut, oder aber Tennisbälle in Pfützen oder auch unter dem Rasensprenger zu „waschen", was sich meine Hündin Tinta angewöhnt hat.

Ihre Aufgabe besteht jetzt darin, durch gezieltes Loben eine dauerhafte Verknüpfung herzustellen, um die individuelle Eigenart Ihres Hundes somit zum Befehl zu formen. Ist die Verknüpfung geglückt, kann der Befehl von Ihnen jederzeit verlangt werden.

Sehr nützlich ist es beispielsweise, wenn Ihr Hund sich nach einem Regenspaziergang auf Befehl **vor** der Haustüre schüttelt und nicht erst im Wohnzimmer!

Im Allgemeinen dauert eine solche Verknüpfung etwas länger, da das von Ihnen gegebene Hörzeichen mit anschließendem Lob, z. B. „Waschen!", „Brav!", während der Aktion des Hundes zunächst nicht klar als Befehl von ihm erkannt wird. Mit der Zeit können Sie aber versuchen, ihn mit dem jeweiligen Lautzeichen, das er ja dann schon kennt, zu der angestrebten Handlung zu reizen. Loben Sie überschwänglich in dem Moment, in dem der Hund mit der

gewünschten Handlung einsetzt. Günstig zum Erlernen dieses Befehls ist es, das jeweilige Lautzeichen kurz vor und während der Aktion zu geben, wenn diese von Ihnen im Vorfeld schon erkannt werden kann. Im übrigen lernt der Hund umso schneller, seine Handlung mit dem zu Beginn völlig überraschenden Lob zu verknüpfen, je lieber er die Belohnung hat, aber auch je seltener er diese bekommt. Setzen Sie also beispielsweise sein Lieblingsspielzeug ein, das Sie ihm eine Zeitlang vorenthalten haben, oder ein besonders begehrtes Leckerchen. Mit etwas Geduld wird sich sicher das gewünschte Resultat einstellen, wobei anfangs der Hund praktisch selbst bestimmt, wann die „Übung" eingeschoben wird.

Da die Eigenarten mannigfaltig sind, sollen hier nur einige Verhaltensmuster, die wohl jeder Hund an den Tag legt, und auch solche, die durch eine gewisse Manipulation leicht zu provozieren sind, als Befehle beschrieben werden.

88 Strecken

Nach dem Schlafen recken und strecken sich fast alle Hunde, bevor sie wieder richtig auf Trab kommen. Hat Ihr Hund die Angewohnheit, sich so zu strecken, dass er den Vorderkörper senkt und das Hinterteil in die Höhe streckt, können Sie dies als Verbeugung umfunktionieren.

Wenn ein Hund einen anderen zum Spiel auffordern will, nimmt er ebenfalls eine Position ein, die an eine Verbeugung erinnert. Im normalen Spielverlauf wird er nun in dieser Haltung

Äußerst nützlich nach einem Regenspaziergang: das Schütteln auf Befehl!

Das genüssliche Strecken können Hunde ebenfalls auf Befehl vorführen.

bellen oder losspringen. Wir machen uns jedoch nur zunutze, dass diese Position dem normalen Hundeverhalten entspricht und keinesfalls atypisch ist. Wie z. B. auch beim Pfötchengeben entnehmen wir also einen Baustein aus dem Sozialverhalten der Hunde, um diesem als Befehl eine zusätzliche Bedeutung zu geben.

• Zum Lehren dieses Befehls gibt es zwei Möglichkeiten: Zum einen die, dass Sie z. B. „Diener!" immer in dem Moment sagen, wenn Ihr Hund beim Sich-Strecken den Vorderkörper senkt, und ihn dann überschwänglich loben, bis er eine Verknüpfung der Aktion mit dem Wort hergestellt hat. Oder aber Sie gehen nach der herkömmlichen Methode vor, nach der Sie den Hund durch Hilfestellungen dazu anhalten, die gewünschte Position

einzunehmen: Als Ausgangsstellung zum Erlernen dieses Befehls benutzen Sie die „Steh!"-Stellung, wobei Sie sich zweckmäßigerweise selbst neben Ihren Hund hocken. Unter „Diener!" und einer eleganten Handbewegung, die Sie später als Sichtzeichen nutzen können, indem Sie Ihren Hund z. B. zur Begrüßung Ihrer Gäste einen Diener machen lassen, veranlassen Sie ihn entweder durch gleichzeitiges „Platz!" oder aber durch Locken mit einem Leckerchen dazu, sich vorne herunterzubeugen. Dass Ihr Hund sich auf „Platz!" hin ganz hinlegt, verhindern Sie durch Ihre andere Hand, die Sie dem Hund mit nach oben gespreizten Fingern unter den Bauch halten. Lassen Sie den Hund einige Sekunden in dieser Stellung verharren, loben Sie dann kräftig und belohnen Sie ihn mit dem Leckerchen. Verhindern Sie auf jeden Fall, dass er sich nach dem Loben hinlegt. Beendet ist der Befehl erst, wenn der Hund wieder steht. Nach und nach vermindern Sie Ihre Hilfestellungen, bis er schließlich einen Diener macht, während Sie stehen und ihm nur den Befehl oder Ihr Zeichen geben.

89 Kratzen

Das Kratzen kann bei Hunden verschiedene Ursachen haben: Geschieht es wegen Juckreiz, weil der Hund von Ungeziefer befallen ist, muss man unbedingt dagegen vorgehen. Kratzen ist auch eine Geste, die Hunde zur Beschwichtigung einsetzen.

• Wenn Sie Situationen kennen, in denen sich Ihr Hund immer wieder einmal kratzt, schaffen Sie eine solche Situation künstlich, um ihn zu seiner Handlung anzuhalten, und kombinieren Sie auch hier wieder seine Aktion mit Ihrem Lautzeichen, z. B. „Wo ist der Floh?", und einem ausgiebigen Lob, bis der Hund es als Aufforderung versteht, seine Handlung auszuführen.

90 Gähnen

Auch das Gähnen setzen Hunde als Beschwichtigungsgeste ein. Im Training geht man in der gleichen Weise vor wie beim Kratzen. Man paßt auch hier eine Situation ab, in der der Hund gähnt, und versucht, ihm durch ein Lob im richtigen Moment den Zusammenhang zwischen seiner

Handlung, der Belohnung und dem gleichzeitig mit dem Lob gegebenen Laut- oder Sichtzeichen – z. B. „Bist Du müde?" – zu vermitteln.

Bei geglückter Verknüpfung darf man auch in anderen Situationen auf „Bist Du müde?" erwarten, dass der Hund brav gähnt.

91 Lecken

Auch wenn Hunde im Allgemeinen nicht die pingelige Reinlichkeit einer Katze an den Tag legen, gehört es selbstverständlich auch zum normalen Verhalten eines Hundes, sich im Rahmen der Körperpflege z. B. die Pfoten oder die Schnauze zu lecken.

Das Lecken können wir uns hervorragend zunutze machen, um einen neuen Befehl einzuführen, beispielsweise „Hast Du saubere Füße?" oder „Hat's geschmeckt?". Wie in den vorangegangenen drei Übungen belohnen wir den Hund immer genau dann, wenn er das entsprechende Verhalten gerade zeigt.

Aber auch in diesem Fall haben wir die Möglichkeit, sein Verhalten zu provozieren.

• Schmieren Sie hierzu ein bisschen Leberwurst oder Schmierkäse entweder an die Lefzen oder auf eine Pfote und ermuntern Sie den Hund dies abzulecken, während Sie gleichzeitig das gewählte Lautzeichen geben. Führt Ihr Hund die entsprechende Handlung aus, belohnen Sie ihn danach überschwänglich mit einem Spielzeug oder einem anderen Leckerchen, bis er die endgültige Verbindung hergestellt hat.

Freizeit und Sport

Einführung

In diesem Kapitel werden einige Sportarten aufgeführt, die aus der großen Anzahl der Hundesportarten ausgewählt wurden. Sie vereinen entweder in besonderer Weise sportliche Leistungen mit Gehorsam und Teamarbeit oder sind besonders einfach auszuführen, weil keine Vereinszugehörigkeit oder spezielle Sportutensilien notwendig sind.

92 Rad fahren

Zu der Streitfrage, ob man Hunde am Rad laufen lassen sollte – ob es ungesund oder gar Tierquälerei ist –, sollen hier nur kurz einige Denkanstöße gegeben werden: Der Hund stammt vom Wolf ab und ist somit ein Jäger, der ursprünglich enorm weite Strecken hauptsächlich trabend zurückgelegt hat. Auch die domestizierten Hütehunde treiben trabend. Trotz der jahrtausendelangen Domestikation bleibt der Hund ein Lauftier, so dass man auch dem normalen Stadthund meist mit einem Spaziergang nicht gerecht werden kann, zumal ihm in den meisten Fällen das Jagen verwehrt wird. Der Bewegungsdrang ist aber vorhanden, so dass man gezwungen ist, Abhilfe zu schaffen.

Kaum ein Mensch kann täglich zwei Stunden lang am Stück in einem bestimmten Tempo mit dem nebenhertrabenden Hund joggen, um ihm das natürliche Bedürfnis nach Bewegung zu bieten. Insgesamt ist daher das Radfahren mit Hund sicher artgerechter als ein Spaziergang an der Leine, und sei er noch so lang. Ähnliches gilt für das Begleiten beim Ausritt. Wenn Pferd und Hund aneinander gewöhnt sind und man den Hund nicht durch zu weite Distanzen oder eine zu schnelle Gangart überstrapaziert, ist dagegen meiner Meinung nach nichts einzuwenden.

Gegen einen Jogger mit Hund haben selbst die Leute meist nichts, die sich aufregen, wenn man den Hund neben dem Rad laufen lässt. In beiden Fällen macht der Hund jedoch nichts anderes, als trabend oder für kurze Strecken vielleicht auch einmal galoppierend neben seinem Herrn herzulaufen.

Wenn der Hund bei guter Gesundheit ist, halte ich langsames Radeln, bei dem der Hund nebenhertraben kann, für gut. Allerdings muss Zeit zum Schnüffeln bleiben. Ebenso müssen konditionelle Aspekte und das Wetter berücksichtigt werden. Überanstrengung durch zu schnelles Tempo oder zu lange Strecken ist zu vermeiden, ebenso das Radeln bei hohen Temperaturen. Der Hund sollte, wenn er nebenherläuft, soviel Respekt vor dem Rad haben, dass er nicht vor oder gar ins Rad läuft.

Eine gute Vorübung ist, das Fahrrad auf den Spaziergang mitzunehmen aber zunächst zu schieben. Sollte der Hund die Tendenz haben ins

Bei einer Begegnung mit Joggern sollte Ihr Hund ruhig und gelassen weitergehen, ohne den Jogger zu beachten.

oder direkt vor das Rad zu laufen, kann man ihm leicht vermitteln, was passiert, indem man das Rad weiter schiebt. Beim Schieben des Rades braucht man im Gegensatz zu einer echten Fahrt keine große Sorge vor Verletzungen zu haben.

• Wenn Sie Ihren Hund **an der Leine** am Rad laufen lassen, halten Sie diese locker in der Hand, um sie notfalls loslassen zu können, damit Sie nicht stürzen und dabei sich und andere oder den Hund selbst verletzen, falls er einmal plötzlich stehenbleibt oder wegzieht. Bringen Sie Ihrem Hund bei, nicht die Seite zu wechseln, während Sie fahren. Nehmen Sie ihm durch entsprechendes Kurzfassen der Leine die Möglichkeit dazu.

Das weich überzogene Hundefrisbee kann keine Verletzungen an den Lefzen verursachen. Zum Spiel mit der bunten Scheibe gehört allerdings einige Geschicklichkeit – beim Werfer wie beim Fänger!

•• Auch **unangeleint** sollte Ihr Hund natürlich nicht vor oder gar ins Fahrrad laufen. Tut er dies immer wieder, können Sie einmal einen mit Wasser gefüllten Luftballon mitnehmen, den Sie auf den Hund werfen, wenn dieser

Hinweis

Am besten lässt man den Hund grundsätzlich nur rechts am Fahrrad laufen, um auf der Straße immer das Rad zwischen Hund und Straßenverkehr zu haben. Auf diese Weise setzt man den Hund nicht unnötigen Gefahren aus. Besser ist natürlich das Radeln auf Rad- und Feldwegen.

gerade wieder einen „Unfall" mit Ihnen provoziert.

93   Frisbee

Das Spielen mit dem Frisbee ist besonders in Amerika zu einem echten Sport geworden, wo mit viel Anklang Wettkämpfe abgehalten werden. Zum Frisbee-Spielen mit dem Hund eignen sich die herkömmlichen Frisbees aus Plastik jedoch wenig, da sie beim Schnappen aus der Luft die Lefzen des Hundes verletzen oder ihm schlimmstenfalls gar einen Zahn abschlagen können. Inzwischen gibt es aber auch hierzulande spezielle Hundefrisbees, deren Rand aus einem stoffüberzogenen Gummischlauch besteht.

Das Schnappen des Frisbees aus der Luft erfordert beim Hund gleichermaßen Geschick wie bei Ihnen, denn ein schlecht geworfenes Frisbee wird auch ein guter Springer oft nicht mehr erwischen. Mit ein wenig Übung werden Sie und Ihr Hund aber bald ein eingespieltes Team sein und viel Freude am Spiel haben. Es ist immer wieder beeindruckend zu beobachten, wie der Hund genau im richtigen Augenblick zum Sprung ansetzt, um das Frisbee aus der Luft zu schnappen.

• Viele Hunde schnappen das Frisbee nach einigen Würfen selbst aus der Luft – aus Spaß daran, es ihrem Herrchen besonders schnell zu bringen. Andere müssen das korrekte Greifen aus der Luft lernen. Das erreicht man zunächst am besten durch das Spielen mit einem hoch abspringenden Ball und dem zusätzlichen Befehl „Schnapp!" (Übung 70). Nach kurzem Üben werden Sie feststellen, dass das Werfen einer Frisbeescheibe im Vergleich zum Ballspiel weniger kraftaufwändig ist. Es ist also auch für ältere Hundeführer sehr zu empfehlen, die ihren Hund durch ein fröhliches und schnelles Spiel fit halten möchten.

• • Hat Ihr Hund zu Beginn der Übung Hemmungen, das Frisbee aufzunehmen, üben Sie das Aufnehmen der Frisbeescheibe vom Boden aus als normale „Apport!"-Übung, bis er die Scheu verliert und sie Ihnen mit Freude bringt. Gehen Sie erst dann zum Werfen über.

Hinweis
Für HD- oder dackellähmeanfällige Hunde kommt ein Frisbeespiel nicht in Frage, da die vielen Sprünge die Gelenke belasten.

94 Trimmpfad

Trimmpfade sind eine hervorragende Freizeitbeschäftigung, da man mit dem Hund auf einem Trimmpfad eine Fülle von Übungen machen kann. Ein Trimmpfad hat den enormen Vorteil, dass er – wie Übungsplätze auch – eine Vielzahl von Geräten auf einer speziell dafür abgesteckten Strecke vereint. Da jeder Trimmpfad etwas anders gestaltet ist, kann ich an dieser Stelle keine konkreten Übungen beschreiben, sondern vielmehr wieder nur den Denkanstoß dafür geben, dass Sie es selbst einmal ausprobieren.

• Laufen Sie Ihrer Kondition entsprechend ruhig einmal einen Teil der Trimmpfadstrecke mit Ihrem Hund

zusammen und lassen Sie dann auch Ihren Hund an den Baumstämmen und ähnlichen Geräten eine Übung absolvieren. Das kann beispielsweise ein Sprung über oder auf eine Stange oder einen Stamm sein. Oder verlangen Sie, dass er sich auf einen der Länge nach liegenden Baumstamm setzt, legt oder aber ihn von Anfang bis Ende laufend überwindet. Je mehr Übungen Sie sich im Laufe des Trimmpfades einfallen lassen, umso mehr Spaß wird Ihr Hund bei dieser Aktion haben. Lassen Sie ihn auch ruhig einmal an einer Station abliegen und laufen Sie inzwischen zur nächsten. Oder üben Sie mit ihm einen Balanceakt auf einem relativ dünnen Stamm.

Wählen Sie zum Üben am besten einen Zeitpunkt, zu dem möglichst wenig Sportler unterwegs sind. Nehmen Sie Ihren Hund bei der Begegnung mit Sportlern stets unter Kontrolle. Nach wie vor gibt es leider Hundehalter, die ihren Hund nicht festhalten oder besser erziehen, falls er die Angewohnheit hat, den Sportlern hinterherzulaufen. Dieses Verhalten begründet – zu Recht – die Zurückhaltung oder gar Angst vieler Läufer gegenüber Hunden.

Hinweis
Als verantwortungsbewusster Hundehalter sollten Sie mit Ihren Trimmpfadübungen nicht die Sportler provozieren, sondern vielmehr einmal eine kleine Unterart des zwanglosen Hundesports ausprobieren, bei dem ähnlich wie bei Agility präzise Befehlsausführung mit Sportsgeist gepaart werden (vgl. folgende Übungen).

Agility

Einführung

Die Sportform Agility – übersetzt bedeutet der Name „Flinkheit, Behendigkeit" – stammt aus England und vereint sportliche Leistungen von Hund und Herrn mit Disziplin und Gehorsam. Auf die einzelnen Wettkampfrichtlinien wird hier nicht näher eingegangen. Eine ausführliche Beschreibung würde den Rahmen dieses Buches sprengen.

Für alle diejenigen, die sich für diesen Sport interessieren, ist am Ende des Buches weiterführende Literatur genannt, die es mittlerweile auch in Deutschland auf dem Markt gibt.

In diesem Kapitel möchte ich Sie mit den einzelnen Übungen vertraut machen, die man natürlich auch ohne einen echten Agility-Parcours trainieren kann, wenn man über die hierfür notwendigen Geräte – oder Improvisationen – verfügt. Für kleine Hunderassen gibt es auch Mini- und Midi-Agility-Parcours, bei denen die Hindernisse entsprechend niedriger ausfallen.

Haltezonen

Im Agility-Parcours gibt es bestimmte Haltezonen, die der Hund nur auf Zuruf seines menschlichen Wettkampfpartners verlassen darf. Hierzu zählen neben den **Start- und Zielpfosten** das **Pausenviereck** und auch der **Tisch**.

95 Start- und Zielpfosten

Die Start- und Zielpfosten müssen beim Agility-Wettkampf stets sauber durchlaufen werden. Achten Sie deshalb besonders beim Start darauf, dass der Hund nicht zu früh losläuft, und halten Sie genug Abstand zur Startlinie.

Bringen Sie Ihrem Hund von Anfang an bei, erst auf Ihr Kommando hin loszulaufen und auch nach Ende des Parcours nicht noch einmal hineinzulaufen, wie es viele begeisterte Hunde zu Beginn tun.

96 Pausenviereck

Das Pausenviereck ist eine 120 x 120 cm große und mit 2 x 5 cm starken Holzlatten am Boden markierte Haltezone, in der der Hund während des Wettkampfes mindestens fünf Sekunden verharren muss und die er erst auf Zuruf oder Zeichen des Hundeführers wieder verlassen darf.

Laut Reglement darf sich nur die Rute des Tieres außerhalb der Begrenzung befinden.

In der Anfängerklasse wird innerhalb dieser Haltezone nur verlangt, dass der Hund die „Platz!"-Position einnimmt.

In der Fortgeschrittenenklasse kommen anschließend dann die „Sitz!"- und „Steh!"-Befehle dazu, die den Hund eher dazu verleiten, weiterzulaufen.

Das Pausenviereck als Haltezone darf bei einem Wettkampf nie am Anfang oder am Ende eines Parcours plaziert sein.

97 Tisch

Der Tisch ist ebenfalls eine Haltezone mit einer Größe zwischen 90 x 90 cm und 120 x 120 cm und einer Höhe von 75 cm (beim Mini-Agility 40 cm). Es ist strikt darauf zu achten, dass der Tisch kippsicher und mit einem rutschfesten Belag versehen ist.

Mit dem Befehl „Hopp!" (Übung 61) veranlasst man den Hund, auf den Tisch zu springen. Es gelten für den Tisch dieselben Bedingungen wie für das Pausenviereck.

Scheut sich Ihr Hund anfänglich davor, auf den Tisch zu springen, können Sie ruhig auch erst mit einem niedrigeren Tisch üben. So verliert er seine Scheu. Um beim Hund keine Unsicherheit aufkommen zu lassen, steigern Sie die Höhe erst, wenn er stets ohne zu zögern auf den Tisch springt und dort brav verharrt.

Hindernisse
Der restliche Teil des Agility-Parcours besteht aus den verschiedensten Hindernissen, die im Parcours von Mal zu Mal in unterschiedlicher Weise angeordnet sind.

Der Hundeführer muss den Hund durch den Parcours dirigieren und selbst mitlaufen. Dazu muss er ihn an den entsprechenden Stellen ermutigen und an anderer Stelle wieder bremsen, um mit ihm als Team den Wettkampf beziehungsweise die Übungen zu meistern.

98 Fester Tunnel

Der feste Tunnel besteht aus einem flexiblen Material, mit dem es möglich ist, einen oder mehrere Bögen zu bilden. Der innere Durchmesser des Tunnels beträgt 60 cm, die Länge 3,60 cm. Zum Anlernen empfiehlt es sich, den Tunnel zunächst ganz zusammenzuschieben und den Hund durch den so entstandenen „Reifen" zu locken. Hat der Hund begriffen, was von ihm verlangt wird, kann man den Tunnel nach und nach auf die erforderliche Länge ausdehnen. Schicken Sie dann den Hund in den Tunnel hinein, laufen selbst nebenher und kommen im Idealfall auf der anderen Seite zeitgleich an.

99 Stofftunnel

Der Stofftunnel besteht aus einem festen Rahmen als Eingang, der 60 cm hoch und 60 bis 65 cm breit sein muss, mit anschließendem Stoffteil, der eine Länge von 300 cm und ebenfalls einen Durchmesser von 60 bis 65 cm aufweist; der Stoffteil liegt flach auf dem Boden.

Scheut sich Ihr Hund, durch den Stofftunnel zu gehen, können Sie ihm eine Hilfestellung geben, indem Sie den Stoff zunächst raffen, so dass er durch einen Stoffreifen gehen kann und ihn, wie beim festen Tunnel, erst nach und nach ausdehnen. Den Stoff später zunächst straff zu halten ist eine weitere Hilfestellung für einen Hund, der in dieser Übung noch nicht ausreichend Sicherheit verspürt.

Verringern Sie dann schrittweise die Hilfestellung.

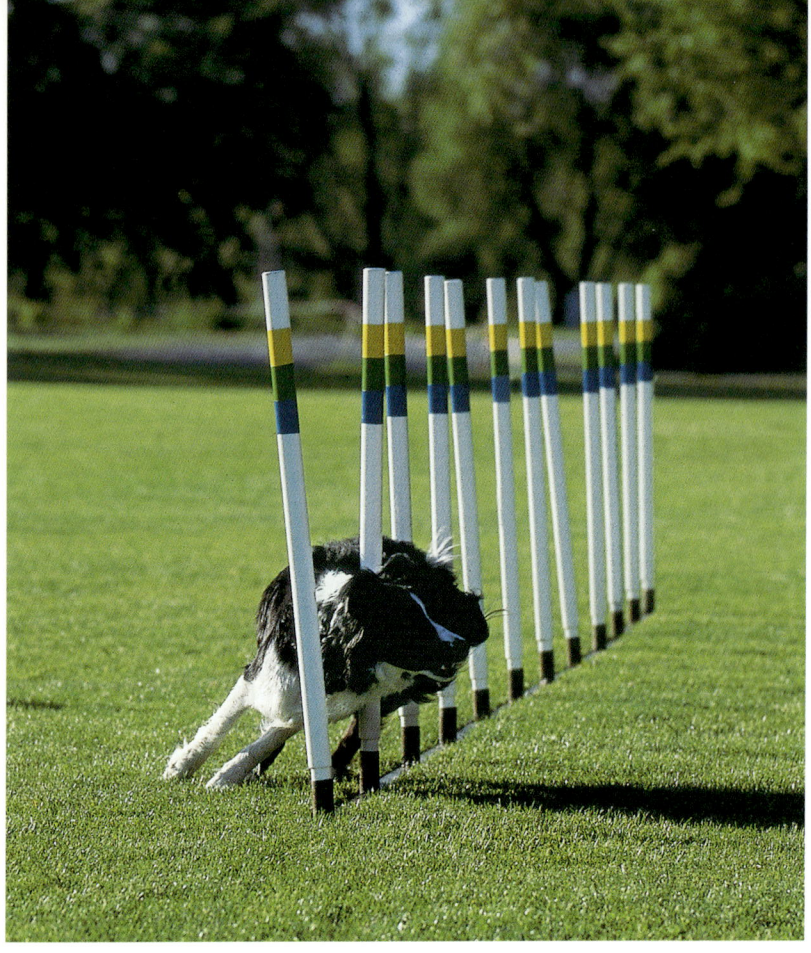

Im Agility-Sport legt der Hund im Slalom richtiges Tempo vor!

100 Slalom

Da diese Übung schon unter Übung 68 beschrieben wurde, wird hier nur noch kurz auf die für den Agility-Wettkampf festgelegten Stangenabstände hingewiesen:

Im Parcours werden Slalomstrecken mit 8, 10 oder 12 Stangen eingesetzt, wobei die Höhe der Stangen mindes-tens 100 cm betragen muss und der Abstand zwischen den einzelnen Pfosten von 50 bis 65 cm variieren kann. Innerhalb einer Slalomstrecke muss der Abstand von Stange zu Stange aber stets gleich sein.

Schnelligkeit gewinnt der Hund, wenn er gelernt hat rhythmisch durch die Stangen zu laufen.

Sprunghindernisse
Die Sprunghindernisse sind je nach Übung unterschiedlich gestaltet. Im Wettkampf führt es zu Punktabzug, wenn der Hund mit den Pfoten auf dem Hindernis aufsetzt oder die bei allen Hürden – außer beim Bogensprung – locker aufliegende oberste Stange abwirft.

101   Kavalettis

Kavalettis sind Kleinhindernisse mit einer maximalen Höhe von 30 cm; ihre Breite beträgt 120 cm. Sie werden oft in Gruppierungen von höchstens vier Elementen plaziert, wobei sich die

Hindernisse werden in der Höhe immer so gewählt, dass sie der Größe des Hundes entsprechen.

einzelnen Elemente in einem Abstand von 1,6 bis 2 m befinden. Pro Parcours ist der Abstand allerdings immer gleich, so dass der Hund bei diesem Hindernis eine rhythmische Sprungfolge zu bewältigen hat.

102   Viadukt und Mauer

Die Höhe des Viaduktes und der Mauer beträgt jeweils 75 cm bzw. beim Mini-Agility 40 cm, die Länge 120 cm und die Mauerdicke 20 cm. Genau wie bei den Hürden muss das oberste Element dieses Hindernisses immer locker aufgelegt sein, so dass es bei Berührung durch den Hund beim Sprung abfallen kann. Die Mauer als vollgeschlossene Hürde wird beim Üben weniger Schwierigkeiten bereiten als das Viadukt, das bis zu zwei tunnelartige Bögen aufweisen kann, die den Hund dazu verleiten können, hindurchzulaufen. Achten Sie beim Üben darauf, dass dies nicht geschieht, und verbauen Sie notfalls die Öffnungen so lange, bis gewährleistet ist, dass der Hund die Übung sicher beherrscht. Kennt er das Hindernis und weiß er, wie er es überwinden soll, wird er auch keine anderen Wege mehr suchen, um die Hürde zu bewältigen.

103   Weitsprung

Das Weitsprunghindernis besteht aus vier bis fünf Elementen mit einer Tiefe von 15 cm, die kontinuierlich höher werden. Sie werden so aufgestellt, dass der Hund alle Elemente in einem Sprung von 120 bis 150 cm zu bewältigen hat. Das letzte und höchste Element darf dabei nicht höher als

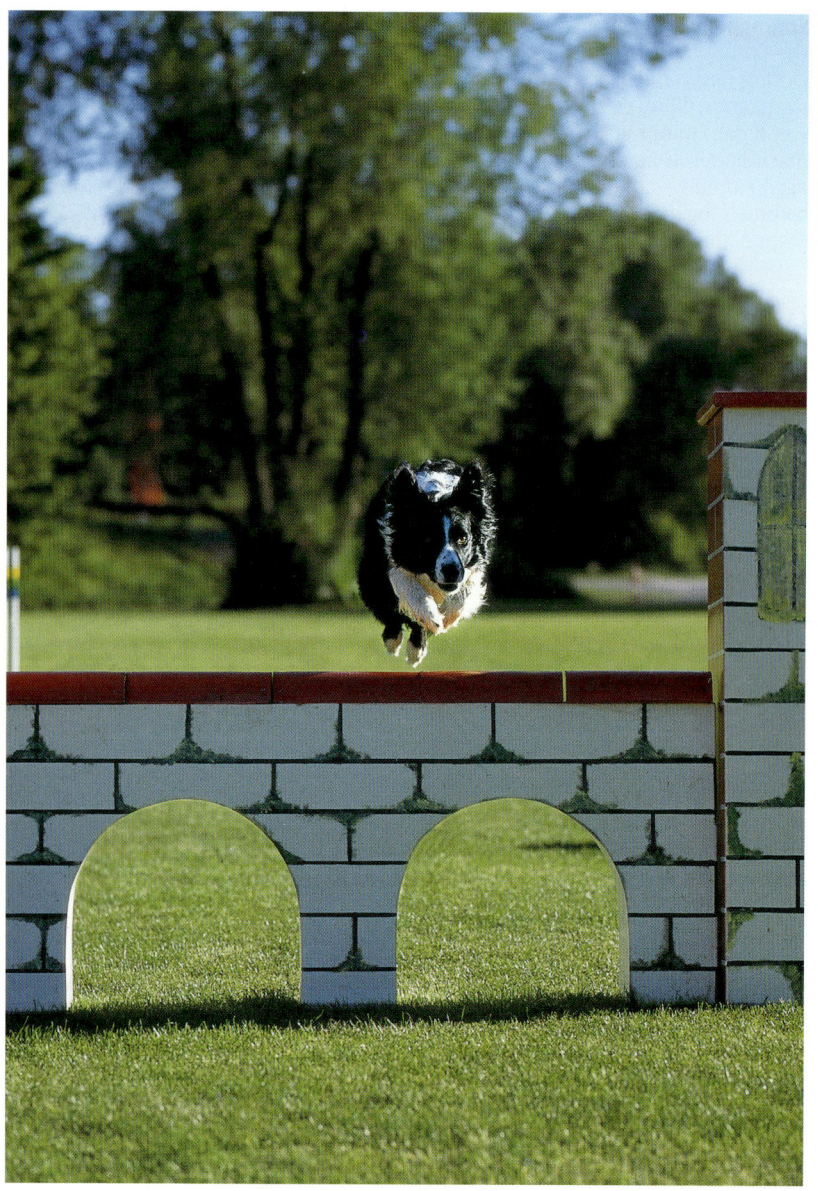

Der Viadukt gehört zu den spektakulärsten Hindernissen im Agility-Parcours.

28 cm, das erste und kleinste nicht niedriger als 15 cm sein; ihre Breite beträgt jeweils 120 cm.

Zum Anlernen dieser Übung können Sie die Elemente ruhig zusammenschieben, um den Hund dann praktisch über ein tiefes zusammenhängendes Hindernis springen zu lassen. Um eine Fehlverknüpfung von vornherein auszuschließen, können Sie eine offene Hürde vor das erste Element stellen; so sieht der Hund, dass dahinter noch andere Elemente stehen, springt aber von Anfang an hoch genug und somit auch weit genug, und er kommt nicht auf die Idee, über die Hindernisse zu laufen, denn das würde im Wettkampf als Fehler gewertet werden.

104 Wassergraben

Der Wassergraben hat eine Tiefe von 10 cm und eine Oberfläche von 1,20 x 1,20 m. Der Hund darf bei dieser Übung die Wasseroberfläche nicht berühren, was Sie beim Üben leicht verhindern können, indem Sie beispielsweise an der Absprungstelle ein Kleinhindernis hinstellen. Beim Wettkampf liegt es im Ermessen des Richters, vor den Graben eine maximal 40 cm hohe Hürde zu stellen.

105 Reifen

Dieses Hindernis ist ein an Seilen oder Ketten aufgehängter Autoreifenman-

Der Sprung durch den Reifen sieht aufregend aus, ist aber gar nicht schwer zu lernen.

tel, der unten ausgefüllt ist, um Verletzungsgefahren vorzubeugen. Der innere Durchmesser des Reifens muss mindestens 38 cm und soll höchstens 60 cm betragen.

Zum Anlernen dieser Übung sollten Sie den Reifen auf den Boden stellen oder die niedrigste Höhe wählen, die möglich ist. (Im Wettkampf wird ein Abstand von 90 cm bzw. beim Mini-Agility von 55 cm zwischen Reifenmitte und Boden verlangt.) Sollte Ihr Hund versuchen, seitlich zwischen dem Reifen und den Ketten, an denen der Reifen aufgehängt ist, hindurchzuspringen, können Sie, bis er die Übung sicher beherrscht, zunächst einige Tücher so aufhängen,

Eine Schrägwand findet man auf den meisten Hundesportplätzen.

dass diese Durchgänge verdeckt sind und er nunmehr keine andere Möglichkeit hat, als durch den Reifen zu springen.

Kontaktzonenhindernisse

Zu den Kontaktzonenhindernissen zählen die nachfolgend beschriebenen Hindernisse **Schrägwand**, **Laufsteg** und **Wippe**. Im Wettkampf ist darauf zu achten, dass der Hund die Kontaktzone mit mindestens einer Pfote berührt.

106 Schrägwand

Die Schrägwand als Agility-Hindernis besteht aus zwei Holzwänden, die im Wettkampf in einem 90-Grad-Winkel miteinander verbunden sind. Der Scheitelpunkt ist mit einer Firstleiste aus Gummi versehen. Die Breite des Hindernisses muss mindestens 90 cm betragen. Es ist gestattet, das Hindernis zum Boden hin auf 115 cm zu verbreitern. Auf den Holzwänden sind quer verlaufend dünne Leisten angebracht, die dem Hund den Auf- und Abstieg erleichtern. Die Kontaktzone, die farblich gekennzeichnet ist, befindet sich auf beiden Brettern jeweils vom Boden aus gemessen bis in einer Höhe von 1,06 m.

Zum Anlernen dieses Hindernisses wird die Schrägwand so flach wie möglich aufgestellt und der Hund mit gutem Zureden darübergeführt. Nach und nach wird die Höhe heraufgesetzt, bis schließlich die im Wettkampf vorgeschriebene Höhe von 190 bzw. 170 cm erreicht ist. Um zu gewährleisten, dass der Hund die Kontaktzone ordnungsgemäß mit mindestens einer Pfote berührt, gibt

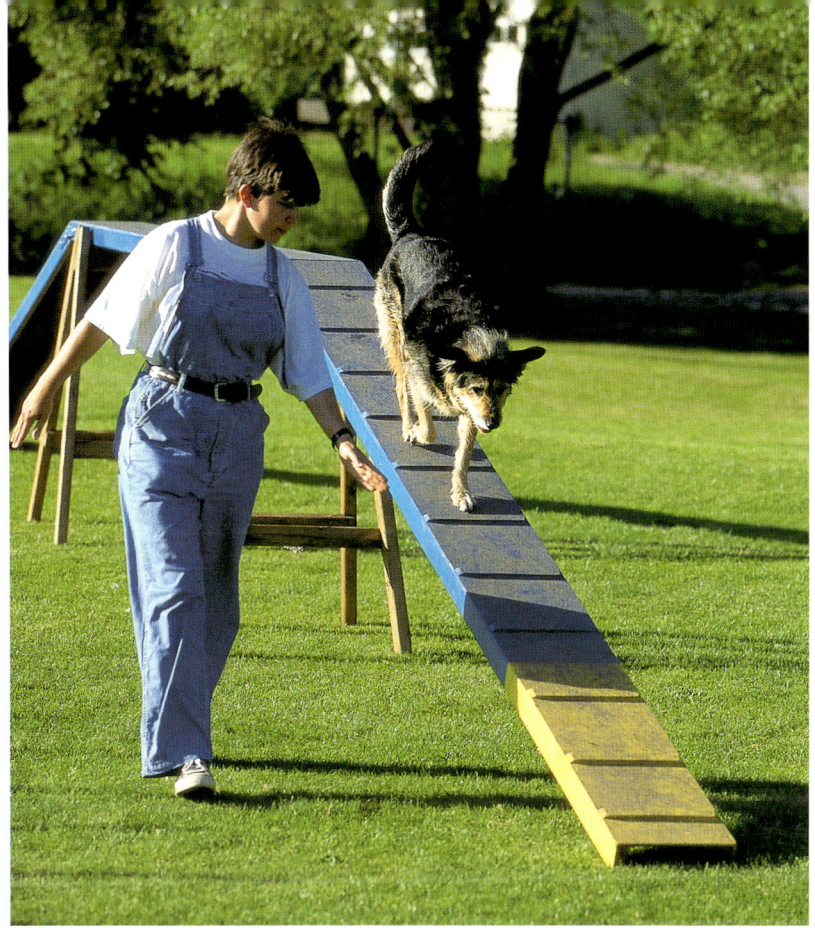

Der Laufsteg erfordert volle Konzentration beim Hund-Mensch-Team.

es mehrere Möglichkeiten. Eine ist folgende: Halten Sie dem Hund einen Reifen, den er durchlaufen soll, so vor den Auf- und Abstieg, dass er von ganz vorne bzw. bis zuletzt auf dem Hindernis bleiben muss, um durch den Reifen gehen zu können. Auf diese Weise verhindern Sie, dass er die Kontaktzone überspringt. Oder aber Sie stellen sich mit gegrätschten Beinen so vor die Kontaktzone, dass der Hund, wenn er durch Ihre Beine

läuft, die Schrägwand flach auf- bzw. absteigen muss.

107 Laufsteg

Der Laufsteg besteht aus einem langen Brett mit endständigen Rampen, die mit kleinen Querleisten versehen sind, damit der Hund besseren Halt findet. Die Kontaktzonen befinden sich vom Boden aus gemessen bis in

*Geduld ist das Wichtigste beim Vertraut-
machen des Hundes mit der Wippe.*

bau leicht erlernt werden kann,
besonders wenn der Hund schon die
beiden anderen Kontaktzonenhinder-
nisse beherrscht. Die Höhe der Mit-
telachse zum Boden beträgt ein
Sechstel der Länge des Brettes, die
zwischen 365 und 425 cm liegen
muss, die Breite des Brettes sollte
zwischen 30 und 40 cm liegen.
Genau wie beim Laufsteg sind die
Kontaktzonen an den Enden des
Brettes jeweils 90 cm lang und farbig
markiert.

In der Anlernphase ist eine zweite
Person notwendig, die die Wippe am
hinteren Ende festhält, damit sie nicht
plötzlich überschlägt und auf diese
Weise dem Hund die Übung verleidet. Lassen Sie, während Sie selbst
neben der Wippe hergehen, den
Hund möglichst langsam an den
Umschlagpunkt herankommen, stoppen Sie dort Ihr eigenes Tempo ebenfalls ab und lassen Sie ihn danach nur
im Schrittempo weitergehen, bis er
nach und nach merkt, dass er selbst
es ist, der die Wippe zum Umschla-
gen bringt.

einer Höhe von 90 cm an den Rampen. Das ganze Element muss eine
Länge von 360 bis 420 cm aufweisen,
wobei die Höhe mindestens 120 cm
und höchstens 135 cm betragen sollte, die Breite des Laufstegs muss zwischen 30 und 40 cm liegen.

108 Wippe

Die Wippe ist das dritte und schwierigste Kontaktzonenhindernis, das
aber bei einem sauberen Übungsauf-

Hinweis
Achten Sie darauf, dass der Hund,
wenn er die Übung schon
beherrscht, nicht zu schnell läuft,
denn „im Eifer des Gefechts" überspringen viele Hunde die Kontaktzone, was im Wettkampf zu Punktabzug führt.

Spiele und Spielzeug

Einführung

Mit Artgenossen oder mit dem Hundehalter zu spielen steht für viele Hunde hoch im Kurs. Die Spielfreudigkeit ist allerdings nicht bei jedem Hund in gleichem Maße ausgeprägt. Aber auch 15jährige Tiere, die noch spielen, sind keine Seltenheit.

Genau wie in der Wildnis lernen auch die Haushunde in ihrem jugendlichen Spiel lebenswichtige soziale Regeln, aber auch, die Kräfte besser einzuschätzen sowie die Geschicklichkeit zu trainieren. Unterbindet man bei Welpen und jungen Hunden das Spielen, so werden sie – je nachdem, in welcher sensiblen Phase sie sich gerade befinden – weder ihren Geist noch ihr soziales Verhalten richtig ausbilden können. Wie schon erwähnt, belegen Studien, dass ein Hund, der in seiner frühen Kindheit nichts Abwechslungsreiches erlebt hat, weniger aufnahmefähig sein wird als einer, der vergleichsweise schlechtere Erbanlagen mitbringt, dafür aber stark gefördert wurde, indem er spielen durfte und zusammen mit seinem Herrn viele Dinge erlebt hat. Diese Tatsache ist auf interneuronale Verknüpfungen zurückzuführen, die nur in bestimmten sensiblen Phasen wirkungsvoll angelegt werden können.

Ähnlich ist es mit dem Sozialverhalten, das den Hunden nicht – wie viele Menschen annehmen – mit in die Wiege gelegt wird, sondern sich erst durch soziale Kontakte ausbilden kann. Die

> **Hinweis**
> Geben Sie Ihrem Hund, um eine artgerechte Entwicklung zu ermöglichen, unbedingt die Gelegenheit zum Spielen, zumal in diesen Spielen auch Übermut in geeigneter Form abgebaut wird. Ein hundegerechtes Spiel wirkt außerdem vertrauensbildend.

Spiele der wild lebenden Tiere beziehen sich immer direkt auf ihre Lebensweise und spiegeln Verhaltensweisen wider, die dem Nahrungserwerb, der Verteidigung oder Ähnlichem dienen. So sind die beiden häufigsten Spiele in erster Linie **Jagdspiele** – bei denen einer der Gejagte ist und die anderen ihn jagen – und **Balgereien**, bei denen Kräfte erprobt und soziale Stellungen durchgespielt werden. Der Untergebene kann im nächsten Spiel durchaus der Sieger sein. Hunde als Rudeltiere sind im Übrigen nicht darauf fixiert, zu zweit zu spielen, sondern laufen manchmal erst richtig zur Hochform auf, wenn eine ganze Hundemeute mittobt. Für unerfahrene Zuschauer wirken solche Spiele oft sehr beängstigend, da es laut und unwirsch zugeht. Bei spielenden Hunden wird es jedoch, abgesehen von Schrammen durch Stürze und Raufereien, die auch ein spielender Hund einmal davontragen kann, zu keiner ernsthaften Verletzung kommen.

Da Haushunde bis ins Alter verspielt bleiben, sollen Sie Ihrem Hund, egal – ob Sie ihn nun privat als Haus- und Begleithund halten oder ob er ein Diensthund ist – sein Leben lang die Möglichkeit offenhalten, mindestens einmal am Tag zu toben. Tut er dies irgendwann nicht mehr aus eigenem Antrieb mit Artgenossen, sind Sie als Bezugsperson von da an in fast allen Fällen der auserkorene Spielkamerad.

Es gibt eine Fülle von Spielarten, die dem Hund gerecht werden. Einige werden hier vorgestellt und kurz beschrieben.

Besonders junge Tiere steigern sich gerne in ihr Spiel hinein, so dass sie sich für einen Moment nicht mehr auf

die erhaltenen Befehle konzentrieren. Streuen Sie einfach zwischendurch ein „Sitz!", „Platz!" oder „Steh!" ein, um auf diese Weise den Gehorsam zu trainieren. Nutzen Sie hierfür am Anfang Situationen im Spiel aus, in denen Sie sicher sein können, dass Ihre Befehle auch sofort ausgeführt werden, loben Sie dann kräftig. Auf diese Weise steigern Sie das Selbstvertrauen Ihres Hundes erheblich, denn nichts ist schöner für ihn, als mit seinem Meister herumzutoben und dann noch besondere Anerkennung durch sein Lob zu bekommen.

Gehen Sie nicht das Risiko ein, den Hund erst korrigieren zu müssen, weil Ihr Befehl nicht sachgemäß ausgeführt wurde. Das kann bei ihm leicht zu Frustrationen führen. Sollten Sie dennoch einmal in die Lage kommen, Ihren Hund während eines Spiels korrigieren zu müssen, geben Sie ihm danach umgehend die Möglichkeit, sein „Vergehen" durch die korrekte Ausführung eines anderen, von ihm sicher beherrschten Befehls wettzumachen, bevor Sie weiterspielen. Oder brechen Sie das Spiel an dieser Stelle ab und gehen Sie zum Gehorsamstraining über – mit Übungen, die Ihrem Hund vertraut sind.

Im Spiel wird Ihnen einmal mehr in eindeutiger Weise klar werden, dass der Hund Ihnen auf vielerlei Weise haushoch überlegen ist: So ist er nicht nur um ein Vielfaches schneller, er ist neben dieser Geschwindigkeit auch flinker in seinen Bewegungen, und je nach Rasse und Größe bzw. Alter des Hundes wird er Sie womöglich auch an Kräften weit übertreffen. Doch trotz dieser Unterlegenheit Ihrerseits auf diesen Gebieten sind Sie als Rudelführer auch im Spiel der Boss,

Wichtig

Im Spiel mit Menschen müssen vom Hund, wie auch sonst, strikt einige Regeln befolgt werden. So geht es beispielsweise nicht an, dass er nach seinem Spielpartner schnappt, ihn ernsthaft anknurrt – wenn Sie ihn gut kennen, werden Sie sein Spiel-Knurren leicht vom ernsten unterscheiden können – oder aber sonstige Machtpositionen auslebt, die er sonst nicht einnehmen darf. Das ganze Spiel muss jederzeit von Ihnen durch „Aus!" oder einen anderen Befehl, z.B. aus dem Unterordnungsprogramm, unterbrochen oder abgebrochen werden können. Auch dies gilt es zu üben.

Das gemeinsame Spiel fördert das Vertrauen zwischen Hund und Mensch. Gleichzeitig werden Aggressionen abgebaut.

Beim Spiel mit Artgenossen üben sich die Welpen bereits darin, ihre Zähne und ihre Kraft nur genau dosiert einzusetzen.

der jederzeit das Spiel abbrechen kann, um zur „Arbeit" überzugehen. Die Grenzen dieser beiden unterschiedlichen Positionen verschwimmen im Spiel zwar, besonders für ein unerfahrenes Auge – beispielsweise wenn Sie mit Ihrem Hund auf dem Boden balgen. In einem intakten Mensch-Hund-Gespann werden die Rangpositionen im Spiel jedoch im Allgemeinen vom Hund nicht in Frage gestellt.

Hier aber zunächst die verschiedenen Rubriken, in die sich der Oberbegriff „Spielen mit dem Hund" einteilen lässt: Der Hund als Jäger liebt **Laufspiele** ebenso sehr wie **Apport-** und **Suchspiele**, da diese ihren Ursprung im normalen Verhalten des Hundes haben. Des Weiteren kann man Hunde leicht für **Ziehspiele** begeistern, die entfernt an das Über-

mannen und Reißen eines Beutetieres erinnern. Ebenso gerne werden **Balgspiele** gespielt, die in echten Kämpfen ihren Ursprung finden, sowie **Buddelspiele**, **Spiele im Wasser** und **Geschicklichkeitsspiele**, die den Hund sowohl körperlich als auch von seiner Intelligenz her fordern. Auch **futterbezogene Spiele** finden großen Anklang. Auf den nächsten Seiten werden nun die verschiedenen Spielformen kurz vorgestellt.

Balgereien

Immer wieder kommt es zu Kontroversen in der Auffassung über diese Art des Spiels mit dem Hund. Es gibt Hundeführer, die das Balgen als Spielform für einen Menschen mit dem

Hund kategorisch ablehnen, da sie es als Machteinbuße ansehen, mit dem Hund auf dem Boden herumzutoben. Ich persönlich teile diese Auffassung nicht, denn auch im Rudel spielen ranghöhere mit rangniedrigeren Tieren, ohne dass dies irgendeine Auswirkung auf die jeweiligen Rangpositionen hätte. Die Rangordnung wird vielmehr entweder durch Kommentkämpfe bestimmt (ritualisierte Kämpfe, die nur auf Drohgebärden basieren und somit ohne körperliche Gewalt und auch ohne Verletzungen ablaufen) oder durch echte Kämpfe festgelegt. Die Festlegung der Rangposition hat selbstverständlich mit keiner Spielform mehr Ähnlichkeit.

Im Hundespiel umfassen die Tiere beim Balgen unter anderem gegenseitig die Schnauze, was außerhalb des Spiels in das Macht-Demuts-Verhaltensmuster eingegliedert ist, im Spiel jedoch von beiden Parteien ausgeführt wird und somit für die Rangordnung völlig bedeutungslos bleibt. Spielt der Hund nun mit einem Menschen statt mit einem Artgenossen, hat er als Äquivalent zur Hundeschnauze dessen Hand, die er mit der Schnauze umfassen kann. Die Hände des Menschen entsprechen in etwa der Schnauze des Hundes, wenn man die Funktionen betrachtet, die außerhalb der Nahrungsaufnahme und der Kommunikation liegen: Was wir mit den Händen tragen, trägt der Hund mit der Schnauze, und was wir beispielsweise aus Spalten mit der Hand hervorholen, holt der Hund mit der Schnauze heraus. Die Pfoten des Hundes sind im Gegensatz zu den Katzenpfoten eher Laufapparat als Arbeitswerkzeug. Das universelle Arbeitswerkzeug des Hundes ist seine Schnauze.

Beim Spiel wird der Hund gerne mit der Schnauze arbeiten. Um im Spielschema zu bleiben, können Sie „zurückbeißen" – das wäre für den Hund eine logische Handlung. Dies geschieht, indem Sie mit Ihrer Hand einfach Unter- oder Oberkiefer des Hundes umgreifen und ein wenig drücken, genauso, wie der Hund es mit Ihnen macht. Man muss sich darüber im Klaren sein, dass jeder Hund zu jeder Zeit die volle Kontrolle über die Kraft seines Bisses hat. Die Regeln im Spiel werden von Ihnen aufgestellt. Dies gilt auch für das Beißen im Spiel. Wenn Ihnen Ihr Hund zu wild wird und Sie der Ansicht sind, dass er über seine Stränge schlägt, sollten Sie konsequent das Spiel abbrechen. Die beste Methode hierfür ist das Ignorieren, was in diesem Fall so aussieht, dass Sie Ihren Hund einfach kommentarlos stehen lassen und weggehen. Je nachdem welche Regeln Sie Ihrem Hund im Spiel antrainieren wollen, sollten Sie in diesem Punkt immer besondere Sorgfalt walten lassen. Bedenken Sie, dass Hunde sich auch im Spiel nicht vertun und beispielsweise aus Versehen zu fest in die Hand beissen. Sie tun dies in den meisten Fällen wohl auch nicht aus „böser Absicht", sondern weil es ihnen nicht besser beigebracht wurde.

Hunde und auch Katzen wissen, besonders wenn sie in ihrer Welpen- und Jugendzeit genug Gelegenheiten zum Spielen und Austoben gehabt haben, ihre Kräfte bis auf kleinste Nuancen genau zu dosieren. Ernsthafte Verletzungen braucht man im Spiel also nicht zu befürchten. Kaum jemals habe ich aus einem Spiel mit meinen

Hunden einen blauen Fleck oder eine Schramme, geschweige denn eine Wunde davongetragen. Zu solchen Verletzungen darf es im Spiel auch nicht kommen.

> **Wichtig**
> Wilde Balgspiele sind nicht zu empfehlen, wenn es sich um tendenziell aggressive, ungenügend untergeordnete oder besonders wilde Hunde handelt, denn man sollte sie nicht auch noch zusätzlich zu einem solchen Verhalten ermutigen.

Ziehspiele

Wie das Balgspiel entstammt das Ziehspiel ebenfalls dem alltäglichen Hundespiel mit Artgenossen, wobei die Tiere untereinander meist mit Stöcken spielen und zwei oder mehrere

Hunde daran ziehen, bis der eine den Stock verliert. Es schließt sich oftmals eine wilde Verfolgungsjagd an, bei der es darum geht, den Stock oder zumindest ein Ende des Stockes wieder zu erobern, um dann das Ziehspiel wieder neu zu beginnen. Abgesehen von Stöcken wird auch gerne mit allen möglichen anderen Dingen gespielt, z. B. mit alten Kartoffel- oder Jutesäcken. Manchmal werden im Spiel auch Beutereste zerrissen, was allerdings meist nur junge Hunde tun. Sind Sie als Mensch der Spielpartner, können Sie natürlich die Weglaufphase im Spiel als eigenes kleines Konditionstraining nutzen. Oder Sie werfen beispielsweise einen Ball, den der Hund Ihnen dann sicherlich bringt, um mit Ihnen weiterzuspielen. Feuern Sie beim Ziehen Ihren Hund ruhig kräftig an, er wird sich dann richtig hineinsteigern und nach Kräften ziehen und schütteln. Bei diesem Spiel knurren

Beim Ziehen darf auch mal geknurrt werden – aber achten Sie darauf, dass Sie immer der Teamchef bleiben!

viele, was jedoch in den allermeisten Fällen nicht ernst gemeint ist. Sie werden leicht unterscheiden, ob Ihr Hund im Spiel oder aus böser Absicht heraus knurrt. Brechen Sie notfalls das Spiel mit einer Gehorsamsübung ab. Wichtig bei diesem Spiel ist, dass Ihr Hund auf Ihr „Aus!" hin den Gegenstand, an dem gezogen wird, sofort hergibt. Üben Sie dies in aller Ruhe und möglichst nicht durch Strafen, sondern mit viel Lob.

In diesem Spiel, bei dem es oftmals recht wild zugeht und in dem sich der Hund richtig austoben kann, werden in großem Maße aufgestaute Energien frei. In den Ziehspielen finden sich aber auch noch andere Verhaltensmuster aus dem normalen Sozialverhalten wieder. So ist neben dem Ziehen beispielsweise auch das anschließende Totschütteln der Beute wichtiger Bestandteil des Spiels. Zum Ziehen eignen sich neben den erwähnten Utensilien auch die Leine, sofern sie nicht zu dünn oder aus Metall ist, sowie alte Handtücher etc. Um eine möglichst gute Beißhemmung beim Hund zu erreichen, kann man als Spielregel aufstellen, dass weder in Anziehsachen noch in Körperteile gebissen werden darf. Alternativ bekommt er ein Spielzeug angeboten.

Dem Ziehspiel recht ähnlich ist das **Zerreißspiel**, bei dem sich der Hund in gleichem Maße austoben kann wie beim erstgenannten. Zum Zerreißen eignen sich Stöcke oder Kartons gleichermaßen. Die Stöcke, besonders solche mit dicker Rinde, werden „geschält" und die Kartons nach Herzenslust zerpflückt. Auch hierbei ist oft das Verhaltensmuster des Totschüttelns zu beobachten. Dieses Zerreißen

beendet oft ein vorangegangenes Ziehspiel, sofern der Hund das jeweilige Zieh-Objekt zerreißen kann und darf. Besonders bei ängstlichen, unsicheren Tieren kann ein Ziehspiel dazu beitragen, Ängste und Hemmungen abzubauen, wenn Sie versuchen, dem Hund durch zusätzliches Anspornen und Loben mehr Selbstvertrauen zu schenken.

Ihr Hund wird bei diesem Spiel in jedem Fall auf seine Kosten kommen und je nachdem, wie groß der Kraftunterschied zwischen Ihnen und Ihrem Hund ist, womöglich auch an seine Grenzen stoßen. Lassen Sie den ängstlichen Hund während des Spiels hin und wieder einmal gewinnen, loben Sie ihn und lassen Sie ihn seine Beute dann totschütteln und wegtragen oder spielen Sie weiter, nachdem der Hund Ihnen die Beute unter „Apport!" herangebracht hat. Bei Tieren mit einem hohen Ranganspruch sollten Sie jedoch strikt darauf achten, dass Sie als Teamchef die Trophäe am Ende des Spiels behalten und beispielsweise das alte Handtuch, mit dem Sie gespielt haben, danach nicht herumliegen lassen – verstauen Sie es als Ihre Siegesprämie sicher bis zum nächsten Spiel.

Wichtig
Ebenso wie Balgereien sind Ziehspiele für besonders wilde und aggressive Hunde nicht uneingeschränkt zu empfehlen. Für diese Hunde sind Apport- und Suchspiele geeigneter, da sie den Vorteil haben, ausgelassenes Spiel mit einem gewissen Maß an Gehorsam zu verbinden.

Nachlaufspiele

Das Nachlaufspiel ist ein sehr beliebtes Spiel, bei dem es darum geht, Jäger oder Gejagter zu sein. Dieses Spiel haben Sie sicherlich schon öfter beim Spiel Ihres Hundes mit Artgenossen beobachtet, wobei auch bei diesem Spiel die Position von Jäger oder Gejagtem beliebig oft gewechselt wird. Wenn Sie mit Ihrem Hund dieses Spiel eröffnen, werden Sie wohl von Anfang an die schlechteren Karten haben, und es wird Ihnen nur höchst selten gelingen, ihm einmal nahe zu kommen, was aber keine Rolle spielt. Wechseln auch Sie in Anlehnung an das Spiel zwischen Hunden einfach einmal die Richtung und laufen Sie weg, denn im Prinzip geht es bei diesem Spiel ja nur darum, dem nachzustellen, der wegrennt. Der Hund wird vermutlich mit großer Begeisterung Ihre Verfolgung aufnehmen, bis er Sie eingeholt hat. Stupsen Sie ihn während des Spiels, wenn er Spaß daran hat, ruhig einmal an, genauso wie auch Hunde sich während dieses Fangspiels anrempeln.

Genau wie bei allen anderen beschriebenen Spielen, die meist von dem innerartlichen Spielverhalten abgeschaut sind, brauchen Sie auch hier nicht zu befürchten, an Autorität zu verlieren, wenn Sie sich auf diese Albernheiten einlassen. Das einzige, was stets gewährleistet bleiben sollte, ist die Möglichkeit, mit einem kurzen „Aus!" oder „Schluss!" das Spiel zu unterbrechen und Ihren Hund zur Räson zu bringen. Gerade junge Hunde steigern sich leicht in eine Art Spielextase hinein, die aber mit genügend Konsequenz und Ruhe wieder gebändigt werden kann. Da sich der Hund beim Spiel mit Ihnen ganz auf Sie einlässt, sollte es nicht unmöglich für Sie sein, kurz Ruhe in das Spiel zu bringen, wenn es sehr ausgelassen zugegangen ist, um dann eine kurze und einfache Übung vom Hund zu verlangen. Dies steigert die Konzentrationskraft und den Gemeinschaftssinn des Hundes. Das Spiel kann und sollte dann nach einem kräftigen Lob weitergehen.

Suchspiele

In die große Sparte der Suchspiele gehören recht viele verschiedene Formen, auf die hier nicht im einzelnen eingegangen wird. Einige Denkanstöße sollten genügen, zumal sich die Suchspiele untereinander stark ähneln. Zunächst sollen die **Suchspiele im Freien** vorgestellt werden.

Im Freien ist ein hervorragendes Spiel für Sie und Ihren Hund oder auch für eine ganze Familie das **Verstecken**, bei dem sich ein oder mehrere Mitglieder der Familie verstecken und der Hund sie suchen muss. Zum Suchen bieten sich für den Hund zwei Möglichkeiten: Zum einen kann er selbstverständlich die Spur mit der Nase verfolgen, doch wird er von der für uns Menschen unvorstellbaren Leistungsfähigkeit oft erst dann planmäßig Gebrauch machen, wenn er eingehend darauf trainiert worden ist. In den meisten Fällen, in denen das Suchen keine Trainingseinheit, sondern wirklich nur eine Spielform darstellt, wird er auf Ihr Rufen warten und Ihren Standort dann nach seinem Gehör orten. Sie können dieses Spiel auch gut auf dem Spaziergang als Aufmerksamkeitsübung einschieben, wenn der Hund

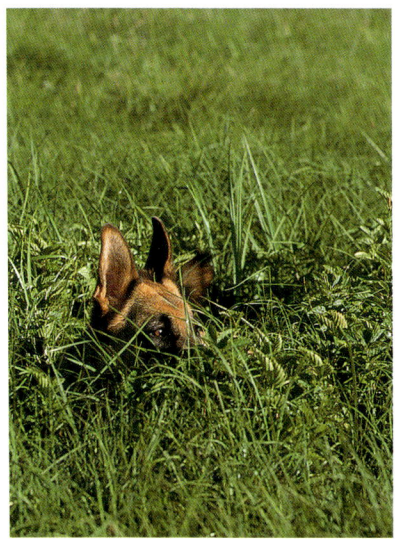

Das geduldige Warten vor dem Start des Suchspiels fällt bestimmt schwer!

Ihnen zu weit vorgelaufen ist. Verstecken Sie sich, behalten Sie ihn aber im Auge, um ihn notfalls rufen zu können, falls er in Panik gerät und eine falsche Richtung einschlägt.

Ein weiteres Suchspiel im Freien ist das **Auffinden** verschiedenster Gegenstände, woran sich auch immer gut ein Apportspiel anschließen lässt. Als Gegenstand eignet sich eigentlich alles, was dem Hund bereits bekannt ist, oder auch diejenigen Dinge, die vom Hund eindeutig als die Ihren identifiziert werden können, wie beispielsweise Ihre Handschuhe oder Ihr Schlüsselbund. Die Variationsbreite dieses Spieles ist enorm groß: So können Sie, sofern der Hund den Befehl „Such verloren!" (Übung 47) schon beherrscht, auf Ihrem Weg Gegenstände mehr oder weniger gut sicht-

bar für die Verloren-Suche auslegen oder im Dickicht einen Ball so verstecken, dass der Hund ihn erst aufspüren muss, um dann mit ihm spielen zu können.

Auch **im Haus** hat man mannigfaltige Möglichkeiten, das Suchspiel mit dem Hund zu spielen, denn auch hier können Sie sich vor dem Hund verstecken, um sich dann nach Zuruf suchen zu lassen. Eine recht lustige Variante erhält das Versteckspiel, wenn Sie auch einmal auf den Tisch oder ähnliches Mobiliar steigen. Wenn der Hund Sie im Haus meist mit Gehör und Augen sucht, wird er Sie, wenn Sie sich ganz ruhig verhalten, die ersten Male nicht so leicht entdecken, weil er Sie an diesen Orten nicht vermutet. Ebenfalls können Sie – genau wie draußen – Gegenstände z. B. aus seiner Spielzeugkiste verstecken, die er suchen muss. Hier ist auch zusätzlich noch seine Geschicklichkeit gefragt, wenn es darum geht, z. B. seinen Kauknochen unter dem Läufer hervorzuholen oder mit der Schnauze den Ball unter dem Schuhschrank zu ergattern.

Eine sehr beliebte Variante ist, einige Happen zu verstecken, die Ihr Hund dann suchen darf. Die meisten Hunde werden mit Übereifer dabei sein!

Apportspiele

Die Apportspiele trainieren nicht nur die Schnelligkeit des Hundes beim Apportieren und die Geschicklichkeit beim Fangen, sondern auch seinen Gehorsam in der Form, wie er die Dinge apportiert und Ihnen ausgibt. Wollen Sie nur einfach mit Ihrem Hund spielen, ohne später einmal mit ihm eine Prüfung ablegen zu wollen,

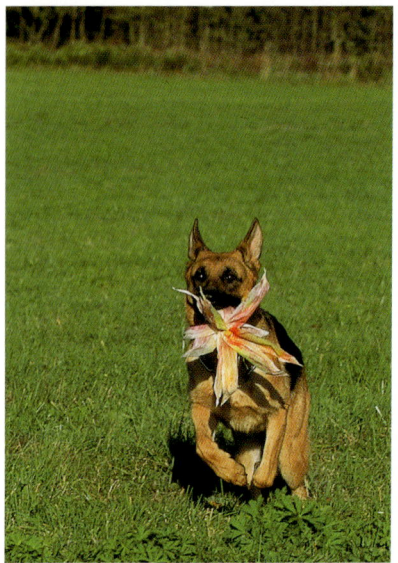

Für Apportspiele finden sich immer geeignete Dinge – mal ein Stöckchen, mal wie hier ein Maiskolben. Auch hierbei lieben Hunde die Abwechslung.

ein Ziehspiel anschließen, wenn sich der apportierte Gegenstand für ein solches eignet, oder aber man lässt ein Suchspiel vorausgehen, bei dem der Hund einen ausgelegten Gegenstand auffinden muss oder aber eine beliebige Sache apportieren soll. Selbstverständlich kann man je nach Vorlieben des Hundes die genannten Spielformen kombinieren, ausweiten oder vereinfachen.

Für derartige Spielkombinationen eignen sich besonders gut Bälle, die Leine, wenn man sie gut zusammenknotet, so dass der Hund beim schnellen Apportieren nicht stolpert, und natürlich Frisbees, die in besonderer Weise seine Geschicklichkeit schulen, da er diese bereits aus der Luft fangen kann.

Die Regeln, sofern es welche geben soll, legen Sie natürlich selbst fest, so dass sich der Hund ganz auf Sie und das Spiel konzentrieren muss.

Im Grunde sind Spiele für den Hund in gewissem Sinne auch Aufgaben, bloß sind es solche, die besonders ausgelassen und fröhlich angegangen werden. Andersherum sind aber auch viele andere Aufgaben für den Hund keine Pflichten nach unserem Wortverständnis, sondern Forderungen von uns, die er uns zuliebe ausführt – vor

ist es selbstverständlich von untergeordnetem Interesse, ob er den geworfenen Gegenstand „nach allen Regeln der Kunst" oder nur „ganz normal" apportiert und ausgibt. Es liegt ganz an Ihnen, sich für die eine oder andere Art zu entscheiden. Beim sauberen Apport wird dem Hund mehr Disziplin abverlangt, ansonsten unterscheiden sich die jeweiligen Apportformen für das Spiel jedoch nicht weiter. Wichtig ist nur, dass Ihr Hund, wenn Sie ihn mit dem Befehl „Apport!" zum Holen eines Gegenstandes auffordern, diesen Befehl auch umgehend ausführt. Aber viele Hunde lieben das Apportspiel so sehr, dass dies keine Schwierigkeit darstellt. Dem Apportspiel kann man

Wichtig

Auch im Apportspiel kann es nicht angehen, dass der Hund den Ball einfach wegträgt, wenn Sie „Aus!" gesagt haben. Lassen Sie sich im Spiel nicht dazu verleiten, inkonsequent zu werden, denn ein Hund unterscheidet nicht so genau zwischen Spiel und Arbeit, wenn ihm die Arbeit Spaß macht.

Manche Hunde können gar nicht genug kriegen vom Buddeln und Graben! Eine eigene Buddelecke im Garten macht es möglich.

allem, um unsere Anerkennung zu bekommen.

Um ein wenig mehr Disziplin bei dem Apportspiel zu erreichen, können Sie den Hund vor dem Wurf anweisen, beispielsweise „Sitz!" oder „Platz!" zu machen und erst auf Ihren Befehl hin loszulaufen. Oder Sie stoppen ihn auf dem Weg mit „Steh!" oder „Down!". Den Variationsmöglichkeiten sind in dieser Hinsicht keine Grenzen gesetzt.

Buddelspiele

Fast alle Hunde lieben es, im Sand oder in lockerem Boden zu graben. Einige verstecken auch Spielzeug und Knochen in einem selbst gegrabenen Loch. Wenn Sie einen Garten besitzen und möglicherweise mit Ihrem Hund kontroverse Ansichten über die Nutzung von Blumenrabatten, Gemüsebeeten oder der Wiese haben, können Sie einen guten Kompromiss finden, indem Sie ihm eine kleine Stelle im Garten zuweisen, wo nichts gepflanzt ist und er nach Herzenslust buddeln darf. Um den von Ihnen auserkorenen Buddelplatz zu Beginn für Ihren Hund attraktiv zu machen, können Sie ein paar Leckerchen im Boden vergraben, nach denen er suchen darf. Auf die gleiche Weise können Sie ihn erfreuen, wenn Sie von Zeit zu Zeit die mitunter recht tiefen Löcher wieder zuschütten.

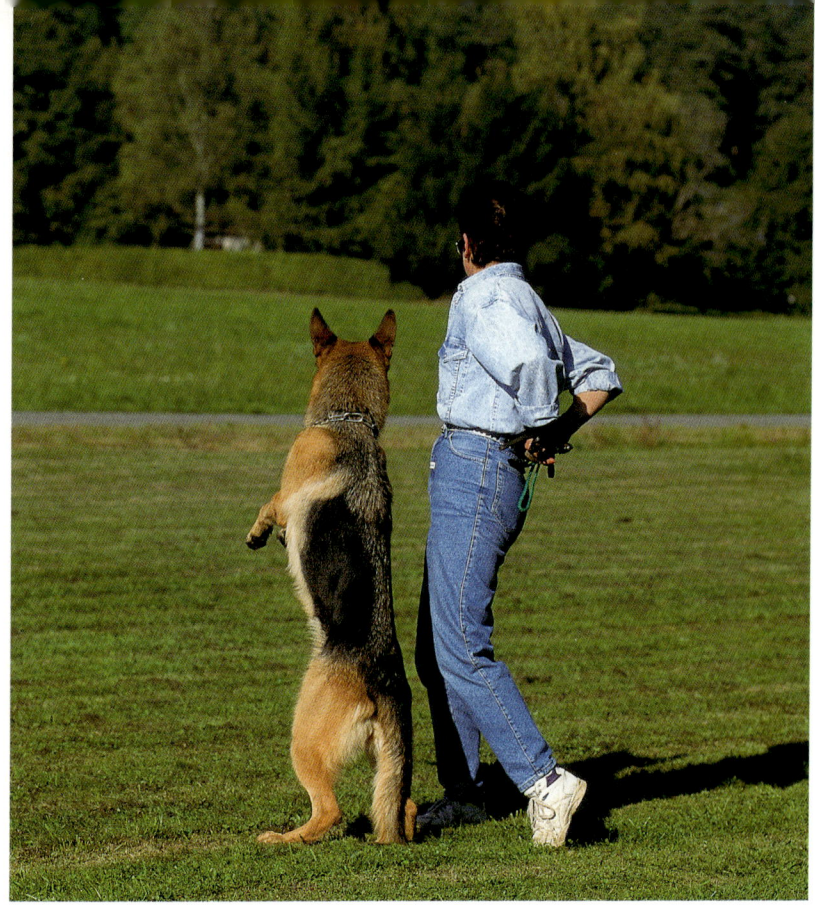

Wo ist der Ball denn nun schon wieder? Das gemeinsame Spiel ist eine schöne Belohnung nach anstrengenden Übungen und sollte fester Bestandteil im Tagesablauf sein.

Lauf- und Geschicklichkeitsspiele

Jeder Hund liebt es, mit seinem Meister zusammen zu laufen und „Schabernack" zu treiben. Sollte Ihre Kondition für Trimmpfade oder das Joggen nicht ausreichen, bedeutet dies keinesfalls, dass diese Spiele für Sie nicht in Frage kommen, denn für den Hund zählt weniger Ihre Geschwindigkeit als vielmehr die Tatsache, dass Sie ganz auf ihn eingehen und er zusammen mit Ihnen Dinge erleben darf, die er sonst nicht erlebt. Denken Sie sich ein paar kniffelige Dinge aus, wie beispielsweise das Tragen von überdimensionalen Stöcken, das Überspringen von im Weg liegenden Baumstämmen im Wald oder das Unter- einer-Absperrung-Hindurchkriechen.

Für den Hund ist es aufregend und spannend, wenn Sie beide zusammen

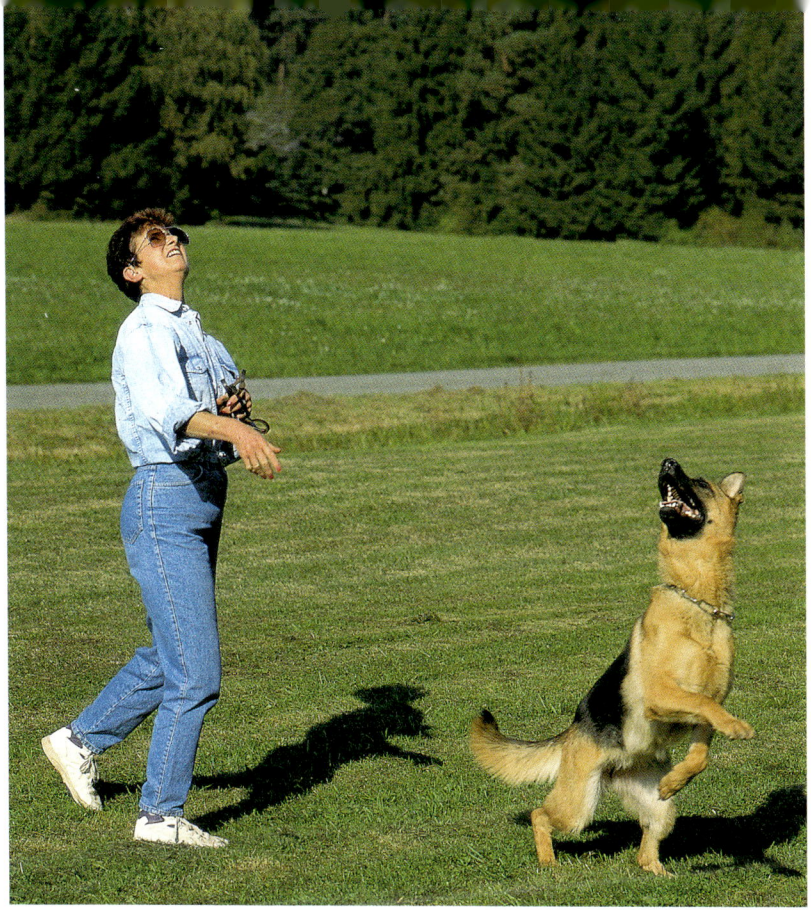

Wo bleibt denn nur der Ball? Hund und Besitzerin warten mit voller Konzentration darauf, dass er wieder herunterfällt!

etwas unternehmen, einen umgestürzten Baumstamm erklimmen, über ein Mäuerchen springen oder ihn anweisen im lockeren Boden ein Loch zu buddeln. Ermuntern Sie ihn, ausgelassen herumzuspringen, und laufen Sie, wenn möglich, selbst ein paar Schritte mit. Dies wird den Hund dazu verleiten, mit Ihnen herumzualbern, und in vielen Fällen wird er Ihnen von selbst anzeigen, woran er Spaß hat.

Wasserspiele

Bis auf wenige Ausnahmen lieben es Hunde, an und im Wasser zu spielen. Alle Hunde können schwimmen, jedoch gibt es große Unterschiede in ihrem Geschick und auch in ihrer Begeisterung dafür. Gehört Ihr Hund zu denjenigen, die vielleicht aufgrund schlechter Erfahrungen das Wasser meiden, setzen Sie bitte keinen falschen Ehrgeiz ein, um ihn daran zu

gewöhnen. Akzeptieren Sie vielmehr seine Abneigung und vergnügen Sie sich mit anderen Spielen.

Mit allen wasserbegeisterten Hunden kann man dagegen viel Spaß haben, indem man z. B. Apport- oder Nachlaufspiele initiiert. Probieren Sie doch auch einmal, ob Ihr Hund zu denen gehört, die sogar tauchen, um an einen Apport-Gegenstand zu gelangen! Denken Sie aber bei all dem Spaß daran, dass Schwimmen für Hunde um einiges anstrengender ist als Laufen, und überfordern Sie ihn nicht.

Futterbezogene Spiele

Wild lebende Hunde oder auch Wölfe verbringen den Großteil Ihres Tages mit der Nahrungsbeschaffung. Sie duchstöbern hierbei ein relativ großes Gelände, spüren Wild auf, um es zu jagen und zu töten. Nicht immer sind die Jagdsequenzen von Erfolg gekrönt, und nicht jeden Tag schaffen sie es, sich ausreichend Nahrung zu besorgen. An anderen Tagen hingegen sind sie sehr erfolgreich und können dann einige Zeit von ihrer Beute zehren.

Unsere Haushunde hingegen haben meist geregelte Fressenszeiten oder auch dauerhaft Zugang zu ihrem Futter. Dies ist zwar für uns Menschen praktisch, denn schließlich kann man den Hund nicht nach Belieben laufen lassen, um ihm seine Jagdabenteuer zu bieten, aber gerade das ist auch

Viele Hunde schwimmen (oben) und planschen (unten) für ihr Leben gern – geben Sie ihnen ausreichend Gelegenheit dazu!

der Grund, weshalb die meisten Haushunde unter ausgesprochener Langeweile leiden.

Bieten Sie Ihrem Hund Abwechslung, indem Sie ihn seine Futterration erarbeiten lassen!

Hierzu einige Beispiele:
• Streuen Sie eine Handvoll Trockenfutter unter ein altes Bettlaken oder eine alte Decke und lassen Sie den Hund das Futter suchen, ausbuddeln und fressen.
• Verstecken Sie jeweils einige Trockenfutterbrösel unter umgedrehten Büchsen oder Blumentöpfen.
• Streuen Sie einen Teil der Trockenfutterration im Garten weitflächig auf den Rasen.
• Richten Sie dem Hund im Garten eine kleine Ecke ein, wo Buddeln erlaubt ist, und verstecken Sie dort in der Erde ein bisschen Futter, einen Kauknochen, einen gefüllten Futterball oder Ähnliches.
• Stecken Sie ein schmackhaftes Leckerchen in eine leere Toilettenpapierrolle und biegen Sie dann die beiden Enden um. Lassen Sie Ihrem Hund den Spaß die Pappe zu zerfetzen und dann als Krönung ein Leckerchen zu bekommen.

Spielzeug und Trainingsgegenstände

Einführung

Im Folgenden wird zu den aufgezeigten Spielen und Übungen das geeignete Spielzeug bzw. einige Trainingsgegenstände vorgestellt, wobei dieser Überblick bei der heutigen Fülle von Hundespielzeug und Hundezube-

Ein Ball mit einer Schnur daran ist ein tolles Spielzeug zum Werfen, Ziehen oder Verstecken.

hör sicher nur einen Teil des im Handel erhältlichen Angebots darstellt. Wenn Ihr Hund schon Spielzeug besitzt, hat er bestimmt bereits eines zu seinem Lieblingsspielzeug auserkoren. Benutzen Sie dies stets bei neuen Übungen, um seine besondere Aufmerksamkeit zu erregen.

Bieten Sie ihm im Spiel aber ruhig auch einmal ein ganz neues Spielzeug an, das eigentlich für ein anderes Spiel oder eine Übung gedacht ist, um damit sein Interesse an seiner Umwelt zu stärken.

Leine

Die Hundeleine eignet sich besonders gut für Apport-, Zieh- und Suchspiele und viele Übungen – wenn sie so zusammengeknotet wurde, dass der Hund nicht über sie stolpern kann. Voraussetzung ist allerdings, dass der Hund dieses leider oft sehr teure „Spielzeug" nicht zerbeißt.

Was die Leine zu einem bemerkenswert praktischen Spielzeug werden lässt, ist die Tatsache, dass man sie auf Spaziergängen eigentlich immer bei sich trägt und dass der Hund zumeist einen besonders starken Bezug zu ihr hat (siehe S. 72).

Ball

Der Ball ist ein sehr beliebtes Spielzeug für den Hund und hat dementsprechend auch einen recht großen Verbreitungskreis, denn fast jeder Hund hat einen oder mehrere Bälle. Es ist ein universell einzusetzendes Spielzeug und auch Trainingsgegenstand bei verschiedenen Übungen, sofern der Hund Gefallen daran findet.

Wichtig beim Spielen mit dem Ball ist vor allem die Größe und Festigkeit des Balles. Man sollte darauf achten, dass er aus einem Material beschaffen ist, das der Hund nicht kaputtbeißen kann, denn sonst besteht die Gefahr, dass er kleine Teile davon verschluckt. Ungeeignet sind daher Bälle aus Schaumgummi und auch Flummis.

Fußbälle haben den Nachteil, dass sie, sofern der Hund sie überhaupt apportieren kann, relativ schnell kaputtgehen und noch dazu sehr teuer sind. Spielt der Hund jedoch mit einem Fußball, indem er ihm nur nachläuft und ihn mit den Pfoten oder der Schnauze weiterstupst, spricht natürlich nichts gegen eine Anschaffung.

Für fast jede Hundegröße geeignet und nahezu unverwüstlich sind Bälle aus Vollgummi oder auch Tennisbälle, die den weiteren Vorteil haben, dass sie handlich genug sind, sie in eine Tasche stecken zu können. Je nach Überzug der Tennisbälle kommt es allerdings zu starkem Zahnabrieb.

Ein weiteres wunderbares Spielzeug, das ebenso für Such- und Apportspiele sowie für verschiedene Übungen gut geeignet ist, kann man zaubern, wenn man einen Ball in einen ausgedienten Socken steckt und diesen oben zuknotet oder zunäht. So kann der Hund beim Spiel den Ball, nachdem er den Strumpf aufgenommen hat, nach allen Regeln der Kunst totschütteln, was schließlich ein wichtiger Bestandteil des Jagdverhaltens ist und bei den allermeisten Hunden auch im Spiel seinen Ausdruck findet.

Der Ball im Strumpf ist im Gegensatz zum normalen Ball auch gut für Ziehspiele geeignet, da man hier als Ziehpartner problemlos an einem Ende festhalten kann.

Für uns als Hundehalter kann es von Vorteil sein, dass der Ball im Strumpf weniger leicht unter Möbelstücke rollt oder draußen beim Spiel nicht über den Zaun zum Nachbarn springt.

Ob der Hund nun mehr Freude an diesem oder jenem Spielzeug hat, beruht auf individuellen Erfahrungen, die jeder mit seinem Hund selbst machen muss.

Wasserbegeisterten Hunden bereiten Bälle auch beim Spiel im Wasser und am Strand viel Spaß.

Der Ball, der Haken schlägt

Normale Bälle, z. B. Tennisbälle, sind für den Hund leicht zu fangen, denn sie springen auf ebenem Boden stets so ab, wie sie aufgekommen sind. Nicht so die Bälle, die aus mehreren Gummiringen gearbeitet sind oder die Form eines American Footballs haben, denn sie springen in eine beliebige, nicht vorhersehbare Richtung ab, je nachdem wie sie gerade aufkommen. Für jagdbegeisterte Hunde ist dies ein wahres Vergnügen, denn hier ist vor allem Schnelligkeit und Geschicklichkeit gefragt, wenn es darum geht, den Ball zu fangen, während dieser wie ein Hase plötzlich Haken schlägt. Ansonsten ist dieser etwas besondere Ball natürlich einzusetzen wie ein ganz normaler Ball, nämlich für alle Such-, Apport- und Ziehspiele oder als Trainingsgegenstand bei Übungen.

Ziehtau

Das Ziehtau als Hundespielzeug gibt es in verschiedenen Größen – mit und ohne Handschlaufe zum Festhalten. Hervorragend geeignet ist es für das Ziehspiel, da der Hund wegen der überhängenden Seiten beim Totschütteln der Beute viel Spaß

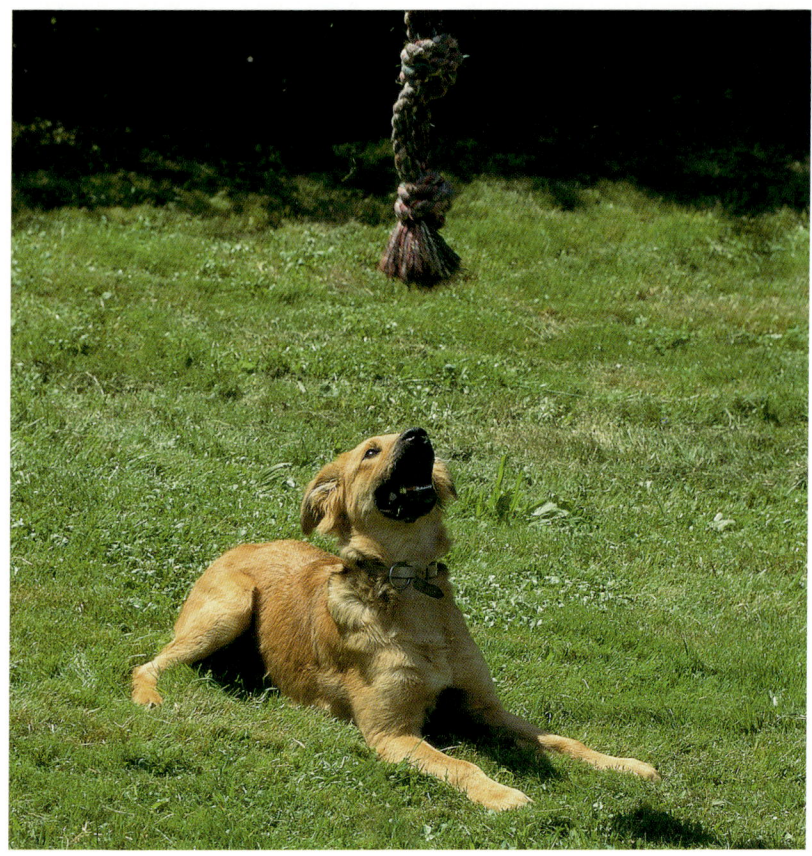

Das Ziehtau ist optimal geeignet für Ziehspiele und zum Apportieren.

haben wird. Das Tau in der kleinen Größe kann man noch einigermaßen gut werfen, mit den größeren wird man sicherlich Schwierigkeiten bekommen. Neben den Ziehspielen sind aber auch Apport- und Suchspiele möglich. Des weiteren ist das Tau auch bei verschiedenen Übungen als Trainingsgegenstand gut einzusetzen.

Frisbee

Für Hunde gibt es spezielle Frisbees, die nicht aus festem Plastik, sondern aus Nylon und einem Gummiring oder aber aus besonders weichem Plastik bzw. Gummi gearbeitet sind, die also beim Fangen aus der Luft nicht die Lefzen des Hundes einreißen oder gar die Zähne beschädigen können. Dieses Spielzeug eignet sich gleichermaßen für den Frisbee-Hundesport wie für das einfache Spiel mit einem apportfreudigen Hund, der sicher irgendwann einmal probieren wird, das Frisbee aus der Luft zu schnappen. Es gibt aber auch einige Hunde, die das Frisbee erst apportieren, wenn es bereits am Boden liegt. Selbstverständlich kann man auch Such- und Ziehspiele mit dem Frisbee spielen.

Quietschtiere

Diese kleinen Püppchen aus Latex mit einem Quietschmechanismus üben besonders auf junge Hunde, die dies zum ersten Mal sehen und hören, eine große Faszination aus, und es passiert nicht selten, dass so lange gequietscht wird, bis der Quietscher eines Tages nicht mehr funktioniert oder die spitzen Hundezähne ein Loch in das Püppchen gebissen haben. Obwohl es sich bei Latex prinzipiell um ein ungefährliches Material handelt, sollte man darauf achten, dass der Hund keine Teile davon verschluckt, falls beim Spielen das Püppchen kaputtgegangen ist.

Dieses Spielzeug ist eine gute Beschäftigung für den Hund, wenn er Gefallen daran gefunden hat. Er spielt oftmals längere Zeit alleine in der Wohnung mit seinem Quietschpüppchen. Da sich die Latex-Figuren nur schlecht werfen lassen, weil sie sehr leicht sind, gehört das Quietschtier meist zu den Spielzeugen, die nicht mit nach draußen genommen werden, sondern dem Hund nur in der Wohnung zur Verfügung gestellt werden. In der Wohnung kann man sie aber selbstverständlich hervorragend für

Such- und Apportspiele einsetzen. Es gibt auch mit Stoff bezogene Quietschpüppchen, die ein klein wenig robuster sind als die Latexspielzeuge.

Vollgummifiguren

Bei Vollgummifiguren handelt es sich um Ringe, Dreiecke oder ähnliche Figuren, die man einigermaßen gut werfen kann, die sich aber hauptsächlich dafür eignen, sie als Gegenstand im Ziehspiel einzusetzen. Auch als Suchobjekte oder Trainingsgegenstände sind sie je nach Größe geeignet. Da das Gummi vollkommen unempfindlich gegenüber Wasser ist, kann man diese Spielzeuge auch wunderbar mit an den See oder ans Meer nehmen. Je nach Form und Größe gehen einige unter, so dass der Hund erst tauchen muss, um sie apportieren zu können – was nicht jeder Hund macht. Wenn sie nicht untergehen, wird ein wasserbegeisterter Hund sie mit viel Freude von der Oberfläche fischen.

Hanteln

Es gibt für Hunde Hanteln aus Holz in verschiedenen Größen und Gewichten; sogar solche mit der Möglichkeit, noch mehr Holzscheiben aufzuschrauben. Diese und spezielle Schwimmhanteln aus Plastik eignen sich allesamt für Spiele und Übungen aus dem Bereich des Apports und des Suchens. Bedingt ist eine Hantel auch beim Ziehspiel einzusetzen. Sie lässt sich jedoch nicht so gut festhalten wie viele andere Spielzeuge.

Zum Apportieren werden gerne Holzhanteln verwendet.

Selbstgebasteltes Spielzeug

Alle bisher beschriebenen Spielzeuge kann man kaufen. Mit einigen Handgriffen lassen sich allerdings auch aus ausrangierten Sachen schnell und einfach wunderbare Hundespielzeuge selbst herstellen. Sie sind neben ihrer Individualität zudem noch ausgesprochen kostengünstig.

Strumpf

Zunächst der Strumpf, den man, wie schon erwähnt, mit einem Ball gefüllt zum herrlichen Spielzeug machen kann. Man kann ihn aber auch benutzen, um die Neugierde des Hundes zu wecken, nämlich z. B. von Anfang an einen sauberen Apport aufzubauen oder ähnliches. Hierfür eignet sich der Strumpf besonders gut, wenn Sie ihn mit Leckerchen füllen und so verschließen, dass der Hund nicht an die Leckerchen gelangen kann, Sie ihn aber ohne Probleme öffnen können.

Der mit Leckerchen gefüllte Strumpf birgt beim Trainieren der Apport-Übung den Vorteil, dass der Hund lernt, Gegenstände zu tragen, die zwar verführerisch riechen, die er selbst jedoch nicht zerpflücken darf. Dieser Leckerchen-Strumpf darf natürlich dem Hund nicht zur ständigen Verfügung stehen, sondern muss sorgfältig von Ihnen verwahrt werden, um speziell zur Übung hervorgezaubert zu werden. Beherrscht der Hund einen sauberen Apport, kann der Leckerchen-Strumpf auch für Suchübungen und -spiele eingesetzt werden. Mit dem Leckerchen-Strumpf – zu dem jeder Hund immer eine besondere Beziehung haben wird, wenn viel Theater um ihn gemacht worden ist – kann man natürlich jede neue Übung einführen, die eines Trainingsgegenstandes bedarf, um die Aufmerksamkeit des Hundes zu steigern.

> **Hinweis**
> Auch ein Strumpf ohne Ball und ohne Leckerchen eignet sich als Spielzeug für das Ziehspiel und ist bei vielen Hunden sehr beliebt!

Textilien

Auch andere ausrangierte Textilien sind wunderbare Spielzeuge für Ihren Hund. Wenn Sie das entsprechende Stück beispielsweise an einer Seite fest verknoten, so dass der Hund etwas hat, auf das er richtig beißen kann, wird er ein derartiges Spielzeug gerne annehmen und es zum Totschütteln oder im Ziehspiel benutzen. Wenn Sie Kinder haben, die sich von einem alten **Plüschtier** trennen können, gibt auch das ein wunderbares Hundespielzeug ab. Allerdings ist dabei wichtig zu wissen, mit welchem Füllmaterial es ausgestopft ist, damit der Hund keine gesundheitlichen Schäden davonträgt, falls er Teile davon verschluckt. Auch aufgeklebte Nasen oder eingenähte Augen aus Plastik sollten sicherheitshalber vorher entfernt werden.

Ein ebenfalls besonders für das Ziehspiel geeignetes Spielzeug sind alte **Jutesäcke**, an denen der Hund nach Belieben ziehen und zerren kann, ohne dass sie sofort kaputtgehen.

Der ausgediente **Schuh** als „klassisches" Hundespielzeug ist selbstverständlich auch nicht außer Acht zu lassen. Besonders junge Hunde kann man oft mit Schuhen für ein Spiel begeistern, da Schuhe fest sind und der Hund somit herrlich hineinbeißen kann. Außerdem haben sie zum Schütteln eine geeignete Größe. Einige Hunde lieben an Schuhen besonders die Schuhbänder, um den Schuh dann beim Schütteln richtig umherzuschleudern. Aber auch an einer alten Sandale wird Ihr Hund sicherlich Gefallen finden.

All diese Dinge kann man natürlich in Haus und Garten verstecken und den Hund danach suchen lassen.

Kartons

Ein ebenso billiges wie praktisches Spielzeug sind große Pappkartons, sofern sich der Hund hierfür begeistern kann. Luna, meine Münsterländerhündin, ist ganz wild darauf und hat beim Zerreißen und Schütteln einen riesigen Spaß. Wenn es ein festerer Karton ist, kann man vorab auch ein Ziehspiel mit dem Hund spielen.

Stöcke

Ebenfalls ein „klassisches" und auf den meisten Spaziergängen herumliegendes Spielzeug ist selbstverständlich der Stock, der für Apport-, Such- und

Ziehspiele gleichermaßen geeignet ist. Großen Spaß bereitet es vielen Hunden ebenfalls, Stöcke nach dem Spiel genüsslich zu zerbeißen, oder aber sie animieren einen Hundekumpanen zum Nachlaufspiel, um dann mit dem Stock in der Schnauze von diesem gejagt zu werden.

Leider bergen Stöcke ein recht großes Gefahrenpotential, denn im wilden Spiel können sie leicht Verletzungen im Maulbereich verursachen.

Steine

Bei vielen Hunden sind auch Steine als Spielzeug sehr beliebt. Obwohl man sie auf fast jedem Spaziergang finden kann und somit stets ein Spielzeug parat hätte, sind sie jedoch absolut ungeeignet, denn sie fügen zum einen den Zähnen erheblichen Schaden zu, zum anderen ist die ständige Gefahr gegeben, dass die Hunde sie verschlucken. Sie bedrohen dann oft durch einen Darmverschluss das Leben des Hundes, wenn nicht rechzeitig operiert wird.

Am besten verbietet man dem Hund das Spielen mit Steinen von vornherein durch den Befehl „Pfui!".

Wichtig
Geraten Sie nicht gleich in Panik, wenn Ihr Hund einen Stein verschluckt hat. Besprechen Sie die Situation mit Ihrem Tierarzt. Dieser kann durch Abtasten oder mit Hilfe eines Röntgenbildes feststellen, wo der Stein sitzt, um dann die nötigen Maßnahmen einzuleiten.

Als Trainingsgegenstände bei Übungen sind aber nicht nur die hier beschriebenen Spielzeuge einzusetzen, sondern alles, was der Hund entweder suchen, verweisen oder apportieren kann, wobei man strengstens darauf achten muss, dass er den Gegenstand nicht verschlucken und sich an diesem nicht verletzen kann, wenn er ihn aufnimmt. Der Phantasie sind hierbei keinerlei Grenzen gesetzt. So können Sie für Ihren Hund ohne Weiteres Taschentücher, Taschen, Schlüsselbunde, Geldbörsen, Regenschirme und vieles andere als Trainingsgegenstände verwenden, je nachdem, um was für eine Übung es sich handelt oder was Sie gerade bei sich tragen.

Futter

Auch wenn es sich nicht im eigentlichen Sinn um einen „Trainingsgegenstand" handelt, möchte ich hier noch kurz einige Anregungen bieten, Futter im Training und Spiel zielgerichtet einzusetzen.

Lassen Sie den Hund sein Futter erarbeiten, denn das entspricht seiner Veranlagung in besonderer Weise. Nutzen Sie hierzu seine Mahlzeit. Er muss sie nicht zu festen Zeiten aus dem Napf bekommen.

Wenn Sie bei bestimmten Übungen zusätzlich Leckerchen einsetzen, achten Sie darauf, dass die Stückchen klein, weich und besonders schmackhaft sind.

Futterbälle

Es handelt sich hierbei um Bälle, die innen hohl sind und eine oder mehrere Öffnungen haben, so dass man sie mit Futter befüllen kann. Futterbälle gibt es aus verschiedenen Materialien. Der Hund muss, indem er den Ball mit den Pfoten oder der Nase bewegt versuchen an das Futter heranzukommen.

Wenn der Hund den Futterball noch nicht kennt, sollte man möglichst kleine Futterbröckchen hineinfüllen, denn diese fallen schnell wieder heraus, so dass das Spiel für den Hund sehr erfolgreich verläuft. Bei einem Hund, der schon Erfahrung mit diesem Spielzeug hat, kann man den Ball mit möglichst schwierigen Leckerchen füllen.

Futterbälle aus Gummi kann man sogar mit Dosenfutter füllen, ein herrliches Spielzeug, allerdings eine sehr matschige Angelegenheit und deshalb nur etwas für den Garten.

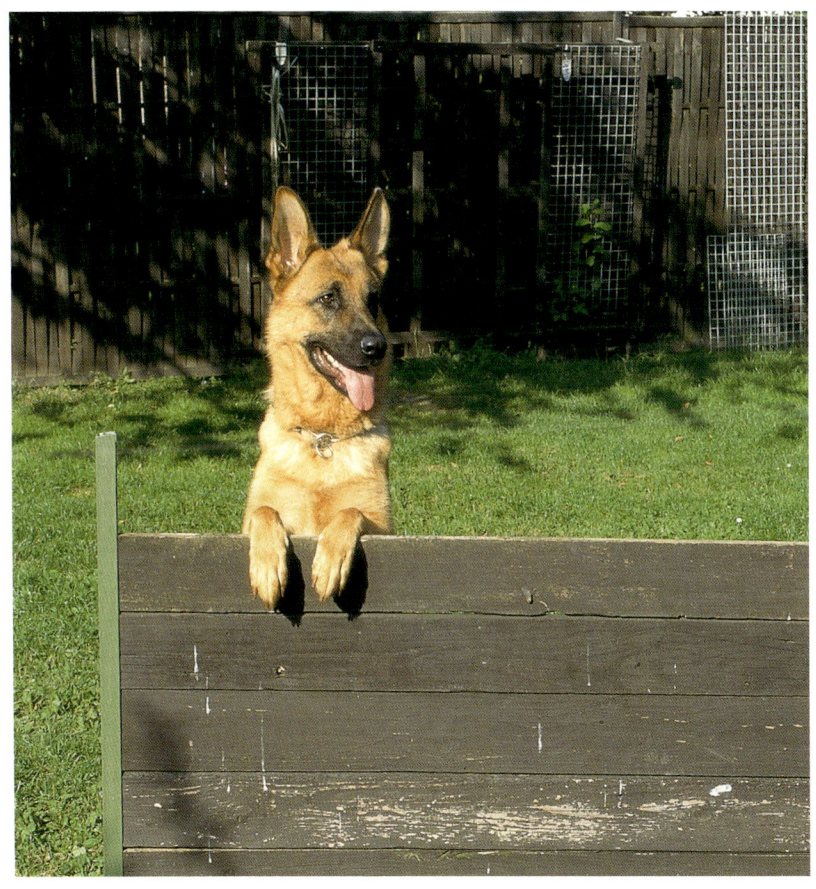

Literatur und Adressen

Der Hund. Ausgabe SH 1/92.

Mugford, R.: Hundeerziehung 2000. Kynos Verlag, 1992.

Ochsenbein, U: Der neue Weg der Hundeausbildung. Albert Müller Verlag, Rüschlikon-Zürich, 1979.

Rupp, W.: Der Blindenhund. Albert Müller Verlag, Rüschlikon-Zürich, 1987.

Scott, J. P., Fuller, J. L.: Genetics And Social Behavior Of The Dog. The University of Chicago Press, 1965.

Steiner, A.: Agility. Müller Rüschlikon Verlag, 1992.

Folgende Verbände stehen bei Fragen rund um den Hund in der Regel gerne Rede und Antwort:

BHV
Berufsverband für Hundetrainer und Verhaltensberater e.V.
Aussiedlerhof Reiterhohl
65817 Eppstein
www.bhv-net.de

Bundesverband für das Rettungshundewesen e.V.
Uwe Knaak
Holthofstr. 11
45659 Recklinghausen
Tel.: 02361/21584

Deutscher Hundesportverband e.V.
Gustav-Sybrecht-Str. 42
44536 Lünen
Tel.: 0231/87949

GTVT
Gesellschaft für Tierverhaltenstherapie e.V.
Dr. Heidi Bernauer-Münz
Blankenfeld 29
35578 Wetzlar
Tel.: 06441/74245
www.gtvt.de

Jagdgebrauchshundeverband e.V.
Neue Siedlung 6
15938 Drahnsdorf
Tel.: 035453/215

Österreichischer Kynologenverband
Johann-Teufel-Gasse 8
A - 1080 Wien
Tel.: 00431/88870920

Schweizerische Kynologische Gesellschaft
Länggasstr. 8
CH - 3001 Bern
Tel.: 004131/3015819

Verband für das Deutsche Hundewesen e.V. (VDH)
Hauptgeschäftsstelle
Westfalendamm 174
44141 Dortmund
Tel.: 0231/56500-0
Fax: 0231/592440

Bildquellen

H. Baer, Bonn: Abb. S. 83.
D. Baumann, Bad Urach: Abb. S. 162.
C. del Amo, Düsseldorf: Abb. S. 79.
R. Dichtel, Stuttgart: Abb. S. 1, 7.
M.-L. Hubert & J.-L. Klein, Lupstein, Frankreich: Abb. S. 166.
Juniors/P. Gelhar, Rugpolding: großes Titelfoto.
R. Kuhn, Stuttgart: kleine Titelfotos oben links und Mitte.
J. Polaschek, Linsengericht: kleines Titelfoto oben rechts.
H. Schmidt-Röger, Hamminkeln: Abb. S. 19, 32, 125.
Alle übrigen Aufnahmen sowie die drei Fotos auf der Umschlagrückseite fertigte D. Kothe, Stuttgart.

Die Zeichnungen fertigte H. Flubacher, Waiblingen, nach Vorlagen von B. Schmelting, Hannover.

Register

Die Deutsche Bibliothek – CIP-Einheitsaufnahme

Ein Titeldatensatz für diese Publikation ist bei
Der Deutschen Bibliothek erhältlich

ISBN 3-8001-4172-8

© 1998, 2002 Eugen Ulmer GmbH & Co.
Wollgrasweg 41, 70599 Stuttgart (Hohenheim)
E-mail: info@ulmer.de
Internet: www.ulmer.de
Printed in Germany
Lektorat: Dr. Nadja Kneissler, Dr. Eva-Maria Götz
Herstellung: Silke Reuter
Umbruch: Verlagsbüro Högerle, Rexingen
Satz: Typomedia Satztechnik GmbH, Scharnhausen
Druck und Bindung: Georg Appl, Wemding

Hunde besser verstehen lernen

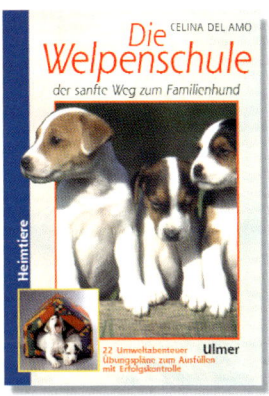

In diesem Buch wird kompetent und übersichtlich beschrieben, wie man unter den vielen Hunden, die ein neues Zuhause suchen, den für sich passenden findet, sein Vertrauen gewinnt und mit Problemen bei Eingewöhnung und Erziehung umgeht.

Der Hund aus dem Tierheim. G. Bailey. 2001. 160 Seiten, zahlreiche Abb. ISBN 3-8001-3199-4.

Das Buch „**Hundekrankheiten**" gibt Einblick in den Körperbau und die Funktion der Organe des Hundes. Tipps zur artgerechten Haltung, Ernährung, zur Ersten Hilfe und die Beschreibung wichtiger Krankheiten mit Symptomen und Behandlungsmöglichkeiten vervollständigen dieses Buch.

Hundekrankheiten. Vorbeugen, erkennen, behandeln. E. Ernst. 2000. 213 Seiten, 88 Farbfotos, 16 Zeichn., 10 Röntgenb. ISBN 3-8001-3181-1.

Dieses Buch gibt Ihnen viele Tipps, um die Welpen auf das turbulente Leben in der Stadt und mit seinen täglich neuen Situationen bestens vorzubereiten. Dazu werden die wichtigsten modernen, welpengerechten Grundbefehle erklärt.

Die Welpenschule. Der sanfte Weg zum Familienhund. C. del Amo. 2000. 95 Seiten, 51 Farbf., 15 Zeichnungen. ISBN 3-8001-3111-0.

Dieser Grundkurs hilft dem Hundehalter, Notfälle rechtzeitig zu erkennen, die Übersicht zu behalten und die richtigen Schritte einzuleiten. Wichtige Daten und Abläufe sind in Schaubildern zusammengefasst, allgemeine Behandlungsgrundsätze werden durch Maßnahmen für spezielle Notfallsituationen ergänzt.

Grundkurs Erste Hilfe für Hunde. *A. Bogitzky. 2000. 111 S., 53 Farbf., 27 Zeichn. ISBN 3-8001-7473-1.*

Mehr Bücher über Hunde

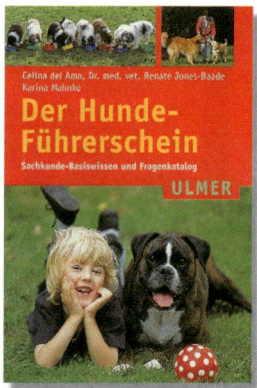

Dieses Buch enthält Texte und Fragen zum Üben für den von den Bundesländern geforderten Sachkundenachweis für Hundehalter. Artgerechte Hundehaltung, Welpenentwicklung, Lernverhalten und die rechtliche Situation des Hundehalters.
Der Hundeführerschein. Sachkunde-Basiswissen und Fragekatalog. C. del Amo, R. Jones-Baade, K. Mahnke. 2001. 125 Seiten, 32 Farbf., 5 Zeichn. ISBN 3-8001-3659-7.

Das Buch „**Die Körpersprache des Hundes**" macht Sie mit dem Ausdrucksverhalten der Hunde vertraut und gibt Tipps zum richtigen Verhalten. Zeichnungen veranschaulichen die Elemente der Körpersprache. Die zur Verständigung eingesetzten Körperteile des Hundes sind hervorgehoben.
Die Körpersprache des Hundes. F. Ohl. 1999. 111 S., 57 Farbfotos, 22 Zeichn. ISBN 3-8001-7445-6.

Dieses Buch stellt **sämtliche Landeshundeverordnungen** übersichtlich dar. Neben dem vollständigen Abdruck der Verordnungstexte enthält es **detaillierte Erläuterungen der Länderbestimmungen**. Im Zusammenhang mit der Hundehaltung auftretende Rechtsprobleme werden anhand einschlägiger Gerichtsurteile dargestellt. **Tipps und Adressen** vervollständigen dieses Buch.
Maulkorbzwang und Leinenpflicht? Ein Rechtsratgeber für Hundehalter. K. Trahms. 2001. 190 Seiten, 2 Farbf. ISBN 3-8001-3552-3.

In dem Buch „**Abwechslung im Hundetraining**" finden Sie interessante Anregungen, wie Sie die Übungen mit Ihrem Hund auf dem Trainingsplatz neu gestalten können.
Abwechslung im Hundetraining. M. Schaal, U. Thumm. 1999. 109 Seiten, 71 Farbfotos, 17 Zeichnungen. ISBN 3-8001-7462-6.